大是文化

Jacinda Ardern: A New Kind of Leader

我可以當母親，同時當國家總理

蘭總理傑辛達・阿爾登的故事。

成為備受愛戴的領導者，

有快刀斬亂麻的柔性果敢。

紐西蘭暢銷書作家
瑪德琳・查普曼（Madeleine Chapman）——著
廖崇佑、楊文斌——譯

CONTENTS

推薦序一

自我不設限，才能超越性別的框架

媒體教母／余湘

不知道是基數太少，還是社會上對於性別依然存在一些刻板印象，所以當女性在事業上有成就，或是成為一名領導者，外界總會以「女性力量」來解讀成功。我時常猜想，是不是當我們不再談論性別，才能超越性別的定見之框，迎向真正的平等？

身為妻子、母親、企業領導者，我知道要同時扮演好這些角色並不簡單，但紐西蘭總理阿爾登讓外界見證，懷孕育兒並不會造成工作的阻礙，她說：「我並不是全世界第一個又工作、又生孩子的女性，在我之前已經有許多女性把工作和家庭拿捏得很好了。」我認為阿爾登關注的，並不只是這個時代女性的覺醒，或是觀念的革新，她的突破，並不是要和外界對女性刻板印象的抗衡，而是一次又一次的向前推進，讓自己成為一個自由完整的人。

阿爾登的童年在窮困、暴力與富裕的環境中長大，卻沒有讓她陷入二元價值的選擇，而是以一個兒童的眼光思索著「公平」的定義。也許是這樣的成長經歷，讓阿爾登不論是在擔任議員、總理，處理政治上、社會上的價值觀衝突時，並沒有因為任何一個角色、身分，限制自己的視野，她總能回到對人的關懷，去思考最合適的方向。

二〇二〇年十月，當「始終不想擔任總理」的阿爾登再度獲得民眾的支持，我們彷彿看到一股嶄新的力量，在這個比臺灣大七倍的海島之國發酵，一個新的世界逐漸誕生。

我突然想起年輕時閱讀赫曼・赫塞（Hermann Hesse）在《德米安》（*Demian: Die Geschichte von Emil Sinclairs Jugend*）這本書裡寫的一句話：「一隻鳥出生前，蛋就是牠的全世界，牠得先摧毀那個世界，才能成為一隻鳥。」阿爾登讓我們看見，想要突破現實的侷限與不平，倚靠的不是尖銳的衝撞，而是理解後睿智的圓融。

這本書，述說的是一位平凡的女孩如何成為一國的領袖，這不是一本女性的勵志書，也不是從政指南，而是一股柔軟的力量，獻給所有追求思想自由的讀者。

推薦序二

打破傳統枷鎖，為女權披荊斬棘

「女人進階」粉絲專頁版主／張怡婷

經營以「女人進階」為名的粉絲頁、擁有不錯的學經歷，並擔任高階主管，所以我常被誤以為是高喊女性出頭天的女權主義者。但對我而言，真正的女權主義者該訴求的是「平等」，而非「女權至上」，而我所認同的女性力量，其實是兼具柔軟與韌性、愛與同理，而非「女人無所不能」的強悍形象。

雖然在近幾個世紀以來，無論是職場還是政界，優秀的女性出現在高階管理者與領導者的比例逐漸提升，但距離兩性平權還有相當長遠的距離需要被縮短，社會輿論依然在「女權」與「厭女」的論調中激烈拉扯，娛樂媒體也在「物化女性」與「譴責物化女性」的兩極搖擺。

令人驚喜的是，在這個世代有阿爾登的出現，似乎讓兩性平權出現可以仰賴的楷模。

放眼望去，幾位女性國家領袖刻意穿著褲裝，講話理智又穩重，散發出與男性同等的強悍與威嚴，讓大眾不禁懷疑她們具有與多數男性領袖匹敵的領導能力。但阿爾登卻以不刻意凸顯剛硬的女性形象，展現領導力與高情商，依然獲得眾人的高度肯定，且意外的滿足這世代的人民對新型態領導風格的需求。

在國際上，有多少跨國企業的女性領導者，在生完孩子後，不到幾天就回到工作崗位上，刻意強調自己熱愛工作，絕不會剝奪其他女性同仁的產假權益，卻無意間在職業婦女的傷口上灑鹽，讓想安心休產假卻不想被公司低估價值的母親，承受更大的陰影與壓力。

但阿爾登在初上任總理的一年內歷經懷孕、生產，並將六週的產假放好放滿，放心的讓副總理代理其職務。她產後更因哺餵母奶的需求，常在工作場合帶著嬰兒現身，甚至一同出席聯合國會議，為職業婦女照顧孩子的合理性提高標準。

越來越多高學歷的優秀女性，以出色的職場表現順利晉升，卻常在考慮結婚生子的時間點，下意識的在「追求要職」與「擔任母職」之間取捨或妥協。我就曾因為結婚生子被延後晉升，也曾目睹好友怕被擠下主管職缺，刻意隱瞞結婚的消息，更見識過剛生產完的女主管，在月子中心召開部門的週會。

這些現象引發的寒蟬效應，讓社會讚揚母愛的偉大，卻不敢光明正大的替職業婦女謀取更平等的對待。在這樣的世代，阿爾登在擔任總理的任內生兒育女，自在的身兼國家領袖與母親的角色，可想而知，能為這世界帶來不可小覷的正面影響。

此外，她更擴大母愛的含意與影響，展現愛與慈悲、關懷與同理，撫慰眾人在恐怖攻擊下的驚慌，我相信這樣的女性力量，是男性領袖遠遠不能超越的。她的表現，精準體現本書的書名。

紐西蘭總理傑辛達．阿爾登的從政之路

年分	事蹟
一九八〇年七月二十六日	出生於紐西蘭漢密頓市。
一九九六年	加入工黨，擔任當時工黨前國會議員哈里．杜恩霍芬，在紐西蘭新普利茅斯選區的競選志工。
二〇〇一年	擔任工黨的國會議員。
二〇〇五年	原本信仰摩門教，因支持LGBT同志平權運動而離教。
二〇〇七年	當選為國際社會主義青年聯盟主席。
二〇〇八年	當選紐西蘭國會議員，並於十二月十六日發表首次國會演說，成為國會最年輕的議員。
二〇一四年	晉升為工黨的前座議員。
二〇一七年三月	當選紐西蘭工黨副黨魁，並於八月接任工黨黨魁。
二〇一七年九月	總理就職前兩週，阿爾登發現自己懷孕，懷孕的消息引起全球八百多家媒體熱議，成為全球史上第二位在任內懷孕的民選國家領導人。

二〇一七年十月十九日	阿爾登接替比爾·英格利希擔任國家總理，成為紐西蘭史上第三位國家女性領導人[1]，也是自一八五六年來，最年輕的國家總理。
二〇一八年二月十七日	成為第一個參加同志遊行的紐西蘭總理。
二〇一八年六月二十一日	女兒妮薇在奧克蘭醫院誕生，阿爾登放六週產假，期間總理職務由副手代理。
二〇一八年九月	成為首位帶著自己的嬰兒出席聯合國大會的女性領導人，並針對氣候變化、性別平等等議題發表談話。
二〇一九年三月十五日	紐西蘭基督城發生清真寺槍擊案後，阿爾登改革槍枝管制法案，列明禁止持有半自動和軍用槍械。
二〇二〇年三月十四日	針對新冠肺炎疫情一事宣布，翌日起，進入紐西蘭境內者需隔離十四天。
二〇二〇年十月	由於處理槍擊案與新冠肺炎疫情得宜，其於同年的總理大選中帶領工黨取得過半數的議會席位，得以單獨執政，但她仍決定與綠黨繼續合作。

1 第一位是國家黨籍的珍妮弗·希普利（Jennifer Shipley），第二位是同屬工黨的海倫·克拉克（Helen Clark）。

前言

駕輕就熟的政治手腕，屢次解除工黨的危機

曾經，傑辛達・阿爾登（Jacinda Ardern）不願擔任總理。她在二〇一四年表示：「我知道當一位總理是很難兼顧家庭的。」一年後，她甚至直接表明：「我不想要擔任總理。」這決定可能是出自政黨的意思，也可能是出自個人信念，無論為何，聽起來都很有說服力。

後來，在二〇一七年一個春光明媚的午後，阿爾登獲選為紐西蘭總理。對此結果感到最驚訝的人，或許是她自己。

阿爾登的政治生涯初期相當平穩，後來則扶搖直上。她在二〇〇八年初次勝選，成為當時最年輕的現任議員。短短九年後，她就當上反對黨領袖。二〇一七年初時，阿爾登的政治生涯看似仍有很長一段路要走。不久之後，一位國會議員辭職，阿爾登便接下該議員的職位。兩週後，工黨（Labor Party）的副手請辭，阿爾登又接任副手的位置。在那之後，僅過了五個月，又遇上工黨黨魁辭職，阿爾登挺身而出，接下這個自己曾說過不想擔任的職位。

當時，她必須在短短七週內挽回工黨低迷的支持率，並想辦法贏得大選。她擔任黨魁後

的首次演講，獲得黨員熱烈的支持。此外，她開始進行一連串的宣傳活動，包括承諾將對氣候變遷擬定相關策略，以及頻繁的在臉書（Facebook）進行直播。工黨數十年來最低迷的支持率，就這樣被阿爾登成功逆轉，最後贏得大量選票，獲得組閣的機會。

然而，若工黨要組閣，就必須聯合其他政黨，也就是必須和握有九個席次的紐西蘭優先黨（New Zealand First）進行斡旋。因此，優先黨的黨魁溫斯頓・彼得斯（Winston Peters）扮演第三次造王者[2]的角色（見第九章）。他在大選後花費數週的時間，不斷與工黨和國家黨（New Zealand National Party）進行協商（雖然國家黨贏得的票數較多，但為了組閣，還是必須尋求優先黨的協助）。如果他選擇與工黨及同為左派的綠黨（Green Party）合作，就會形成少數派聯合政府。一直到他站在麥克風前，工黨都還不知道他將選擇與誰為伍。彼得斯做事相當謹慎，從來不輕易亮出他的底牌。

阿爾登在工作人員的圍繞之下，和大家一起緊盯著電視螢幕中的彼得斯，聽他對全國人民描述他是如何面對這個艱難的選擇。此刻的他就像政治版的《鑽石求千金》（*The Bachelor*）[3]一樣，從容玩弄著手中的玫瑰花。

當他最後宣布將與工黨合作時，阿爾登的辦公室歡聲雷動。她打開一瓶威士忌，然後替每個人斟酒，唯獨她自己沒喝。

對阿爾登來說，像宿醉一樣頭暈想吐的感覺，還要再過幾週才會來。六天前，也就是大選完三週之後，當工黨還在與優先黨協商時，阿爾登發現自己懷上第一胎。到時候，她必須準備同時兼顧母職與政治高位。

說出自己不想當總理，已經說了九年，就在她改變心意的七週後，三十七歲的傑辛達・阿爾登，成為紐西蘭第四十位總理。

2 在政治圈擁有很強的影響力，甚至可以左右結果的權力者。

3 美國的電視真人秀約會遊戲節目。

▲ 2017 年 10 月 19日，當阿爾登聽到彼得斯宣布將與工黨合作的瞬間。

CHAPTER 1

高中時期，就為女同學爭取穿短褲上學而發聲

之前曾看過一張在一九八五年拍攝的照片，照片中的拖車內有兩位微笑的女孩和幾位鄰居的小孩。其中一位女孩有一頭淡金色頭髮，另一位女孩則是褐色。她們留著一頭特別的髮型，是這群人之中唯二的白人。

這兩個人就是阿爾登和她的姊姊露易絲（Louise），她們在穆魯帕拉（Murupara）長大，這個林業小鎮位於紐西蘭北島中部。在二〇〇〇年，人口組成絕大多數都是原住民，因此這兩位女孩的同學主要都是毛利人。

阿爾登於一九八〇年七月二十六日在漢密頓（Hamilton）出生。在她五歲時，全家搬到穆魯帕拉，她的記憶也從此開始。

她的父親羅斯（Ross）是一名警察，被派去穆魯帕拉值勤。那裡的治安很差，一個新成立的摩托車幫派「部落人」（The Tribesmen）肆虐小鎮，而且林業私有化導致許多當地人淪於仰賴政府的救濟金為生。她們一家人就住在警局對面，因此阿爾登從小就目睹各種窮苦與暴力的畫面。阿爾登曾說，是她的童年生活讓她決定從政：「孩童從小就會建立社會良知，而我的良知肯定就是在兒時建立起來的。」

當然，阿爾登當時才五歲，她不可能在看見有小孩沒鞋穿的時候，就想到一級產業私有化與中央政府腐敗的問題，當下的她會覺得很不公平。「當時的我從來沒有從政治的角度看世界，我到現在仍然沒有這麼做，反而會試著從兒童、民眾和最基本的公平角度看事情。」

阿爾登小時候並沒有受到穆魯帕拉不公平的社會環境影響。跟大部分的鄰居比起來，她們家的經濟狀況還算小康。但父親的警察身分，讓一些當地人對他們家不甚友善，經常有人會朝阿爾登家丟酒瓶，警局門口也不時會發生爭執。

有一天，阿爾登從後門溜出去逛街，突然看見自己的父親被一群氣憤的男人團團包圍。父親用冷靜的語氣跟他們說話，避免讓衝突升溫。當他看見阿爾登，他嚇了一跳。父親趕緊對她說：「阿爾登，快離開。沒事的。」然後繼續面對那群男人。雖然只是一瞬間，但父親面對衝突的方式，深深影響阿爾登。數年後，當她成為國會議員，她也是以同樣淡定的人際手腕面對同事與對手。

雖然阿爾登一家在她八歲時就搬離穆魯帕拉，但她對那段時間有著相當深刻的記憶。很多人失去工作，還有一位鄰居過世，過了很多年之後，她才知道那個人是因為自殺而辭世；臉色發黃的保母是因為得了肝炎，才沒辦法再當他們的保母。這些不是政治問題，而是公不公平的問題。

一九八七年，阿爾登的父母又說要搬家。是到大城市去嗎？不，這次是莫林斯維爾（Morrinsville）。

雖然莫林斯維爾也不是一個都市，但面積比穆魯帕拉大多了。莫林斯維爾就像是整個紐西蘭的縮影，富人和貧民比鄰而居。擁有大型酪農牧場的家庭，隔壁就住著剛逃到紐西蘭的難民。當地最大、最豪華的設施是莫林斯維爾高爾夫俱樂部，阿爾登一家就住在旁邊。這間木屋是阿爾登的爺爺建造的，採洛克伍德式（Lockwood）的設計，完全沒有使用釘子。

阿爾登賺零用錢的方式，是幫忙在家門前的水果攤補貨。從俱樂部後門開車進去打高爾夫球的人，可以在經過阿爾登家的時候，自行把硬幣投入盒子裡，以大約新臺幣五元的價格買一顆蘋果。在草地的另一側是提阿羅哈山（Mount Te Aroha），山頂有著皚皚白雪。

學生時期熱愛公共議題，為從政之路埋伏筆

雖然莫林斯維爾也有貧窮問題，但不像穆魯帕拉那麼明顯。然而，阿爾登早已對貧富不均的問題很敏感。當她就讀莫林斯維爾中學時，她終於找到能一展長才的地方——學生會。

在學校開會時，年紀介於十一到十三歲之間的學生會成員[4]，會發表他們對於果汁冰棒漲價的意見，或是對學校方圓五十公尺騎自行車上學的安全性提出質疑。雖然討論這些問題的過程都很嚴肅，但在這群學生熱情討論的背後，其實藏著一個祕密：大部分的人之所以參加學生會，只是因為不想待在教室上課。

然而，身為學生代表的阿爾登並不是抱持這樣的心態而來。阿爾登覺得自己是學生的代言人，也是校園民主制度的民意代表。大部分在場的同學根本不曾想過這件事。當有人隨口

抱怨果汁冰棒漲價時，阿爾登便立即出面解決問題。在她獨自調查當地慈善機構的募資情況後，提議在學校的下一個便服日舉辦募資活動，然後用籌到的資金維持某一款果汁冰棒的售價。聽完她的提議後，學生會成員一致點頭通過。阿爾登實在很擅長擔任領導者的角色。

阿爾登並不是在父母的要求下才熱衷於學生事務，她所展現出的態度也不是複製長輩的價值觀，而是發自內心的感受。雖然她只有十二歲，但她已經對公共議題產生興趣。

四年後，就讀莫林斯維爾高中時，討論的學生議題變得更嚴肅，董事會面臨關於女生穿短褲的難題。當時，阿爾登是董事會上唯一的學生代表，她在會議中對於女生穿短褲的權益激烈辯論。根據當時的規

▲ 阿爾登首次涉足政治，是在莫林斯維爾擔任學生代表時。

4 紐西蘭兒童年滿五歲開始上小學，十一歲至十二歲上初中，十三歲至十七歲接受高中教育。

定，女生的制服是裙子搭配有領子的上衣，男生的制服則是長褲或短褲搭配有領子的上衣。阿爾登去年才成功說服校方重新設計制服上衣，而她今年則打算大刀闊斧修改制服的規定。由於校方希望學生把上衣紮起來，但學生不願意這麼做，所以阿爾登向董事會提出一種新的上衣設計，這種上衣不需要紮進褲子或裙子。最後，她成功說服校方，並親自監督校服的製作流程。

董事會的成員大部分都是男生。雖然他們習慣在開會時有學生代表出席，但他們從未見過積極參與會議、說話又有說服力的學生，令他們感到不可思議。就算會議是在放學後進行，阿爾登也會帶著筆記本出席，並針對各式各樣的問題提出意見。在整個開會過程中，她都顯得神采奕奕且十分投入。跟一九九〇年代莫林斯維爾的女孩比起來……應該說跟任何小孩比起來，阿爾登就像個怪人。

除了在董事會中頻頻告捷，阿爾登的學業也不落人後，和她同年級的也有許多優秀的同學，例如維吉尼亞・道森（Virginia Dawson）。她後來曾在樂施會（Oxfam）[5]和聯合國兒童基金會任職，並成為紐西蘭駐緬甸大使館的發展合作處主任。阿爾登想要成為的是學生代表，因為她認為學生代表才是有實權做出改變的角色。她在數年後也做出類似的選擇。當她三十歲左右擔任國會議員時，她曾多次拒絕擔任總理，因為她認為身為部長才能發揮更多影響力。

身處國家黨鐵票倉的工黨分子

莫林斯維爾是個酪農小鎮，鎮上據說擁有世界上每公頃最多頭牛的紀錄，而且大家對這件事引以為傲。在旺季的時候，恆天然（Fonterra）工廠每天會處理超過一百萬公升的牛乳。從奧克蘭（Auckland）往南開車兩個小時，在一個不起眼的彎道左轉，駛離國道一號，就會開上通往莫林斯維爾的道路。在途中，手機還會一時收不到訊號，接著才會恢復正常。阿爾登在二〇〇八年首次在國會演說時，否認她被貼上的「激進」標籤。她說：「我的答案很簡單。我來自莫林斯維爾，在那裡，激進指的是選擇開豐田汽車而不是霍頓（Holden）或福特的人。」[6]

莫林斯維爾只有兩名警官，其中一位就是阿爾登的父親羅斯・阿爾登，他後來到漢密頓擔任警探。傑辛達・阿爾登的母親勞雷爾（Laurell）在莫林斯維爾高中的餐廳工作。她為了照顧阿爾登跟露易絲，放棄原本在辦公室的行政工作。據當時莫林斯維爾高中的學生表示，

---

5 樂施會是國際聯會組織，由二十個成員組成，包括英國、加拿大、比利時、德國、印度等國家，香港及魁北克為唯二非國家成員。成立於一九四二年，起初目的為於二戰運送食糧至被納粹占領的希臘。如今，該組織致力於消滅貧窮與不義。

6 美國反恐官員調查伊斯蘭教激進組織「伊斯蘭國」（ISIS）時，發現他們大部分都是開豐田汽車。

雖然阿爾登姐妹跟餐廳人員有特別的關係，但她們從來沒有接受特殊待遇。

瑪塔瑪塔－皮雅庫（Matamata-Piako）農業區一直以來都是國家黨的票倉，而莫林斯維爾和紐西蘭許多農業小鎮，同樣也是國家黨的地盤。國家黨在任何選舉中，都是全國第一的保守政黨。

一九九〇年代就讀莫林斯維爾高中的學生，他們從小到大的總理是大衛・朗伊（David Lange）。工黨籍的朗伊是一位傑出的演說家，也是受人愛戴的總理。他的反核立場眾所皆知，還曾在英國電視臺一場關於核武器的辯論中嘲笑對手，說他可以從對手呼出來的空氣中「聞到鈾」。他是紐西蘭各地有志從政青少年的偶像，但對於莫林斯維爾高中的學生來說，他是敵人，因為他們的父母在吃飯時都是這麼說的。阿爾登家則與眾不同，因為勞雷爾的父母是工黨的忠實選民。

阿爾登從一九九四年開始就讀莫林斯維爾高中，那是當地高中的唯一選擇。比較富裕的父母，則會把孩子送去三十公里外的漢密頓讀書。在莫林斯維爾高中，每一個年級大約有七十到一百名學生。基本上，鎮上所有的青少年都會在那裡。學生的組成是莫林斯維爾的縮影：大部分都是紐西蘭白人、越來越多的毛利人、透過農業凝聚的印度社群，以及一些來自柬埔寨並被安置在莫林斯維爾的難民，但是（根據當時的學生及校方人員表示）沒有其他的原住民。

莫林斯維爾的每個人彼此都認識，也都知道對方的家人是誰。對於阿爾登來說，這表示在外界眼中，她永遠會被拿來跟露易絲比較。露易絲被視為是姐妹裡「比較酷」的那位，白話來說就是「沒有對學生政治那麼瘋狂」的那位。令人驚訝的是，從那時開始，露易絲就很擅長避免成為紐西蘭媒體關注的對象。雖然她是世界知名的紐西蘭總理唯一的手足，但她的生活對外界來說始終是個謎。

雖然阿爾登沒那麼酷，但她絕不是個很遜的人。只要跟她同班過，很快就會發現這點。她做過很多對年輕人來說很不酷的事，像是她曾在董事會擔任兩年的學生代表，這是一個前無古人、後

▲ 阿爾登擔任 2014 年奧克蘭巷道音樂節的 DJ。

無來者的成就；她還參加過辯論比賽，而且時常獲獎。十年後，阿爾登在社群媒體上吸引千萬粉絲追蹤，而且還是兼職的音樂DJ，成為既年輕又酷的政治人物。但是，當她還在學校的時候，無論怎麼看，都是一個不折不扣的書呆子。雖然表現優異、人緣很好，但就是個書呆子。

當年大多數的同學對阿爾登不太有印象，只記得她「人很好」，但這個詞根本是明褒暗貶。一般來說，若被稱讚「人很好」，其實是在說你很無趣。也許阿爾登是真的有點無趣。有些和阿爾登在莫林斯維爾高中的同年級學生，甚至說自己對她完全沒印象。想當然，對她印象最深刻的，非校方人員莫屬。由於她在擔任學生代表、辯論比賽及演講致詞方面的表現相當優秀，所以讓他們留下深刻的印象。這些人之中對阿爾登影響最深的，就是葛瑞格·方騰（Gregor Fountain）。

高中遇見政治狂熱的恩師

一九九五年，當時方騰二十二歲，便開始在莫林斯維爾高中任教。他在威靈頓（Wellington）長大，從位於基督城（Christchurch）的高中畢業後，就前往窮鄉僻壤的莫林斯維爾教書。

學生對他在社會研究和歷史課上互動式的教學風格留下深刻的印象。他不只是照本宣科，而是經常會請同學藉由演戲的方式，表演歷史上的重要事件。在介紹到印度國父甘地的時候，他還會打扮成印度社運人士的模樣。這招在二〇二〇年恐怕不像當時一九九五年那樣行得通，但在當年卻能奏效。在整體來說相對保守的學校，他不但熱衷政治及社運，而且價值觀相當開放。他的年紀跟學生相差不大，而且帶來許多來自「大城市」的開放觀念與教學熱誠，因此立刻受到學生喜愛，包括當時十四歲的傑辛達·阿爾登。

方騰很喜歡熱衷政治的學生，而且他很樂意傾囊相授，將自己的知識與積極求知的學生分享。阿爾登在二〇一七年大選前，接受時事節目主持人馬克·尚斯伯里（Mark Sainsbury）訪談時回憶道：「老師教我要質疑自己意見的根源。我為什麼這麼認為？這想法從何而來？我在那之後才理解何謂思考。」

方騰教的是全球通史，但他在教到紐西蘭歷史時，會講解得特別完整。和其他被殖民過的國家一樣，紐西蘭的歷史通常是由殖民者所寫，而在殖民者寫下的版本中，愛冒險的庫克船長發現紐西蘭，接著與當地的毛利人簽下《懷唐伊條約》（*Treaty of Waitangi*），讓歐洲人與毛利人能和平共處。另一個更精確但鮮為人知的歷史版本，則充斥暴力衝突，講述歐洲人為了占領這片土地及屠殺毛利人，引發紐西蘭戰爭。方騰會把兩個版本都講給學生聽，讓學生（例如阿爾登）著迷於自己國家的歷史。

時機相當湊巧。一九九五年，英國王室根據和解契約的內容，為紐西蘭戰爭期間以不法手段徵收的土地，正式向紐西蘭的部落懷卡托．泰努伊（Waikato-Tainui）致歉。當時，十五歲的阿爾登正好在上方騰老師的歷史課，但她還想了解更多。方騰在數年後回憶道，阿爾登一直希望能更認識自己居住的國家和地區：「她當時正在確立自己的價值觀，也在尋找一個能作為她榜樣的人。我記得自己曾跟她談過泰努伊的事，我覺得她是個很特別的學生，很想要弄清楚整件事的來龍去脈。」

當阿爾登在尋求價值觀時候，發現自己和方騰老師對許多事情的看法一致。他在莫林斯維爾高中成立許多社運社團，阿爾登則每一個都加入。其中一個社團名叫「人權行動」（Human Rights Action Group），成立於一九九七年，指導老師為方騰。和大部分校園中的社運團體一樣，雖然無法改變世界，但至少其中的成員都很熱心的表達訴求。他們會寫信譴責其他國家違反人權的行動，甚至舉辦「法西斯傳真日」（Fax-a-Fascist day），邀請所有學生在當天寫信給全世界的法西斯領導人，並譴責他們的行為。

在一九九七年的校園紀念冊中，人權行動社團的合照共有二十六位成員，方騰老師站在前排中央，維吉尼亞．道森（阿爾登的好朋友）站在老師的右方，阿爾登則站在老師的左方。在那張照片中的人當中，有的人不是忘記自己曾經參加過那個社團，不然就是根本不記得這個社團的存在。曾有學生回憶道，方騰老師當時甚至還隨便找一些學生湊人數，想讓照片裡的人數看起來多一點。事實上，這個社團舉辦的各個活動，基本上都是前排中央的那三個人在執行。

方騰老師相當受學生歡迎。在他任教期間，莫林斯維爾高中的歷史課人數大幅增加，這些人可不是因為愛上歷史而來。不過，他不可能一直在莫林斯維爾待下去，因為他在這裡是大材小用。他和阿爾登一樣，注定要去完成更偉大的事。

他在這裡的三年間，每一年都有教到阿爾登。他在一九九七學年度結束後，改到漢密頓的私立學校任教。接著，他到紐西蘭各處的學校教書，然後在二〇一八年成為威靈頓高中的校長。威靈頓高中是他的母校，也是紐西蘭頗具盛名的公立學校之一。他當上校長後的第一件事，就是確立學校的辦學理念及校園文化。

當方騰離開莫林斯維爾高中時，阿爾登離畢業還有一學年，但他說他早已看出阿爾登將來會出人頭地：「我很清楚，她將來會是能改變世界的人。」

在阿爾登開始改變世界之前，她成為反酒駕學生聯盟（Students Against Driving Drunk）的會長，先從自己的小鎮開始改變。酒駕在全球的偏鄉小鎮都是嚴重的問題，由於夜間的大眾交通工具稀少、警力稀薄，又沒什麼娛樂可以消遣，所以很多人就會喝酒，然後在酒醉的情況下開車。運氣好的時候，頂多自撞農場柵欄，但不是每次運氣都會這麼好。

莫林斯維爾高中的反酒駕聯盟不只宣導酒駕的危害，還會在校內演示車禍現場，試圖說服學生和民眾不要酒駕。除了口頭宣導之外，阿爾登本身滴酒不沾，而且會極力阻止朋友酒後開車。在一九九七年的校園舞會結束後，當時身為反酒駕聯盟成員及學生代表的阿爾登，還為同學安排回家的校車。錯過校車的人，阿爾登就會親自開車載他們回家。

十年後，當阿爾登進入國會，她曾被批評是一位職業政客，也就是除了政治工作之外，從未當過「普通的」紐西蘭公民。這句話並沒說錯，因為確實很多人在踏進政治圈之前，都曾做過其他行業，但這句話漏掉一個重點：雖然阿爾登在成年後沒有從事過政治以外的工作，但她在青少年時期曾做過「最紐西蘭人」的工作，也就是週五晚上在當地的炸魚薯條餐廳打工。週五放學後，當同學在外飲酒作樂，阿爾登必須在最繁忙的時段，去一間名叫黃金奇異果（Golden Kiwi）的餐廳工作。

黃金奇異果是個以外帶為主的餐廳，專賣紐西蘭國民美食炸魚薯條。這間餐廳成立於一九六三年，為科維奇家族（Covich family）所有，並在一九九三年由格蘭特．科維奇繼承家業。

當時十四歲的阿爾登在母親陪同下拿履歷表來，之後被格蘭特僱為員工。黃金奇異果的裝潢維持古老的風格，拒絕翻新。大部分炸魚薯條餐廳早已不再提供內用，但位在莫林斯維爾的這間店，卻留下最初的金屬編織椅和鋪著方格桌巾的桌子，繼續提供內用的服務。年輕的阿爾登必須接單、送餐，並為外帶的客人打包餐點。勞雷爾知道自己的女兒缺乏工作經驗，所以還曾買半顆高麗菜，讓阿爾登在家練習打包食物。

在炸魚薯條店工作的經驗對阿爾登很有幫助，因為在紐西蘭，沒有比用報紙包炸物給客人更能表達「民有」的精神。

阿爾登在莫林斯維爾的校園生活並沒有特別耀眼，雖然她的學業成績不錯（但也沒有到天才的程度）、曾在當地的餐廳打工，但若問到對於她的評價，幾乎所有莫林斯維爾的學生都只會回答：「她不曾犯過嚴重的錯誤。」

翻開她的校園紀念冊，就會發現到處都有阿爾登的名字。辯論社、演講比賽奪冠、作文比賽亞軍、科學競賽優勝，還有一張董事會代表的照片，照片中的她戴著墨鏡，頭上還看得出染過頭髮的金色髮束。不酷，但也不遜。

其中，最特別的一張是阿爾登參加高年級籃球隊的照片。若有報導說總理阿爾登在年輕時曾是明星運動員，應該沒多少人會懷疑，因為她似乎十項全能。然而在運動方面，上天展現公平的一面。身為董事會中的學生代表，她能靈活協調學生的各種意見及觀點，但身為運動員，她沒辦法靈活協調自己的四肢。她參加籃球隊只是為了交朋友。當年她和露易絲在羽球場上雙打的身影，也和網球好手威廉絲姐妹相去甚遠；然而，她在場上比賽時總是充滿熱情，後來還積極鼓勵女生參加運動比賽。熱情與真誠這兩個常被紐西蘭人嗤之以鼻的特質，阿爾登卻從年輕時就展現出來。

在一九九八年的董事會中，當時十七歲的阿爾登代表莫林斯維爾高中的學生，為女同學可以選擇穿短褲的權力發聲。她自己很喜歡穿裙子，但這不是重點，阿爾登相當重視自己為同學爭取權益的角色。假如這是大家想要的改變，她就會努力實現。

在經過數次冗長的會議之後，她終於說服這所保守學校的家長及校方代表，在兩年內第二次調整校服。雖然阿爾登自己不曾穿短褲上學，但在今日的莫林斯維爾高中，穿著短褲的女同學已經隨處可見。

在一九九八年底，阿爾登和她的同學收拾好置物櫃，準備面對真實世界。當時他們還玩一個遊戲：從一堆形容詞中，選出最適合某個形容詞的同學，或是對他們的未來進行預測，例如最有趣、最懂穿搭、最友善、最佳伴侶等。不是每個人都有被分配到形容詞，而且只有三個人獲得大家的預測。傑瑞米．哈布古德（Jeremy Habgood）被大家認為將會最先成為百萬富翁；最有機會出人頭地的，是維吉尼亞．道森。

最有可能成為紐西蘭總理的人呢？當然是傑辛達．阿爾登。

CHAPTER 2

髮型「一半一半」，信仰也「一半一半」

阿爾登還有一點和其他同學不同，就是她的宗教——摩門教。她和露易絲自小每週日都會去耶穌基督後期聖徒教會（Church of Latter-Day Saints）。摩門教的小孩不可以抽菸、喝酒或在週日從事體育活動。在熱愛運動的紐西蘭，最後這點往往是透露信仰的線索。

除了週日運動的禁忌之外，學生在便服日的穿著也是線索之一。在便服日的時候，大家總會穿上自己最好看的衣著。在一九八〇年代的莫林斯維爾，最時尚的穿搭就是美國品牌Starter的夾克外套和Origin的牛仔褲。但來自虔誠家庭的學生，通常會穿長裙，而且不能喝可樂，因為摩門教將咖啡因視為毒品，所以阿爾登家的小孩也不能喝可樂。

除了這些「詭異」的特徵之外，大家很少將摩門信仰和阿爾登聯想在一起。如果阿爾登的同學有觀察到的話，可能會以為她對派對和約會沒興趣，是因為她的信仰很保守。然而，阿爾登是天生就不喜歡這些活動，而不是因為後天的規定，彷彿她的個性天生就適合這些教義，而不是受到教義束縛。

露易絲反而比較像是標準的摩門教青少年：不斷違反規定、跟爸媽吵架，以及三不五時威脅要離家出走。雖然阿爾登沒有親口說過，但她在教會的這些規定下，似乎感到怡然自得。然而，阿爾登有染頭髮和穿鼻環。對於一位熱衷學生政治的摩門教青少女，這似乎是很反常的舉動。看來，每個人都有自己表達叛逆的方式。

耶穌基督後期聖徒教會，是約瑟夫．史密斯（Joseph Smith）於一八二〇年代在美國創立，是個相對比較年輕的新宗教，其中最為人所知的就是挨家挨戶敲門傳教的行為。

一說到摩門教，大家通常會想到他們一夫多妻制的基本教義。摩門教在紐西蘭常被視為基督教的遙遠分支，最著名的作為是大力譴責結婚前的性行為，以及全盤否定同性關係。根據阿爾登和友人的回憶，她是逐漸萌生離開摩門教會的想法，而不是一夕之間做出決定。開明的阿爾登在 LGBTQIA+[7] 的權益方面，不曾與教會站在同一陣線。自古以來，摩門教會深信同性戀是可以治癒的疾病，並致力將同性戀教徒扭轉成異性戀。直到二〇一八年，教會才宣布不再積極嘗試扭曲教徒的性傾向。

然而，摩門教還是仇視 LGBTQIA+ 族群。通常宗教的信徒都只需要遵守一部分的教義，而不是恪守所有的規定，但摩門教是例外。摩門教是一個不容許半調子心態的宗教。若不願全盤接受，就會被驅逐出去。在性向方面，所有「選擇」成為同性戀的人，不管是否願意繼續信教，下場一律都是被驅逐，這個規定成為阿爾登離開教會的最後一根稻草。

高中畢業後，阿爾登來到位於漢密頓的懷卡托大學（University of Waikato）。她在這裡花費三年時間取得傳播學的學士學位，中途還去美國的亞利桑那州立大學（Arizona State

7 每個字母代表不同的性少數族群，分別是女同性戀（Lesbians）、男同性戀（Gays）、雙性戀者（Bisexuals）、跨性別者（Transgender）、疑性戀（Questioning）、雙性人（Intersex）、無性戀（Asexual），「+」代表持續增加的意思。

University）就讀一學期。在全紐西蘭，沒有任何地方比懷卡托大學更盛行飲酒文化。

然而，大學時期的阿爾登仍信奉摩門教。她既不喝酒，又勤奮向學，因此她在懷卡托的生活就像船過水無痕，沒有任何放蕩不羈的照片、影片或故事存在。她離家鄉還是很近（校園就位在漢密頓，從莫林斯維爾通勤只要三十分鐘），所以大學生活對她來說只是新的高中生活，而不像是新世界。

直到阿爾登搬到威靈頓生活，她才第一次真正接觸到一個截然不同的多元世界。和莫林斯維爾相比，威靈頓可說是一個自由到無邊際的大都市。在這個新世界，有許多事物讓她開始質疑自己的信仰，尤其是當她在支持 LGBTQIA+ 權益已逾數十年的工黨青年團（Young Labour）工作時，她開始接觸到越來越多的同性戀者。

擔任國會議員的志工，一腳踏進政壇

當阿爾登還在莫林斯維爾高中讀書時，曾擔任工黨國會議員哈里．杜恩霍芬（Harry Duynhoven），一九九六年在新普利茅斯（New Plymouth）選區的競選志工。她的阿姨瑪麗（Marie Ardern）是工黨的死忠支持者。她替阿爾登與杜恩霍芬的辦公處牽線，於是阿爾登在二〇〇一年從懷卡托大學畢業後，就透過這份關係在工黨找到工作。

杜恩霍芬只是一般的國會議員，因此這份工作對於胸懷抱負的阿爾登來說，不是最理想的選擇，但一隻腳總算已經踏進政壇。

到二〇〇三年時，阿爾登還是杜恩霍芬的幕僚。有一次，他的私人祕書在討論能源問題時，注意到阿爾登這位工黨青年團的成員。當時他們正在尋找新面孔加入領導階層，一位名叫湯尼・米恩（Tony Milne）的成員極力推薦這位名叫阿爾登的女生。

米恩在與阿爾登成為朋友之後，**逢人就說她是總有一天會成為總理的人**。雖然當時大家並不相信阿爾登會成為總理，但他們都同意推薦她成為工黨青年團的領導人。米恩說：「她的工作能力很強，而且曾為哈里・杜恩霍芬工作過。雖然這麼說有點怪，但她的工作表現很好。」雖然她是摩門教徒這點與工黨青年團有些格格不入，但她的工作能力確實相當驚人。

當時在工黨青年團中，很少有女性角逐任何職位，所以能夠找到能力過人的女性加入領導團隊，是一件難能可貴的事。而且，她還是一個很「酷」的人（在政治圈裡，酷不酷的標準比高中還低）。

米恩不費吹灰之力，就讓阿爾登獲得提名。雖然阿爾登沒有為自己競選，但米恩也並非在毫無理由的情況下提名她。進入工黨青年團的領導階層後，她便著手規畫活動，藉此提升成員的向心力。其中一個大計畫，就是名叫「工黨青年團克拉里昂之旅」的志工巡迴活動。當然，這個活動大部分的準備與企劃都是由她一手包辦。

二〇〇四年的聖誕假期結束後，十位工黨青年團的成員便搭乘一輛小巴士，從紐西蘭北島的最北邊巡迴到南島的最南邊，中途在各小鎮停留，並為當地社區提供免費服務，例如清潔海灘以保護當地鳥類，或是在新年前夕發放保險套。

去過的地方包括旺加努伊（Whanganui）、勒溫（Levin）、納爾遜（Nelson）、凱庫拉（Kaikōura）、阿什伯頓（Ashburton）、巴爾克盧薩（Balclutha）和因弗卡吉爾（Invercargill）。在為期九天的假期中，這十位二十多歲的工黨青年一邊整理資源回收的垃圾，一邊在小鎮中心宣傳民主觀

▲ 阿爾登（圖右，探頭至車窗外）於 2004-2005 年，參加工黨青年團舉辦的克拉里昂之旅。

念。這活動絕對不算酷，但也不遜。

當時，阿爾登的髮色是名叫「一半一半」的造型，靠近頭頂的上半部染成金色，下半部則是深色。下半部到底是天生的棕髮，還是另外染成黑色？沒有人知道。但是因為她很常綁馬尾，所以就會出現明顯的分界：上半部明亮，下半部烏黑。當然，我們不應該隨意批判女性公眾人物的造型，她愛怎麼打扮是她的事，對吧？如果你這樣想，那你就錯了。她當時的造型很重要，因為這代表在目前的世界領導人之中，有一個人在不久前還留著一頭「一半一半」的時尚造型。

在一個記錄二〇〇四／二〇〇五年的克拉里昂之旅，但目前已被刪除的影像紀錄中，阿爾登和米恩用開玩笑的方式解釋工黨青年團到底在做什麼。最後的笑點，是由阿爾登說出：「開會時或電話會議，我們提過社會正義嗎？」這段畫面令人感到尷尬的原因，和其他政治人物嚇壞世人不同，例如英國前首相大衛．卡麥隆（David Cameron）在牛津大學把生殖器放進豬的嘴裡，或是澳洲總理史考特．莫里森（Scott Morrison）在他最愛的橄欖球隊於決賽中落敗時，在麥當勞喝到酩酊大醉，並直接在褲子上大號。

這段畫面的尷尬感，來自明明很努力嘗試，表面上卻想要裝沒事的模樣。雖然只是在幾乎沒人看過的影片中說出不好笑的笑話，但阿爾登在努力嘗試做某件小事之後卻滑鐵盧的模樣，卻讓人感到相當安心。

若不是因為有這些軼事，阿爾登的人生故事可能會跟英國前首相德蕾莎・梅伊（Theresa May）一樣可怕。梅伊自己透露，她這一生中做過最淘氣的事，就是小時候「在麥田裡奔跑」。雖然梅伊的故事感覺是在特別經過思考之後說出來的，但如果阿爾登說她小時候最叛逆的舉動，就只是翻過圍籬跑進別人家的麥田裡，大家一定會深信不疑。

一部電影，成為離開教會的轉振點

工黨青年團無論在成員或委員會中，都有很多 LGBTQIA+ 人士，因此多元平權一直是工黨的重要政見。二〇〇四年，當阿爾登二十四歲時，紐西蘭通過《民事結合法》（*Civil Union Act*），讓同性伴侶享有與異性婚姻相同的權利與責任。該法案是由兩位工黨的議員提出，當時進行的是「良心」投票，也就是贊成與否不需要根據黨意。結果，在支持該法案的六十五票中，有四十五票來自工黨的國會議員。阿爾登的兩個世界——摩門教會與日漸重要的工黨生活——在此刻產生激烈衝突。

她從小參與的教會公開反對該法案，但她和她的同事（很多人本身也是同性戀者）卻是全然支持平權。直到現在，阿爾登就算在盛行飲酒應酬的國會工作，也堅持滴酒不沾。她從來不會批評喝酒、抽菸的人，或是做出違反摩門教義行為的人，她只是不會加入他們而已。

到二〇〇五年，當阿爾登在大選前為首相海倫・克拉克（Helen Clark）工作時，她和三位同事在威靈頓的特雷斯街（The Terrace）分租一間公寓，這三位同事都是男同志。當年紐西蘭的同志影展主打的電影是《遇見好男孩》（*Latter Days*），這部二〇〇三年的電影，描述一位摩門教男同志如何在宗教與性向之間做抉擇。阿爾登的室友兼好友米恩表示，那部電影並不精彩，雖然有些片段充滿情緒張力，但整體比較平淡。然而，當電影結束，燈光亮起時，他發現阿爾登淚流滿面。這部電影，成為她決定離開教會的契機。

決定是否離開耶穌基督後期聖徒教會，和「要不要喝酒」這種小決定截然不同。阿爾登一家人和家族親戚，全都是積極參與教會活動的成員。離開教會，等同和從小認識的親友切割。雖然她鮮少提及此事，但她曾經在二〇一六年透露，她到現在都不曾和父親聊過當年為何決定離開宗教，而她唯一從家裡聽到的消息，只有她母親對她「相當失望」這句話。

摩門教占據阿爾登大部分的童年，又在成年之後從她生命中澈底消失，但她始終不願對外多談她與摩門教的恩怨情仇。她始終強調，離開教會的決定，並沒有對她和家人的關係造成負面影響。也許這就是她不願對外多談的原因。畢竟當全家人一起吃晚餐的時候，沒有比不同的宗教觀更能讓氣氛尷尬的事，最好避談這些價值觀上的差異，然後聊一些大家都能認同的事情。

阿爾登在成為總理之後，某次接受紐西蘭媒體 Stuff 採訪時，她小心翼翼表示，雖然她與摩門教的部分教義分道揚鑣，但她並未與信眾疏遠。她在二〇一八年向記者表示：「我不可能把自己從童年的生長環境中切割開來。雖然我確實和摩門教的教義分道揚鑣，但過去的教會生活並沒有讓我想批評的地方。」

阿爾登認同各種宗教信仰的存在，但她自己並不信奉任何一種。二〇一八年九月，阿爾登的叔叔跟嬸嬸（兩人都是教會資深成員）送給她長達兩冊的族譜。二〇一九年五月，阿爾登和後期聖徒總會會長羅素．納爾遜（Russell Nelson）在蜂窩大廈（Beehive）會面。

這次的會面對阿爾登家族來說非同小可，但這樣的活動並不是前所未見。其他的紐西蘭總理也曾在蜂窩大廈接待過包括納爾遜在內的各教會領導人。

沒有人知道阿爾登是否出於政治動機才離開童年的教會。雖然國會一直都有很多虔誠的保守人士，左派政黨卻很少有這樣的人。紐西蘭是個充滿各種宗教信仰的國家，然而，摩門教的國會議員不止對選民來說沒什麼吸引力，反而還會直接引起部分選民的反感。

以摩門教徒的身分在工黨工作，遲早會讓阿爾登陷入危機。不論是不是無心插柳，好幾年前離開教會的決定，對她帶來相當大的好處。

雖然阿爾登曾有超過一半的歲月是保守派教會的成員，但這段過去，對現在來說只是一段軼事，無法反映她個人的信仰或價值觀。至於她在擔任公職與服務大眾的場合之外，是否持續受到從小的教義影響，就只有她本人才知道。

CHAPTER 3

為了讓重要的人記住你，你必須先遇見他們

傑辛達．阿爾登或許純真，但她絕不天真。她知道，若希望仕途順遂，就必須讓重要的人記住她。為了讓重要的人記住她，就必須先遇見他們，並在工作上合作。雖然阿爾登並不是出於這麼市儈的原因才在國會到處建立交情，但若覺得政治人物之間的交際往來沒有包含一絲算計，則又太過天真。在為哈里．杜恩霍芬工作一段時間後，阿爾登申請為時任司法部長暨外交部長的菲爾．戈夫（Phil Goff）工作。她在工黨內獲得眾人背書，順利取得這份工作。

然而，她沒有在戈夫的團隊中待很久，因為她的才能被總理看上。二〇〇五年，當海倫．克拉克總理的第三任期即將結束時，她面臨當時擔任國家黨黨魁唐納德．布拉什（Donald Brash）的強力挑戰。克拉克意識到自己必須爭取更多年輕選票支持，所以她將阿爾登納入麾下，成為她的政策顧問以及與工黨青年團之間的橋梁。對阿爾登來說，能夠被總理注意到並且被拔擢，是一件相當重大的事。她當年只有二十四歲，在政黨裡算是新鮮人，但她的仕途相當順暢。她當時已經是工黨青年團的副團長，並肩負提升十八至二十四歲選民支持率的重責大任。

在二〇〇五年的競選活動期間，工黨青年團的主要任務，就是讓克拉克變酷——或至少沒那麼遜。當布拉什在二〇〇四年一月，於奧雷瓦（Orewa）的演講中打出種族牌之後，國家黨在民調的支持率開始大幅成長。布拉什呼籲要終止毛利人繼續享有他口中所謂的「特權」，但事實上，毛利人在犯罪、健康狀況和監獄統計數據方面仍占多數，且教育程度偏低、貧窮率也較高。然而，他的言論確實打動部分選民的心。在這場演講之後，國家黨的支持率在兩週內就從二八％上升至四五％。

克拉克和布拉什兩位候選人的年紀都偏高（克拉克五十多歲，布拉什六十多歲），但布拉什決定刻意迎合高齡選民。布拉什從來不受年輕人青睞，也永遠不會受到年輕人喜愛。

為了向布拉什反擊，在特雷斯街上合租房屋的那幾位工黨青年團團員，想出一個聰明的計畫。他們申請一支電話號碼「0800 BRASH」，將這支號碼公開在威靈頓的大街小巷，並邀請民眾一同撥打。只要撥打這支號碼，就會聽見一段錄音，告訴民眾分別要按哪個號碼，向布拉什的不同政見表達抗議，例如「關於出售國有資產請按一，關於……請按二……。」雖然這本質上算是一種惡作劇電話，但活動結果相當成功。

上百位威靈頓居民撥打的這支號碼，其實都是接通到阿爾登公寓住處的市話。這件事被國家廣播頻道報導之後，撥打的人數很快就從數百人變成數千人。這招比他們想像的還成功，但就連主導這次活動的阿爾登，都忘記考慮一件事：電話費。

在這波電話浪潮結束後，這四位年輕、資歷淺，又沒什麼錢的工黨員工，收到電信公司的帳單。他們必須繳納的金額高達新臺幣數十萬。除非四個人不吃不喝，否則他們的活動預算根本付不起這個龐大的數目，因此阿爾登再次肩負談判的責任。最後，她成功說服電信公司大幅減少帳目上的數字。

在為這次工黨青年團的活動經費苦惱的同時，阿爾登還必須到克拉克的辦公室，向這位大人物學習工作習慣與技巧。此外，她不只是去辦公室觀摩而已，為了測試她的能耐，克拉克要她把競選活動各部門的政策整合起來，而她就是在這個時期，在政治圈中得到「政策狂」的名號。無論有多少資料，她都會讀完，而且會提出各種問題。當競選活動開始時，她會仔細觀察每次的演講、互動與技巧，看哪些特別有效，哪些成果不彰。

當時，沒有人能夠預期二〇〇五年的那場大選結果會如何，但阿爾登這位才剛出發的政治新鮮人，卻做一個重大的決定。她相當確定，當所有冒險在大選之夜結束之後，她想要到國外開拓視野。工黨當年最後以些微差距險勝。在勝選之夜當晚，當克拉克回到位在蜂窩大廈九樓的辦公室時，阿爾登已經披星戴月趕到機場。

脫離舒適圈，出國進修政治課

對紐西蘭白人來說，大學畢業後到英國朝聖，是一個相當重要的傳統文化。家境稍微優渥的紐西蘭白人，會待在倫敦生活幾年，甚至更久。

在二〇〇〇年代初期，每年大約有一萬五千至兩萬名紐西蘭人會移居英國；在這些人之中，大部分的人會待在倫敦生活或工作。對紐西蘭人來說，在倫敦生活可說是最安全的一種冒險。多數國家的工作簽證只有一年，但英國的簽證可以長達兩年，而且生活方式的落差並不大。

「紐西蘭人在倫敦」（Kiwis in London）的臉書社群專頁已經有超過八萬名成員。對於這些人來說，到倫敦生活不過只是把老家搬到另一座城市而已，而且這座城市跟家鄉也沒有差很多。舉例來說，一個紐西蘭人在搬到倫敦之後，室友很可能就是在紐西蘭丹尼丁（Dunedin）的街頭派對上有過一面之緣的人。阿爾登的情況也是一樣。

但在二〇〇六年初，阿爾登在前往倫敦之前，她先去紐約一趟，只在紐約待半年，而且因為旅遊簽證無法在紐約工作，所以她這段時間都在幫忙一場勞工權益的抗爭活動。她還到一間位在布魯克林區公園坡區（Park Slope）的一間湯品專賣店 CHiPS 擔任志工，負責做肉丸子。日後當海外媒體在介紹阿爾登時，這間店的名字幾乎都會出現，因為她在國會的首次演講中有提到這間店。阿爾登在紐約的湯品店擔任志工，一位年輕的社會工作者在紐約為街友服務，這故事太美了，簡直是神來一筆。

這種故事很適合在國外的簡介中不經意出現，讓世人看看全球政治中的「新希望」是什麼模樣。但撇去市儈的成分不談，阿爾登肯定曾在那裡擔任過志工，因為她不是個擅長說謊的人。

阿爾登在紐約待一陣子之後，由於這段時間都沒有收入，所以她必須想辦法餬口。於是她前往英國，應徵東尼・布萊爾（Tony Blair）內閣辦公室的顧問。雖然她順利得到這份工作，但她反而有點失望，因為此時的布萊爾即將離開政壇。

他最知名的作為，是在二〇〇三年派英國軍隊去伊拉克，還因此被指控為戰犯。這件事讓阿爾登對這份工作感到兩難，但她又急需一份工作。她在二〇一七年時向記者表示：「那只是一份工作，我必須在國外生活下去。我想要有更多時間可以在國外到處體驗，我很喜歡當時的志工工作，但我也必須生活，所以才接下那份工作。」

後來，當阿爾登在二〇一一年成為工黨的國會議員時，布萊爾曾造訪紐西蘭。她購買門票去參加他的活動，結果被冠上罵名。當時，對於偏左派的政黨來說，支持布萊爾是一件弊大於利的事。阿爾登出席之後，對於現場的提問感到失望，她比較想要聽到布萊爾做出那些不受歡迎的政治決定，背後真正的原因。因此，當現場開放觀眾提問時，阿爾登問布萊爾，是否會後悔決定參與二〇〇三年的戰爭。「如果你擁有現在的經驗，當初會做出不一樣的決定嗎？」但他卻回答：「我會準備更長期的作戰計畫。」毫不意外，在那之後，阿爾登很快就與布萊爾的內閣疏遠。

然而，布萊爾和阿爾登其實有相似之處。布萊爾的政治生涯也是從年輕的國會議員起步，在大約三十歲時以英國工黨黨籍進入國會。他也是在相當臨時的情況下（因為前黨魁約翰・史密斯〔John Smith〕在一九九四年驟逝）被選為黨魁，在一九九七年的選舉帶領一個在野十八年的政黨，獲得壓倒性勝利。

布萊爾將左派的工黨重組為較中立的政黨，並提倡一些通常是右派政黨才會提出的政見，例如嚴懲罪犯。他提出第三條道路（Third Way）的政策，結合右派的經濟政策與左派的社會理想，創造一條中立的治理路線。第三條道路的想法大受好評，比爾・柯林頓（Bill Clinton）甚至搬到美國套用，但在柯林頓之後，全球越來越走向極端的右派路線，例如布希、川普、梅伊和強森。阿爾登則稱自己為「務實派理想主義者」，這也許是除了直接說出「中立」兩個字之外最中立的稱呼了。

其實在倫敦的時候，阿爾登從來沒有直接與布萊爾共事過。她在內閣辦公室及商業與企業處工作擔任副處長的期間，負責處理法規問題，她當時與威廉・薩金特爵士（Sir William Sargent）一同工作，也曾與羅尼・佛萊納根爵士（Sir Ronnie Flanagan）一起處理警務問題。不酷，但也不遜。

週末的時候，她會和同樣住在倫敦的姊姊出遊。她們曾去過荷蘭和蘇格蘭，也在二〇〇七年底時去阿根廷。兩人在布宜諾斯艾利斯待了一個月學西班牙文，這段時間她們住在沒有窗戶的小房間，阿爾登更是每晚把沙發靠墊擺在地上當床睡。由於阿爾登是國際社會主義青年聯盟（IUSY）的成員，因此無論去哪都會有朋友接應。

阿爾登在工黨青年團中的第一個職位，是國際事務祕書，在國際事務中最重要的工作，就是代表工黨青年團與國際社會主義青年聯盟聯繫。世界上每個國家的工黨青年團和社會民主主義的政黨，都是國際社會主義青年聯盟的成員。

國際社會主義青年聯盟始於一九〇七年，成立的目的是為了讓已開發國家的社會主義政黨，向開發中國家的社會主義政黨分享知識與策略。全球共有數千名年輕人是國際社會主義青年聯盟的成員。對許多人來說，成為國際社會主義青年聯盟的一分子，代表自己正以青年身分參與政治，然後每年可以愉快的到其他國家參加會議。大部分成員不會太積極參與國際社會主義青年聯盟的活動，但阿爾登是個出色的政治人物，她知道如何建立人脈。

在搬到倫敦之前，她就已經和所有的代表建立聯繫。每和姊姊抵達一個國家，她就會和當地國際社會主義青年聯盟的朋友見面。這麼做不但可以交到朋友，對於政治生涯也有幫助。將來在討論要由誰擔任領導職位時，阿爾登的朋友都會想起她。

阿爾登以國際事務祕書的身分代表紐西蘭這個國家，因此有資格在國際社會主義青年聯盟內角逐地區（亞太地區）和全球的領導職位。

在世界組織中，來自某個國家或地區的代表，將被視為其國家政府，而不是單獨的個體。二〇〇四年時，亞太地區在國際社會主義青年聯盟中，是個幾乎被遺忘的存在，歐洲地區則最具主導權。然而，各國代表都會熱情招呼紐西蘭代表，因為紐西蘭在外交關係上相對與世無爭，而且來自紐西蘭的代表，經常會在關係不甚友好的國家之間擔任調解的角色，希望大家能夠和平相處。真是典型的紐西蘭精神。

從過去以來，紐西蘭和所有來自亞太地區的代表很少會競爭領導大位。國際社會主義青年聯盟的主席通常來自歐洲，這些主席日後有很高的機率會成為各國的內閣大臣。阿爾登是亞太地區的主席，她會參與全球各地的會議，和與會代表討論策略及分享知識。

二〇〇四年，阿爾登和米恩參加一場由國際社會主義青年聯盟在匈牙利舉辦的活動，現場將討論全球政治議題，而且與會代表將根據母國利益，為各種提案進行投票。這些投票結果，將影響國際社會主義青年聯盟對外的立場。代表大會討論的都是商業議題，全球只有數百位代表可以參與。

國際社會主義青年聯盟世界嘉年華（IUSY World Festival）則是完全不同的活動。世界嘉年華比較像是為期一週的派對，每四年舉辦一次，每次都辦在不同國家（可以想像成舉辦給政治狂的奧林匹克運動會）。二〇〇六年舉辦的地點是西班牙的阿利坎特（Alicante），當時阿爾登有參加。上千位代表把握以工作名義出國旅遊的機會，從全球各地湧入這座城市。雖然白天會舉辦各種工作坊和演講，但大部分的人只參加晚上的社交活動。

然而，紐西蘭的代表團卻不是如此。歐洲國家的代表相較之下不必花太多交通費，但工黨青年團中的十位成員可是費盡千辛萬苦，才募集到前往西班牙的經費，所以他們相當認真看待這次的活動。他們會參加白天的會議，並與其他重要的國家代表交流。

駕輕就熟的社交能力，累積驚人的人脈

很多人一直到進入職場才開始練習經營人脈，有些人甚至始終抓不到訣竅。就算是在最需要人脈的政治圈中，很多資深的政客也沒辦法在與人互動時讓人感受到真誠。雖然阿爾登才二十歲出頭，但她在這方面天生駕輕就熟。相信阿爾登的朋友和國際社會主義青年聯盟的同事，甚至包括她自己在內，都不知道她的友善和魅力，默默為她創造驚人的人脈網絡。

她的努力終於在二〇〇六年開花結果。由於阿爾登已在幾年前移住倫敦，因此有些人認為，她不具有代表紐西蘭參與國際社會主義青年聯盟的資格，因為她已經不再是紐西蘭工黨青年團的一員。她在國際社會主義青年聯盟的同事告訴她這件事之後，她開始不情願的在工黨青年團中尋找可以取代自己的人。最後，她找到的是亞太地區副主席，同時也是接替她成為工黨青年團國際事務祕書的凱薩琳·薩頓（Kate Sutton）。在阿爾登出國之後，她的工作就是由薩頓接手。

原本的計畫是，阿爾登將在國際社會主義青年聯盟於阿利坎特的會議中卸下現職，然後提名薩頓為接班人。結果，國際社會主義青年聯盟的主席，剛好必須在二〇〇八年的會議中

卸任，因此阿爾登變成以主席候選人的身分參與那次會議。

在那次會議之前，委員會已在多次討論中（有時阿爾登在場，有時不在場）認為，比起遵守國際社會主義青年聯盟的繁縟規則，大家更想由阿爾登擔任領導人。眾人一致看好同一位候選人，是極為罕見的事。儘管各國之間存在一些利益衝突，而且其中不乏野心勃勃的候選人，但一位來自紐西蘭的代表居然能獲得一致認同，是一件前所未聞的事。這對阿爾登和紐西蘭代表團的朋友來說，都是值得慶祝的一件事。在這片歡聲鼓舞中，大家似乎有意無意的忘記阿爾登原本是為了卸任才參與那場會議。

答應一位朋友要讓她升遷，最後自己卻是平步青雲，這是一個相當無情的舉動。雖然薩頓很失望，但她還是祝福阿爾登，並且對於紐西蘭第一次有人成為國際社會主義青年聯盟主席感到很開心。當阿爾登在分享這則消息時，她顯得相當落寞，不是因為獲得顯赫的頭銜落寞，而是因為她辜負一位朋友的期待。

當然，**世上沒人是靠意外選上主席的**。雖然阿爾登在國際社會主義青年聯盟的仕途發展可說是前所未聞（她是第一位紐西蘭主席，而且是國際社會主義青年聯盟的百年歷史中第二位女性主席），但她在這之前肯定已經花費好幾年布局。一位同樣來自紐西蘭的代表在升遷上稍微受挫，只不過是伴隨這次莫大殊榮的小小犧牲。沒有人會為了信守諾言放棄這樣的領導職位，但或許只有阿爾登能夠在這樣的情況下，還能保持與薩頓之間的友情。二〇〇六年，是阿爾登這位「微笑刺客」首次出征的一年。

主席一事塵埃落定後，阿爾登回到倫敦的工作崗位上。當時，她接到菲爾．戈夫的來電，請她以工黨黨籍參加二〇〇八年的選舉，但她拒絕。這似乎是她政治生涯中的標準模式：不論請她角逐哪個職位，她都會先拒絕再說。當戈夫問她第二次時，她才答應。

阿爾登按照原定計畫，在二〇〇八年初宣誓就任主席。她甚至為了參加儀式，無法出席湯尼．米恩的婚禮，而且她原本還預計在婚禮中擔任招待，但米恩說他不介意，而且他為阿爾登感到相當高興。

在二〇〇八年大選的半年前，工黨在威靈頓地區的政黨名單提前外流，並登上《自治領郵報》（*The Dominion Post*）。名單中的前五名，是工黨在威靈頓的五位現任國會議員，但記者對於名單上的第六個名字感到相當驚訝：傑辛達．阿爾登。阿爾登已經在倫敦居住兩年，而且在報導中只被介紹為「海倫．克拉克在蜂窩大廈的前員工」。外界沒有任何風聲指出阿爾登會返國參選，但她在名單中的位置比其他早已宣布參選的人還要前面。

當工黨的委員會在奧克蘭決定政黨名單時，阿爾登被放到相當前面的順位。她不但曾在工黨青年團中擔任過領導職位，還將成為國際社會主義青年聯盟的主席，因此委員一致同意將她納入名單。

阿爾登的順位之所以在這麼前面，是拜工會的保羅．托利奇（Paul Tolich）所賜，工會在提名政黨名單及領導人方面具有相當大的影響力。當阿爾登在為能源部長杜恩霍芬工作時，以及在二〇〇五年克拉克競選期間，協調工黨與工會之間的關係開始，托利奇就對她印象深刻。阿爾登究竟知不知道托利奇會為這麼資淺的自己發聲呢？相信她一定相當清楚。阿爾登居然能讓托利奇留下這麼深刻的印象，讓他兩年後仍念念不忘，甚至願意為她背書，真是令人難以置信。

政黨女力掘起，打破男性當道的傳統

由男性主導的工會能決定將年輕女性的名次提前，是性別平等上的進步。當時的總理克拉克也在場，她同樣很欣賞阿爾登，並同意讓阿爾登初次登場便獲得相當優待的名次。

工黨的名單是根據選區分類。雖然最好的做法，是在每個選區都派出實力堅強的候選人，但奧克蘭和威靈頓通常會出現最多資深且優秀的人選。有潛力的候選人可能會被安排在奧克蘭選區的第四順位，但如果曾在南島深耕，可能會被排在第一順位。

阿爾登雖然是在懷卡托長大，但那段時間主要都在威靈頓生活，因此她必須決定要參選哪個地區，或是交由阿爾登在紐西蘭的朋友兼顧問（例如托利奇等人），決定哪個地方最能發揮她的實力。雖然在外流的威靈頓名單中出現阿爾登的名字，但那裡是強者輩出的地區。

最後，黨內認為最好將阿爾登分配到懷卡托選區。

在工黨的會議中，托利奇向克拉克及在場眾人保證，阿爾登已經準備就緒，他們也已經準備好迎接她。雖然他很有說服力，但更重要的是，工黨本身也需要更多女性成員。

克拉克相當清楚政壇上男女不均的問題。一九八一年，當克拉克第一次進入國會，議員在私下都是一邊喝威士忌和打撲克牌，一邊談論政治，而且只有男士可以參與。雖然克拉克的性別為她帶來一些劣勢，但她最後還是成功出人頭地，她希望將來的女性後進可以不必再吃這些苦頭。

在她擔任總理時，工黨內女性議員的人數已大幅增加，但能在選舉中贏得席次的女性還是少之又少，大都是靠政黨名單才進入國會。工黨執政時，就算是名單相當後段的人，也有機會被送進國會，因此男女人數相對平衡。但工黨在二〇〇八年的選舉並不被看好，過去三個任期的滿意度都相當低迷，而且民調顯示，紐西蘭人希望能夠改朝換代。假如能進入國會的人數減少，名單上首先會被犧牲的，就是女性候選人。

在二〇〇五年，雖然是克拉克執政，但二十位部長中，也只有五位是女性。一九九九年時人數最多，曾有七位女性部長。在那之後，雖然女性國會議員的人數逐漸增加，但她們擔任的都不是要角，任期也不長。

當薩頓在二〇〇六年進入工黨的委員會時，她曾發起「五十／五十」性別平等運動，要求資深黨員必須留意女性人才，並將她們納入名單。但就和所有企圖在組織中推廣的平等運動一樣（話說光是女性成為需要被保障名額的弱勢，就已經是相當荒謬的事），黨內也出現反彈聲浪，認為這麼做可能會讓一些無能的人只因為是女性就被選上。

阿爾登是這個困境的最佳解藥。她很年輕，適合成為代表工黨的新面孔，而且她深受工會敬重。在各派系積極拔擢人馬的委員會中，眾人罕見對阿爾登的事表達一致認同。

政黨名單在選舉的兩個月前，也就是九月一日時公布。名單中的人選，反映出工黨內出現世代變遷，其中主要有菲爾・泰福（Phil Twyford，當時四十五歲），他是樂施會的前任全球負責人，工黨已試圖拉攏他多年；凱文・大衛斯（Kelvin Davis，四十一歲），他是積極提升毛利人教育程度的學校校長；卡梅爾・塞普羅尼（Carmel Sepuloni，三十一歲），他後來成為紐西蘭第一位東加王國裔的國會議員；斯圖亞特・納什（Stuart Nash，四十一歲），他的祖父是前總理華爾特・納什（Walter Nash）。

但真正的贏家是阿爾登，她當時才二十八歲，住在倫敦，而且才第一次參選，順位就比這些人更前面。雖然她在選舉當天輸到慘不忍睹，但她其實早已拿到進入國會的門票。

根據阿爾登在工黨及國際社會主義青年聯盟的資歷，這也算是理所當然的決定。她有資歷、有魅力，而且工黨現在最缺年輕人才。她唯一缺乏的，就是在國內的知名度。除了工黨內及參與社會主義運動的青年之外，沒有人認識她。此外，她顯然也沒有太大的意願回到紐西蘭。

由於她被列在政黨名單中，所以阿爾登想要留在倫敦遠端競選。她向委員會提出競選計畫，打算在倫敦組成一個由紐西蘭公民組成的團體。每年都會有許多大學畢業生到倫敦體驗異國生活，因此阿爾登希望能把握這群在選舉期間容易被大黨忽略的選民。她的主要任務，是向這群身在倫敦的紐西蘭人喊話，讓他們知道家鄉正在舉辦重要的選舉活動，並呼籲他們回家投票。

委員會接受她的提案，於是她繼續留在倫敦。但後來，克拉克介入此事。她堅持認為阿爾登必須回紐西蘭露臉，證明她是認真看待這次選舉。她的言外之意是：阿爾登必須證明自己有資格被列在名單上，而不是躲在倫敦敷衍了事。

身在國外還不是唯一的問題。雖然阿爾登沒有競選任何席次，但連試都不試，純粹只想靠政黨票進入國會，其實是相當無恥的行為。至少對於一個首次在政壇亮相的女性來說，這麼做太引人側目。

克拉克堅持，阿爾登必須角逐一席。她不一定要選贏，但她必須出面競選。她得透過選舉看板和登門拜訪，讓民眾在競選過程中熟悉她的臉孔和名字。另外，選舉還可以測試阿爾登與選民近距離搏感情的能力。假如她能展現願意腳踏實地的誠意，就能贏得選民的信任。

兩週後，當政黨名單公布時，阿爾登得知自己將以工黨候選人的身分，在家鄉懷卡托競選。懷卡托選區是將鄰近地區集合在一起後，新形成的選區，這些地區在過去四十年來大多是國家黨的鐵票倉。鄉下地區才不在乎工黨的社會民主，就算是當地人出來參選也改變不了這點。

克拉克相當清楚這件事。一九七五年，二十五歲的克拉克接連在懷卡托和皮亞科（Piāco）選區慘敗。與阿爾登不同的是，克拉克沒有被排在很前面的順位，所以一旦落選就沒戲唱。然而，這對克拉克來說是個很棒的經驗。也許這就是為何她在三十三年後，堅持要阿爾登打這場不可能獲勝的選戰。

所有人都知道，阿爾登不可能在懷卡托帶來任何改變。她在投票前三週回到紐西蘭，然後在老家及鄰近地區競選。在一片紅色的旗海中，阿爾登顯得容光煥發，一頭金髮的她，臉上掛著燦爛的笑容。這是她自從學生時期以來，第一次出現滿頭金髮的造型。然而，這些做法依舊無效，最後還是輸得一敗塗地。國家黨的候選人就算拿著掃把站在水桶上，也能輕易在懷卡托勝選。

除了阿爾登在懷卡托失利，工黨也在二〇〇八年的大選中落敗。政治生涯只有六年的約翰・凱伊（John Key）獲選擔任總理。與性格乏味的克拉克相比，凱伊這個新面孔相當討人喜歡。雖然工黨執政的時代已經結束，但有一群年輕人加入在野的陣容，而阿爾登也根據政黨名單進入國會。其他同樣來自工黨青年團並成為國會議員的還有格蘭特・羅伯遜（Grant

Robertson）、克里斯・希普金斯（Chris Hipkins）、斯圖亞特・納什、卡梅爾・塞普羅尼和菲爾・泰福。

也許是因為阿爾登大部分時間都在海外、也許是因為她年輕、也許是因為她是女人，但無論如何，她並未像其他候選人一樣獲得媒體青睞。相較之下，納什和泰福還被媒體捧成黨內的明日之星。

由於阿爾登在以候選人身分參加的幾次訪談中，始終明顯對青年福利具有高度興趣，因此她被任命為工黨的青年事務發言人及青少年司法副發言人。

當選最年輕的國會議員，引領政黨改朝換代

當阿爾登被問到在成為國會議員後，最想要完成什麼事情時，她的口吻比起政治人物，更像是一位外交人員：「我是新進的國會議員中最年輕的一位。希望我身為新世代的一員，能夠提升年輕人參與政治的意願，並讓他們參與更多政治討論。」

她的說詞很有道理，國家黨內也出現世代更迭的現象。在走道的另一側，妮基・凱伊（Nikki Kaye，二十八歲）、西蒙・布里奇斯（Simon Bridges，三十一歲）和艾美・亞當斯（Amy Adams，三十一歲）同樣進入國會。總理約翰・凱伊和他的副手比爾・英格利希

（Bill English）分別只有四十七歲和四十六歲，以領導階層來說算是相當年輕。

克拉克已將近六十歲，但她的副手邁克爾・庫倫（Michael Cullen）則更年長。她的團隊和凱伊、阿爾登這些人相差兩個世代。紐西蘭的民眾都很好奇，到底在二〇一一年大選之前，黨內有多少老將會退出，又有多少人會堅持下去？

克拉克和庫倫不約而同宣布他們將在二〇一一年前離開政壇，讓年輕人注入新的活水，而年輕議員能發揮影響力的第一個機會，就是進入國會後的首次演說。

首次演說是讓年輕且較不知名的議員向眾人自我介紹的機會，例如自己的成長背景，以及想要推動的議題。這是少數能夠讓第一任期的議員在國會中發表長篇大論的機會（甚至對某些人來說是唯一的機會）。

阿爾登在二〇〇八年十二月十六日進行她的首次演說，當時她是國會中最年輕的議員。她先是感謝克拉克成為她在黨內的楷模，並開玩笑的說：「進入國會後的首場演說，就像**在吵架中脫口說出的話。無論滿不滿意，這些字句都會跟著我們一輩子。**」

阿爾登簡要描述她至今為止的生活，並講述她想要努力的議題。

身為國會中最年輕的成員，阿爾登所代表的年輕世代觀點，很可能不被大部分的同事接受。無論是在針對政治或敏感議題發言時，無意間流露出的氛圍，或是在某些議題上刻意採取的立場，紐西蘭的政治人物給人的感覺，通常比實際年齡還大很多。但阿爾登在這方面從一開始就與眾不同，她知道自己很年輕，也打算在政治圈中代表年輕族群發聲。**她不想要披著年輕人的外表，卻展現老政客的姿態。**

阿爾登曾因為政府沒有積極對氣候變遷採取行動，而發表嚴厲的控訴，這項作為展現她與上個世代的差異。「我擔心紐西蘭引以為傲的乾淨及環保等好名聲，早已被政府遺忘。我們即將失去紐西蘭最積極控管氣候變遷的法案，更可恥的是，一個由國會選出的委員會，居然在質疑氣候變遷的真實性。我們是有機會可以引領世界的。國家黨說過，我們應該快點跟上世界的腳步，但我現在放眼望去，卻看見許多輸家。我所謂的輸

▲ 阿爾登在國會的首次演說，談到對社會正義的承諾。

家，是指國會中身為年輕世代，卻不認為自己有責任該做點什麼的人。至少我個人是很在乎這個議題的。」

無論是左派還是右派，阿爾登和其他新科國會議員，代表的是新世代政治人物的思維。氣候變遷對他們來說是數一數二重要的議題，但在十年前的國會中，幾乎沒有人會在意這個問題。阿爾登最重視的，是環境保育與兒少福利這兩個議題。假如她在首次演說中所言屬實，那麼她確實有想為這個社會帶來改變。她在演講的結尾中，歡迎大家嚴格檢視她的表現，但她萬萬沒想到，自己有一天居然會是在總理的位置上接受國民的檢視。

「我所見過的事物、所學到的教訓，以及我希望能夠服務的紐西蘭人民，讓我此刻能站在這裡。只要我還有榮幸在這裡服務，我就絕對不會忘記這件事。」

CHAPTER 4

專屬女性的難題：能力太強會被討厭，能力不足更討人厭

理論上，傑辛達・阿爾登是工黨最適合在奧克蘭中央區推出的候選人。奧克蘭中央區包含龐森比（Ponsonby）、格瑞林（Grey Lynn）、韋斯特梅爾（Westmere）及荷尼灣（Herne Bay）等郊區，主要的組成是富裕的嬰兒潮世代，以及事業有成的年輕租屋族。在一九七〇及一九八〇年代，這些郊區曾是亞太地區移民的家園，但後來被房地產市場盯上。充滿異國文化的老舊教會還在，但奧克蘭中央區的平均房價已經飆升到約新臺幣五千九百萬元。

奧克蘭中央區在過去近一百年來都是工黨的鐵票倉。但在二〇〇八年，一位年輕人嶄露頭角，成為這裡第一位國家黨的國會議員。妮基・凱伊當年才二十八歲，但她成就非凡、工作能力強、性格開明、愛好自由風氣的社會，而且對於道德議題直言不諱，是國家黨中的明日之星。聽起來跟某人很像，對吧？

凱伊和阿爾登的年紀相同，是各自黨內受矚目的新秀。無論是否在相互競爭，兩人總是會被放在一起比較。後來，她們很快就狹路相逢。

當凱伊在二〇〇八年勝選時，有謠言傳出工黨將派出備受矚目的菲爾・泰福，把中央區的席次贏回來。泰福就住在金斯蘭（Kingsland，一個與中央區相鄰的郊區），而且已經在市中心成立競選總部，他似乎將成為工黨在奧克蘭中央區的候選人。然而，阿爾登在二〇〇九年九月從懷卡托搬到奧克蘭中央區，於是外界開始揣測，兩人將在黨內競爭這個選區。結果，這個選區很快就落到阿爾登手中。泰福日後表示，能夠改成到奧克蘭西部的懷塔克雷

（Waitakere）競選，他自己也很樂意。

在阿爾登被工黨選為奧克蘭中央區的候選人之前，《紐西蘭先驅報》（*NZ Herald*）的記者帕特里克·戈爾（Patrick Gower）用五個字描述這場選戰，而這五個字成為困擾阿爾登和凱伊將近十年的夢魘。

戈爾寫道：「奧克蘭中央區將展開一場政壇上的『辣寶貝之戰』。國會中最年輕的兩位議員傑辛達·阿爾登和妮基·凱伊將角逐席位。」

「辣寶貝之戰」這幾個字還被標上引號，但其實除了戈爾以外，根本沒有人用這個詞形容過這場選戰。無論如何，這幾個字從此離不開這兩個人。

當然，這句話本身充滿性別歧視。你能想像兩位二十八歲男性政客之間的選戰，被稱為辣寶貝之戰嗎？但大家都能理解戈爾為什麼會這樣稱呼。保險套製造商杜蕾斯（Durex）在二〇一〇年的調查中顯示，凱伊在「紐西蘭最性感的名人與政治人物」的項目，獲選為最性感的女性政治人物。在二〇一一年，也就是重要的選舉年，阿爾登獲得第一名，凱伊則緊追在後。

當時，阿爾登將這種對政治人物外表的問卷調查，比喻為「問一個人最喜歡吃哪種巧克力，結果最後只給對方果乾或堅果」。這句話一方面是在自嘲，另一方面也是在暗諷其他連排行榜都進不了的議員只是果乾和堅果（而在同一份問卷中，溫斯頓·彼得斯被壓倒性選為

「最老奸巨猾的政客」，得票率超過五五％）。

由於政治通常是老男人的遊戲，這次的外貌之爭會引起話題，或許是因為有兩名年輕的女性在爭奪同一個席位。俗話說「閃電不會連續兩次擊中同一處」，但政壇上卻像雷電般連續出現兩位優秀女性，難怪媒體會爭相報導。

就連最資深的政治記者，也很難不在報導兩人的選情時提及她們的外表。一位頗負盛名的政治記者，就曾在報導中說阿爾登的長相「相當賞心悅目」。另一家媒體的國會記者，則在報導中說二〇一一年的選情之所以膠著，是因為凱伊的對手「同樣聰明、同樣迷人」。一位資深雜誌編輯在描述兩人的外貌時，說阿爾登的五官「比較突出，尤其是她今晚不吝露出的雙耳」。究竟阿爾登當天晚上是帶著驕傲刻意露出她的雙耳，還是那兩片東西剛好長在頭部兩側的位置？這種問題沒有人問過她。

在政壇上，凱伊在各方面占盡優勢。她曾在奧克蘭中央區擔任過選區議員，而奧克蘭中央區是重要的政治中心。她曾在處於劣勢的情況下，從激烈的競爭中勝出。她是執政黨，阿爾登則是在野黨。從各方面來看，凱伊都占上風。然而在媒體上，她們總是被視為公平競爭。或許阿爾登的從容淡定，在媒體眼中是一大優勢。

在紐西蘭，謙虛是很重要的美德。就算只是用暗示的方式，說出希望自己在某方面可以比別人厲害，也是一件會惹人厭的事。假如你事業有成，別人會恭喜你，但千萬不要自己到處張揚。

紐西蘭人的高罌粟花症候群（tall poppy syndrome）[8]特別嚴重，就算是在海外功成名就的紐西蘭人，也逃不過集體批判的魔爪。假如不懂得自我貶抑，就會換別人批評你。紐西蘭人似乎認為所有的成功都是出自於巧合。雖然這種精神有其可愛之處，但太過頭也會令人厭煩。

紐西蘭的獨特國情——討厭努力過頭的人

競選是個讓大家很不自在的活動：政治人物嘔心瀝血爭取選票，而他們努力的過程，往往會流露出拚命的氣息。選舉就是一件拚命的事。候選人無所不用其極，只為了說服民眾透過選票給他們一份工作。紐西蘭人相當自豪的一點，就是他們不會對政治人物的一言一行大驚小怪，也不會在發生大事時打亂陣腳，這點與許多國家的風情不同。但**紐西蘭人相當討厭努力過頭的人**。

---

8 是澳洲和紐西蘭的流行用語，用來形容一種在社群文化中，集體對某種人批判的態度，例如：當任何一個人在社會上達到某種程度的成功，而惹來社群中不約而同、自發性、集體性的批評。

妮基・凱伊就是一個典型努力過頭的人。她是運動員出身，曾是奧克蘭中距離賽跑[9]冠軍和超級馬拉松選手。她參加過二〇〇八年的馬拉松比賽，途中必須在沙灘上跑三公里、騎乘自行車七十公里、步行三十三公里的山路，最後划獨木舟六十七公里。照理說，這樣的成就應該為她加分，畢竟很少政治人物擅長運動。但沒有人想聽她在賽前必須付出多少努力進行訓練，只為了完成一項九九％的人這輩子沒想過要嘗試的活動。努力過頭的人，只會惹人厭。

不過，凱伊確實有身為當地人的優勢。她從小就在奧克蘭中央區長大。綠樹成蔭的郊區和私立學校，再加上具備科學和法學學位，讓她和阿爾登在莫林斯維爾的成長過程形成強烈對比。

雖然兩人起跑點不同，但工作經歷十分相似。兩人在二〇〇〇年代初期都曾為黨魁工作過（阿爾登為首相海倫・克拉克工作，凱伊則為在野黨黨魁比爾・英格利希工作）。凱伊二〇〇三年在歐洲處理政府政策專案，阿爾登則在兩年後前往歐洲，在羅尼・佛萊納根爵士底下負責警務問題。當阿爾登在努力成為國際社會主義青年聯盟主席時，凱伊正在擔任國際青年民主聯盟（International Youth Democratic Union）的副主席。國際青年民主聯盟稱自己為「由追求增加自由、減少政府干預的一群人，所成立的中右翼政治青年團體的國際聯盟」。

兩人都為了參加二〇〇八年的大選返回紐西蘭，不過凱伊為了認真競選奧克蘭中央區的席位，早在二〇〇七年就搬回家鄉，阿爾登則到選舉前一個月才回國，而且目的只是為了在懷卡托露臉而已。兩人都常被媒體用「踏實」這個詞形容。

由於同性相斥，她們的關係從來沒有親近過。當然，彼此在選舉上具有競爭關係，所以本來就很少有機會互動。兩人彷彿知道，這輩子在職涯上都會被拿來和對方比較，注定成為彼此的宿敵。

凱伊和阿爾登都很努力，但阿爾登的過人之處，在於她的競選過程彷彿鴨子划水。無論是在大眾交通工具上或小型企業，凱伊只要一逮到機會，就會到處宣傳她的理念。阿爾登則是到處參加活動，然後和民眾聊聊天。「喔，對了，記得投給工黨。」

當然，**只有女性政治人物會出現「過度努力」的跡象**。男性政治人物也很努力，但當他們想要刷存在感或開玩笑卻失敗時，眾人也只會一笑置之，反之，女性政治人物很少有機會能享有這種特殊待遇。凱伊聰明、能幹、真誠又平易近人，明明曾贏過一次選戰，卻因為她沒有阿爾登那麼風趣，就被外界認為她屈居劣勢。

阿爾登是家喻戶曉的人物，因為在二〇〇八年，阿爾登在一群新科國會議員之中，取得在紐西蘭全國廣播的晨間節目《早餐新聞》（*Breakfast*）中「政治新銳」（*Young Guns*）

9 男女八百公尺、一千五百公尺和男子三千公尺障礙賽跑，合稱為「中距離賽跑」。

單元登臺亮相的機會。「政治新銳」是節目中固定的政治單元，由一位工黨及一位國家黨的年輕議員，針對當週的熱門議題進行辯論。

代表工黨的是阿爾登，代表國家黨的則是西蒙．布里奇斯。凱伊在二〇〇九年初曾多次出場，但她和布里奇斯與阿爾登之間的互動關係明顯不同。當阿爾登和布里奇斯，以及後來由阿爾登和賈米．李．羅斯（Jami-Lee Ross）一起主持時，兩人總是很開心的湊在彼此身旁，甚至不時會開開玩笑。每當換成凱伊上節目，兩人之間卻總是保持三十公分的間距，而且過程不苟言笑。兩人的關係比起同儕競爭，更像你死我活的對手。然而，阿爾登和布里奇斯之間的互動關係，比較適合出現在電視上。

長達一整年的時間，每週都可以在紐西蘭全國播放的電視節目上露臉一次，這可說是阿爾登

▲ 阿爾登與國家黨的西蒙．布里奇斯，在電視節目「政治新銳」作為各自政黨的代表。

和布里奇斯兩位後排議員所發起的「政變」，因為這是讓選民記住他們的機會。雖然布里奇斯上節目拿到的費用比阿爾登高，但很明顯阿爾登才是比較受歡迎的焦點。在野黨的身分對阿爾登也有利，因為她可以盡情批判執政黨，卻不必為工黨的作為辯護。此外，無論當週主題多嚴肅，阿爾登總是會以笑容或笑聲收尾，布里奇斯則是經常擺出一臉被虧待的表情。

無論是刻意還是無心，阿爾登建立個人形象的方式，在政治圈中相當罕見。**比起政治人物，她彷彿先成為明星**。現在二十歲左右的人，以前早上在上學的路上，都會聽到大家交頭接耳在聊阿爾登的事。他們可能說不出她在國會裡的職位或政見，但他們知道有個名叫傑辛達・阿爾登的政治人物。對於一個只是新生、在野且列名的議員來說，這是相當了不起的事。比起政治成就，大家更認識她本人。這在許多年後，成為她獲選總理的關鍵。不過在二〇一〇年時，這項特質就已經為她帶來不少好處。

讓阿爾登競選奧克蘭中央區，表示工黨打算以毒攻毒。阿爾登和凱伊對許多事情抱持相同的觀點，當國家黨提議要在大堡礁島上進行開採時（大堡礁島屬於奧克蘭中央選區），凱伊挺身而出，反對自己政黨的決策。這麼做對她沒有任何好處：國家黨的支持者稱她是叛徒，在野黨則批評她是為了討好社會自由派選民才出花招。

二〇一二年，芭芭拉・李家族基金會（Barbara Lee Family Foundation）發表一份名為《完美音準：女性候選人的勝選策略》（*Pitch Perfect: Winning Strategies for Women*

Candidates）的報告。這份報告引述同樣來自該基金會的一份二〇一〇年的研究，並表示：「選民會樂意投票給他們認為具有資格、但自己並沒有特別喜歡的男性。但我們發現，即使被公認具有優秀的能力，選民也不會投票支持他們認為不討喜的女性。」

女性候選人既要討喜、又要有能力，但這兩個條件又會互相衝突，男性候選人則不會受到這種事影響。這份報告還寫道：「由於辦事能力和討喜程度緊密相關，當女性在競選期間犯錯時，會產生雙重的負面影響。」

這是個**專屬於女性的難題：能力太強可能會被討厭，但能力不足肯定會討人厭**。

阿爾登和凱伊兩人都才華洋溢，但阿爾登比較討喜，為什麼會這樣？原因很難說，也許是因為她比較有幽默感。凱伊相當受歡迎，而且她對於大堡礁島提案所採取的立場，後來被認為是很偉大的舉動，但當時媒體卻以養老鼠咬布袋的方式，將整件事定調為一名女性試圖削弱自己的政黨。

奧克蘭中央區的選戰相當具有城市和自由派的特色。在阿爾登和凱伊的選區中，充滿許多年輕的專業人士和小型企業。她們兩人也是目前為止最年輕、卻最積極競選的候選人。二〇一一年在奧克蘭中央區的選舉過程，完美演示社群媒體如何成為競選工具，這兩名年輕女性更是社群媒體的完美人選。

在社群媒體也得爭奇鬥豔

阿爾登首先在二〇一〇年三月註冊推特帳號，凱伊則在六月跟進。兩人很快就找到自己的優勢。凱伊會發布關於政策的最新消息，偶爾表達一些個人觀點，通常會搭配一些自嘲的笑話，阿爾登則是以關於自己或父母的趣聞為主，政策宣傳為輔。

凱伊選擇在競選議員時，同時宣傳自己和國家黨的政策。相較之下，阿爾登似乎只是在為自己競選，鮮少提到工黨的政策。對於不了解情況的網友來說，可能會誤以為阿爾登是以無黨籍身分參選。根據兩人的推特，投票給妮基．凱伊彷彿等於投票給國家黨，但投票給傑辛達．阿爾登，等同於投票給她本人。

在二〇一一年十一月的選舉之夜，膠著的選情隨著即時開票變得越來越緊張。雖然一開始凱伊遙遙領先，但當開票進度完成二二％時，她只領先七十七票。

晚上十點四十分一到，在歷經一場比對手更積極宣傳實際政策的競選活動後，妮基．凱伊開始向支持者發表勝選感言。她以七百一十七票成功留住自己在奧克蘭中央區的席位。國家黨繼續執政，阿爾登則以在野黨列名議員的身分回到國會。

三年後，阿爾登再次與凱伊競爭奧克蘭中央區的席位，辣寶貝之戰的稱呼也再次出現在媒體上。由於在兩人之後，政壇上仍未出現新的明日之星，所以這兩位女性之間的激戰，依舊是這次自由派選戰中最受矚目的焦點。

阿爾登自從第一次敗選後，在接下來的三年中，她一直努力提升自己在商業界和藝術圈中的知名度。她相當勤勞，不僅常出現在奧克蘭的音樂會和喜劇表演，而且與表演圈中的每個人似乎都成為朋友。她經常參加文化節、舉辦咖啡廳聚會，並代表工黨參加一年一度的奧克蘭同志遊行。

她成功獲得許多人支持，至少每個人看似都很喜歡她。但在二〇一一年，**每個人也都很喜歡她，最後卻是凱伊獲選**。阿爾登必須向大家證明自己具有政策信念，而不是只有人際交往能力，至少工黨對她很有信心。在二〇一四年一月，阿爾登被晉升為工黨的前座議員[10]。

不幸的是，就在阿爾登的知名度不斷提升時，工黨卻瀕臨崩潰。在二〇一四年大選前，由於工黨不斷發生內鬥，所以迎來史上最糟的民調。這次選舉被認為是一場沒有勝算的掙扎。國會議員努力討好選民，也只是為了議院中的席位。此外，由於當年傾向左派的格瑞林地區被移出奧克蘭中央選區，對阿爾登來說簡直是屋漏偏逢連夜雨。

阿爾登的競選活動，反映出工黨內部的分裂。

競選團隊到處設立用斗大字體寫著「#問問阿爾登」的廣告牌，邀請選民把想問的問題寫下來，統整後會由阿爾登統一回答。不是問問工黨，而是問問阿爾登。有一份針對這兩位女性候選人在二〇一四年競選活動的研究發現，在大選之夜的前四週，雖然工黨努力宣傳具體的政策，但阿爾登在推特上發表關於工黨政策的推文只有三則。雖然工黨對選舉結果早已不抱任何期待，但阿爾登或許還有機會取得小小的勝利。

雙方的競爭，比二〇一一年的選舉還激烈。開票進度到三分之二的時候，凱伊只以兩百多票領先。直到開票結束前，凱伊才逐漸拉開差距，但兩人的票數始終沒有相差太多。奧克蘭中央區的政黨票幾乎清一色歸國家黨所有，但以工黨在競選期間的內鬥狀況來看，這樣的結果一點也不意外。最後，凱伊以六百多票的差距再次衛冕。

阿爾登以零比三落敗。

凱伊連續兩次在選舉中贏過阿爾登，並在國家黨政府擔任教育部長。二〇一六年，凱伊被診斷出乳癌，因此淡出政壇。她在康復之後，於二〇一七年重新奪回奧克蘭中央區。將來當阿爾登和凱伊分別成為黨魁時，只有膽大包天的人，才敢低估由她們所帶領的選戰。希望到時候媒體可以想出更好的標語。

---

10 根據英國慣例，下議院開會時，執政黨議會黨團領袖、反對黨影子內閣成員、在政府任職的議員等均坐在前排議席，故稱之。普通議員一般坐在後排議席，稱為後座議員。

CHAPTER 5

不想當總理，命運卻將她越推越近

在紐西蘭，每個人身邊都會有人宣稱自己在和阿爾登「交往」。阿爾登在感情生活方面保密到家，直到二〇一四年，當她三十四歲時，她才終於和伴侶一同公開露面。在那之前，阿爾登頂多只會透露她還沒遇到好對象，而她身邊的人也會不斷幫她找對象。

二〇一四年九月，媒體開始傳出阿爾登和克拉克・蓋福德（Clarke Gayford）正在交往的傳言。兩人一開始是在世界新聞攝影展的開幕儀式認識，後來在許多酒吧和餐廳中一直巧遇。但是，兩人一直到十一月，在歌手蘿兒（Lorde）獲頒音樂獎的慶功宴上，才一起正式露面。

蓋福德和阿爾登同樣是知名人物，甚至比阿爾登更有名。他是電視圈的名人，而且乍看之下是與阿爾登完全相反的人。阿爾登是很認真的政治人物，完全投入在自己的工作。根據她在女性雜誌上的一個模糊回答，她已經單身一段時間。

蓋福德是廣播和電視節目主持人，當時剛與電視節目《肖特蘭街》（*Shortland Street*）的一位明星分手。他是知名的派對咖，而且交往的對象大多是知名人物。對於阿爾登這樣的政治新星來說，蓋福德這樣的對象不是一個安全的選擇。比起伴侶，他更適合作為餵八卦雜誌的飼料，或者是用來分散注意力的煙霧彈。

兩人相遇的故事更驚人。據蓋福德表示，二〇一三年，當政府在研議新的監控法案，他相當擔心這會侵害紐西蘭人的隱私。蓋福德說自己在這件事之前，一直都是一個「政治冷感」的人。於是，他聯絡自己選區的在野黨議員，而這位議員就是阿爾登。她答應與他見面，邊喝咖啡邊討論這件事。

後來他們才發現，雖然只是一次短暫的會面，但兩人其實在更早以前就見過彼此。原來，去年阿爾登的模特兒朋友科林·馬圖拉·杰弗里（Colin Mathura-Jeffree），曾帶她出席《都市日報》（*Metro*）二〇一二年度最佳餐廳的頒獎活動。阿爾登整晚都很不自在，因為她的朋友逢人就介紹她是「未來的總理」。在好友將她介紹給蓋福德認識之後，兩人就聊過天。結果，一年後，他們一起坐在當地的一間咖啡廳討論修正案，並發現彼此都喜歡當地的鼓打貝斯樂團「協和曙光」（Concord Dawn）。

蓋福德和阿爾登後來成為朋友，兩人第一次的約會，是蓋福德約阿爾登去釣魚。蓋福德是在東岸長大，因此相當熱愛海洋。隨著在電臺的資歷越來越深，他終於能有一些空檔，讓他在節目之餘有時間出海。阿爾登以前從來沒有釣過魚，但她很快就上手了。

蓋福德後來在接受某個生活雜誌訪問時表示：「那天是香檳日（十月的第三個週五）。大海相當平靜，還有一群海豚在我們周圍游泳。那是阿爾登有史以來第一次拋竿釣魚。」在接下來的六年，全國和全世界的作家都在絞盡腦汁，想辦法用「釣魚」的意象形容這對伴侶。在香檳日那天，阿爾登第一次拋竿，也第一次釣到魚，她釣起一條五·四公斤重的鯛魚，也勾住蓋福德的心。

舉國上下不斷關注兩人的發展。阿爾登和蓋福德分別以藝術暨文化發言人與電視名人的身分，一同出席各種頒獎典禮、演出和新書發表會。儘管如此，他們最初還是相當低調，鮮少出現在對方的社群頁面。雖然這段關係看似不可思議，兩人卻發展得相當順利。

蓋福德繼續活躍於電視圈，甚至自己製作並主持一個在全球各地拍攝的釣魚節目《今日漁獲》（*Catch of the Day*）。他們的生活方式很匹配。阿爾登會定期飛往威靈頓出席議會，有時則必須在全國各地旅行，蓋福德則一年四季都要拍攝，而且經常遠赴太平洋群島及其他更遠的地區。在每日忙碌的行程中，他們抽空在奧克蘭市的騎士角

▲ 阿爾登和蓋福德的關係看似不可思議，但兩人卻發展得相當順利。

（Point Chevalier）挑一間房子，並一起動手翻修。

親民作風，連學生也變鐵粉

二〇一四年大選的前一個月，在奧克蘭市中心一間溼氣很重的公寓中，有一群大學生對阿爾登的回答很失望。當時，阿爾登在廚房裡一邊說話、一邊吃著這些學生慷慨提供的一包洋芋片。阿爾登以最真誠的口吻（而且不只一次），堅持說她沒有想要擔任總理。事實上，她不想要在工黨內擔任任何領導職務。她告訴他們：「我知道一邊帶領政黨、一邊照顧家庭有多難，而照顧家人才是我想做的事。」這時，雖然阿爾登和蓋福德已經約會好幾個月，仍未公開承認彼此是伴侶。

這群學生很失望。失望的原因不是因為他們反對家庭制度，純粹是因為他們很喜歡阿爾登。其中三位女學生為了聽阿爾登演講，參加當地退伍軍人俱樂部舉辦的「在地左派」討論會。在場的人至少都三十歲以上，而她們是裡面最年輕的聽眾。

活動結束後，她們和阿爾登一起喝酒，然後抱怨她們的室友對即將到來的選舉毫不在意，甚至不打算去投票。阿爾登毫不猶豫就提議要去她們的公寓，看看她是否能讓她們的室友對民主激起一點興趣。兩週後，她們把餐桌推到牆邊（她們沒有客房。奧克蘭的租金讓她們不得不把餐廳改成額外的臥室），並找十幾個朋友在廚房裡聽阿爾登說話。

她談到工黨對新政府的政策和規畫，但再怎麼政治冷感，也知道工黨近期的表現很糟。於是，他們問她：「妳想當總理嗎？」她回答：「不想。」

這個答案令這些學生相當失望。雖然工黨在過去幾年曾培訓幾位領導人才，但阿爾登這位後起之秀，才是她們心目中最有能力的人選。

當海倫．克拉克在二〇〇八年的大選後退休時，工黨的領導階層恢復原本的樣貌：由中年男子菲爾．戈夫擔任領導人，有三十年資歷的工黨議員安妮特．金（Annette King）則擔任副手。金是史上第二位擔任副黨魁的女性，但戈夫和金根本無法代表工黨的新世代，後來果真在二〇一一年的選舉中吞下敗仗。

戈夫下臺後，取而代之的是大衛．希勒（David Shearer）。此時，阿爾登從第十九名的順位躍升至第四名，成為黨內排名最高的女性，也是工黨前座議員中僅有的兩名女性之一。雖然阿爾登扶搖直上的速度相當驚人，但由於工黨明顯缺乏女性議員，所以這樣的結果也不意外。評論家很喜歡舉出一個可怕的現象：在前座議員之中，名叫大衛的男性比所有女性加總的數量還多。

在克拉克領導時，工黨致力於實現性別平衡。儘管女性議員的人數有增加，其中也只有少數人能晉升至高層。

到二〇一二年，由於阿爾登在前座（也就是戰場第一線）的表現相當優異，因此知名度大為提升，報導紛紛將她寫成工黨的下一個明星。然而，在接受這類採訪時，阿爾登總是強調她並沒有想要進入領導階層的野心。她告訴一位記者：「在政壇上，每個人總是被懷疑有特殊動機，但其實我們對領導職位的著迷程度，並沒有大家想像中那麼大。」阿爾登說的話，恐怕只能套用在她自己身上，因為工黨的領導階層即將經歷史上最糟的動盪。工黨幾乎所有人都充滿野心，想要成為下一位領導者。

希勒在擔任黨魁時，最為人所知的一件事，就是在二〇一二年時說出「我不認為我跟選民脫節」這句話。當阿爾登身邊的人逐漸對希勒感到不滿時，她卻得面對另一個令人頭疼的對手。

阿爾登在開始擔任社會發展發言人的重要角色後，發現自己的作風與國家黨的資深部長（現為國會議員）葆拉．貝內特（Paula Bennett）背道而馳。阿爾登時常呼籲，大家在政壇上應該要展現更多善意。當她被問到希望眾人將來會如何緬懷她時，她舉出自己曾推動的一些有助於家庭與兒童福利的政策，並表示：「但最後，我想我會希望大家記得我是一個正直的人。」

另一方面，人稱「好鬥貝內特」的葆拉．貝內特卻在二〇〇九年鬧上頭條，因為她在兩名婦女批評政府停止某種特殊補助後，向媒體公開那兩個人領取補助的細節和資料。阿爾登若希望議會能有多一點善念，就要先通過貝內特的考驗。

同年十一月，阿爾登在質詢貝內特時，她在貝內特回答的過程和其他反對黨議員打斷貝內特說話。在議會中，打斷對方說話的情形十分常見，最後通常會淪為兩邊怒吼的混亂場面。而貝內特在被打斷時，以「親愛的，閉嘴」這句話回應阿爾登，讓工黨議員為此群情激憤。雖然工黨黨員特雷弗．馬拉德（Trevor Mallard）替阿爾登提出異議，但最後被駁回。紐西蘭人後來則在一次投票中，將「親愛的，閉嘴」選為年度金句。

在約翰．凱伊的第二任期，他身為總理的滿意度下降，但他在民調中還是大幅領先當時工黨其他的領導人物。民眾認為希勒的表現雖然不差，但還是不夠到位。他只在國會任職兩年半就當上領導人，很多人認為這時間太短。

二〇一三年八月，希勒在反對國家黨提出的鯛魚捕捉額度時，不知從哪裡拿出兩條鯛魚，然後就在國會高舉兩條死魚。當然，這是一個噱頭，但這麼做的目的為何？希勒從未解釋過那兩條魚從哪裡來、在公事包裡放了多久，或是在議會結束之後怎麼處理。然而，他在兩天後就辭職了。他說他對許多同事已經失去信心。

一個大衛下臺後，換了另一個大衛上臺。大衛．康利夫（David Cunliffe）在一開始只得到約半數黨員支持。阿爾登曾公開支持格蘭特．羅伯遜，但他最後沒有選上。康利夫的表現不甚理想，最後只當十二個月的工黨黨魁，而且在那段時間中，他因為不斷失言，成為被人民永遠記住的頭號人物。

他曾經大肆批評凱伊的生活太奢侈（凱伊在從政之前是成功的投資銀行家），後來卻必須為自己在奧克蘭價值數百萬的豪宅找藉口開脫。而在一場婦女庇護座談會上，康利夫說出他最知名的一句話：「身為男人，我很抱歉。」康利夫曾在二〇一九年說過，他經歷過最痛苦的事，就是被網友做成各種搞笑的梗圖。他在二〇一四年婦女庇護座談會上的道歉，不僅沒有任何效果，還失去全國一半的民心。

雖然他撐到二〇一四年的大選，最後卻為工黨帶來近一個世紀以來最糟糕的敗選成績。不知為何，他決定繼續擔任到二〇一七年的選舉前。他始終認為，自己不是造成這場災難的原因。最後，他被迫卸任，但他原本計畫再次競選。雖然他在兩週後就退選，但他一直在黨中待到二〇一七年才退出政壇。

最後，終於開始輪到女性競爭領導職位。阿爾登和金分別成為前景看好的兩位領導人，格蘭特．羅伯遜和安德魯．利特爾（Andrew Little）的副手。羅伯遜宣布他將再次參選黨魁，而這一次他將與阿爾登一起競選。

在選戰開跑當天，阿爾登受到許多民眾支持，證明她確實能貼近年輕選民。她說：「新一代的領導人物，必須接受下個世代的挑戰。」這句話也成為羅伯遜與阿爾登的非正式政見。這是一場新世代領導人之爭。這兩人還各有一個相當前衛的特色：阿爾登是女人，而羅伯遜是同性戀。不過，他們兩人都不喜歡外界過度關心這件事。事實上，羅伯遜時常必須把話題從他的性向轉移到其他內容。他也因此經常刻意在介紹自己時，稱自己為「熱愛橄欖球的傢伙」。

羅伯遜原本相當被看好，但後來出現勁敵安德魯．利特爾。利特爾來自工會，由於他在國會的發言相當激昂，因此被國家黨稱為「憤怒的利特爾」。最後，利特爾成為領導人。然而，就像之前的希勒一樣，他雖然是優秀的反對黨議員，卻沒有同等出色的領導能力。工黨再次選出一個跟選民脫節的領導人，也因此當民調結果沒有出現太大變化時，大家都覺得不足為奇。

雖然黨內陷入混亂的內部鬥爭，但阿爾登沒有同流合汙。對於一個高階議員來說，這是相當難得的一件事。她之所以加入羅伯遜的陣營，比起政治布局，更像是為朋友兩肋插刀。而在羅伯遜失去成為黨魁的機會後，她回到自己最自在的地方：黨內的一分子。她告訴記者：「我們在這裡的時間相當短暫，民眾只需要數十年的時間，就會忘記我們的名字。所以我總是告訴自己，在這裡的一小段時間內必須盡力而為。但是，沒有任何一個人比政黨、國會及我們的職務更重要。」這就是阿爾登工作的環境，而她也很有自信的表示，自己沒有野心想要成為這裡的領導人物。

不願與總理職有瓜葛，是為了照顧家庭

曾在二〇一四年邀請阿爾登到自己的公寓聊天的那幾位年輕女子表示，她們希望總有一天可以告訴別人，自己曾邀請總理來家裡吃過晚餐（其實只是三包洋芋片，而且還沒有附沾醬）。但她們很可能會以失望收尾，因為阿爾登想要生兒育女，不想把人生全都奉獻給政壇，所以不願為了領導職位犧牲人生。想當然，阿爾登也不會喜歡成為總理後，一舉一動都會被放大檢視的生活。

身為在野黨議員，阿爾登很少受到媒體批評，而且她相當喜歡與民眾直接互動。她曾在受訪時表示：「當我第一次進入國會，我早餐時段在電視上有個節目。我在節目中可以輕鬆做自己，有時候甚至可以開開玩笑。我當時是新的後座議員。一旦成為領導人，每天都必須在鏡頭前表演一場脫口秀。那是和過去相當不同的一種與民眾互動的方式。」

就算到二〇一七年，距離阿爾登成為黨魁及總理只相差短短幾個月時，她仍然堅稱她不想要與總理的職位有任何瓜葛。她在六月對女性雜誌《NEXT》表示：「我很了解自己。我知道我是個容易焦慮的人，會不斷為各種事情憂心，所以有些工作真的很不適合我。我不喜歡讓人失望，我討厭自己沒有盡責的感覺。我現在已經承擔很大的責任，沒辦法想像再承擔更多責任。」

在二〇一四年，當阿爾登距離黨魁及總理都還很遙遠的時候，她從沒想過工黨有一天會向她求助（即使她不希望被找上）。她是黨內層級最高的女性，而且在大眾和黨內的好感度方面，更是遙遙領先其他同期女性。工黨內部人士表示，若阿爾登是一個能力相同的男人，升遷的速度可能不會這麼快。雖然阿爾登遲早會抵達黨內的最高點，但是在這個急於證明自己重視女性的政黨中，身為一個有能力的女性，平步青雲的速度自然會更快。雖然黨內還有其他女性，例如娜奈亞．馬胡塔（Nanaia Mahuta）也是前座議員，但是在人氣和地位上，沒有一個人能夠和阿爾登相提並論。

顯然除了阿爾登本人之外，政壇的所有人早就料到她會擔任總理。

在二〇一六年聖誕節前不久，約翰．凱伊在他第三任期中的第二年時，辭去總理的職務。沒有任何預警、沒有任何醜聞，黨內也沒有發生政變。他純粹只是決定不想再做這份工作，所以決定辭職。

他在離職前相當低調。唯一不對勁的前兆，是他將週一例行的記者會提早到當天中午進行。但是，議會兩側都沒有任何人預料到他會辭去總理一職。凱伊向媒體表示，他只是想花更多時間陪伴家人。「前幾天是我擔任總理的八週年，也是擔任國家黨黨魁十週年的日子。現在，除了回首過去十年之外，似乎也是一個展望未來的好時機。這些年來，無論是對於我珍惜的這份工作，或是我愛的這個國家，我都已經盡我所能。然而，我最親愛的家人卻為此付出相當大的犧牲。」儘管在他宣布辭職後出現許多揣測，但始終沒有人發現任何醜聞或其他導致他辭職的原因。

凱伊在進入政壇之前就已經事業有成，而在成為政治人物之後也相當順遂。他的一部分魅力，來自於他不是一個職業政客。最明顯的例子，就是他在自己仍是一位受歡迎的總理時，就決定急流勇退。凱伊刻意在下屆大選之前提早離職，因為他認為乾淨俐落的交接對於競選比較有利。他還表示，無論黨內選誰為繼任者，他都會支持。但若要他選，他會推薦他的副手比爾．英格利希。

在走廊另一側的反對黨辦公室中，阿爾登及其他工黨議員就和現場的媒體記者一樣震驚。她後來表示：「我不認為有人敢發誓自己早就料到會這樣發展。」但是，凱伊的辭職為工黨帶來一線生機。綽號「鐵氟龍約翰」的凱伊是一位魅力十足、毫無破綻的領袖。無論是醜聞、失言或政策失誤，都像平底鍋裡的奶油一樣從他身邊滑走。但現在他已經離開，無論交棒過程再怎麼順利，換領導人會帶來不確定性，因此選民對國家黨的支持度難免會下降。英格利希和凱伊不同，他缺乏凱伊的魅力。也許凱伊的辭職，正是工黨東山再起的關鍵。

阿爾登在二〇一九年回憶道：「當時出現曙光。雖然也有不確定性，但我記得當初確實出現一絲希望，只是還沒有人知道該怎麼做。」

她是對的。六天後，當英格利希被選為國家黨的新黨魁時，局面相當穩定。工黨無法趁國家黨領導階層發生變化時採取行動，只能繼續在民調中慌亂掙扎。如果問題不是出在國家黨，或許該改變的是工黨才對。

在二〇一一年到二〇一三年間擔任工黨黨魁的大衛・希勒，在凱伊卸任三天後也接著離開。由於他突然請辭，因此他在艾伯特山（Mount Albert）的席位必須進行補選。

一週後，阿爾登宣布她將以工黨黨籍參加補選。她表示，因為奧克蘭中央區有很大一部分被重劃進艾伯特山選區，所以她要與選民一起搬過去。政治評論家不禁猜測，也許她無論如何就是想要贏得一個席位。她當時回答：「每個人都知道我選輸過（妮基・凱伊）兩次，所以認為這次又會是同樣的結果。但是，不，我還是相信工黨可以在奧克蘭中央區贏得勝利，而且無論是誰選上，我都會緊密和他合作。」

雖然阿爾登仍表示她對黨魁的職位沒興趣，但若能順利在艾伯特山獲勝，對於角逐黨魁將會很有利。她說的話聽起來像是一位滿足現況的議員，但她做的事卻是一步步邁向領導職位。按照慣例，競選總理的人都是選區議員。列名議員競選黨魁的唯一例子，就是二〇一七年的英格利希。

當阿爾登可望在艾伯特山勝選時，關於副手的問題開始浮現，像是安妮特・金堅稱自己無意辭去副黨魁一職。同時，國家黨宣布他們不會在艾伯特山競選，因此這個席位等於拱手讓給阿爾登。

競爭對手亦師亦友，交情受到波及

當二月的補選即將到來，由於工黨的支持者渴望一個年輕的新面孔，因此要求利特爾拔擢阿爾登的呼聲也越來越高。金曾經是阿爾登的良師（她是工黨中唯一比阿爾登資深的女性，而且自從一九八四年開始就一直在國會中），但從二〇一四年開始，兩人卻在無意中成為彼此的對手。

阿爾登拒絕從金的手中奪去副黨魁一職，因為她不想要對不起她的良師。然而，每次黨內出問題時（尤其在二〇一四年到二〇一六年之間相當頻繁），都會出現要求進行改革的呼聲。雖然很多人暗示要金下臺，但他們並不認為她有過不利於黨的表現。金是國會中公認相當優秀的議員，但他們覺得阿爾登會表現得更好。一位專欄作家寫道：「雖然金沒有犯下什麼大錯，但阿爾登就是擁有一種不可思議的魔力。」

毫不意外的，阿爾登在艾伯特山取得壓倒性的勝利。這次補選被稱為「有史以來最無聊的一次補選」。

要求晉升阿爾登的呼聲越來越高，但現年六十九歲的金認為這些呼聲是「年齡歧視」，並且在二月二十六日重申自己絕對不會離開崗位，但她錯了。才過三天，金就辭去副手的職務，並宣布她將在九月的選舉後退出政壇。利特爾火速提名阿爾登，並在黨團（包括金在內）投票後，將她選為新的副黨魁。

這一週內發生許多變化。雖然很多人讚賞阿爾登的潛力，但有一些政治評論家（尤其是女性評論家）對於金的離去感到相當難過。資深專欄作家珍・克利夫頓（Jane Clifton）表示，工黨過去應該要讓金擔任黨魁。她寫道：「她的能力明顯夠格，但她沒有挺身而出。這或許是我們的職場男女比例長期失衡的另一個跡象。在女性能獲得升遷，並與男性同工同酬之前，我們還有很長的一段路要走。」

阿爾登從未出面爭取過副主席的位置，而金也不想放棄這個職位，但不知為何，才過一週，兩人都落到自己未曾企求的位置上。阿爾登在二〇一九年的奧克蘭讀書節上回顧這次事件時，說自己對最後的結果「仍感到相當遺憾」。

金和阿爾登是多年好友，而且私交甚篤。阿爾登曾開玩笑說，在她認識蓋福德之前，金老是在幫她介紹對象。若她偶然看見適合金的衣服，她也會買給她穿。這兩位女性的交情曾相當要好，所以看著她們被迫彼此競爭，大家都很遺憾。

阿爾登後來表示：「我知道彼此都很尷尬，所以我們會避談這件事。尤其外界有很多謠言。我當時知道她打算辭去副黨魁，但我不知道她竟然要退出政壇。直到我們在大會上打電話給她時，她才告訴所有人這件事。我感覺五臟六腑都被掏空，覺得那似乎是我的錯。」

無論阿爾登是否有理由感到內疚，其他黨員都相當樂見她接下新職務。利特爾還在臉書上發表一篇長篇文章為阿爾登背書，並把她和近代全球的領導人做比較。「目前是個越來越多人對政治冷感的時代。放眼美國和歐洲，總是瀰漫著反動政治的氛圍。然而，阿爾登卻能激起人民心中的希望，促進人與人之間的團結。或許在整個國會中，這點無人能出其右。」

然而，不是所有人都為這個結果感到開心。一位資深右翼專欄作家寫道：「傑辛達．阿爾登是安德魯．利特爾用來展示的小馬，藉此樹立他頑強的領導形象。」

「用來展示的小馬」在所有曾用來羞辱阿爾登的詞彙中，這是她唯一在將來的採訪中證實曾惹怒過她的字眼。

在被提拔為副黨魁之後，阿爾登很快就在民調中超過利特爾，成為大家最希望能擔任總理的人選。

應好友邀請出席餐會，卻淪為笑柄

民眾希望她成為領導人。偏左派媒體雖然對她的潛力抱持期望，但仍相當謹慎，因為目前還沒有任何明確的跡象，證明她有能力帶領工黨。當她還是後座議員時，她沒有惹過什麼麻煩，但這對她來說是好事也是壞事。此外，雖然她有辯論背景，但也不是個所向無敵的辯士。因此，阿爾登的知名作家朋友史蒂夫．布勞尼亞斯（Steve Braunias），邀請她到懷卡托技術學院新聞俱樂部（Wintec Press Club）擔任客座講者。

理論上，新聞俱樂部是個每三年舉辦一次的聚會，讓記者、政治人物和懷卡托技術學院新聞系的優秀學生，一同共進午餐、聽嘉賓演講並分享知識。但實際上，這個活動其實是讓記者有藉口在白天喝得酩酊大醉，然後和被邀請來成為笑柄的政治人物吵架的擂臺。

布勞尼亞斯是新聞俱樂部的負責人，他想給阿爾登一個機會，讓她向媒體證明自己的能力。為了公平起見，他還邀請國家黨副手葆拉・貝內特，在下一次的活動中擔任客座講師。阿爾登的那個場次相當受歡迎，各家媒體記者紛紛從奧克蘭花費兩小時的車程來到漢密頓，準備見識阿爾登如何為委靡不振的工黨帶來一線生機。然而，包括阿爾登在內，幾乎所有人都對那次活動的結果感到失望。

布勞尼亞斯很擅長把氣氛搞得很尷尬，他在介紹阿爾登時更是不遺餘力。他介紹阿爾登的方式，是把她登上女性雜誌的期數做成時間表。雖然阿爾登事後表示，多登上女性雜誌是相當務實的做法，因為可以吸引更多選民，但在新聞俱樂部這樣的場合，卻會帶給人不好的印象。

布勞尼亞斯對著現場滿滿的聽眾（其中包括一些綠黨議員）說：「簡單來說，我對傑辛達・阿爾登幾乎什麼屁都不認識。沒有人會讀這種輕鬆的垃圾文章，這也是為什麼右派人士總說她是個根本沒有料的議員。她就跟約翰・凱伊一樣，是個討人喜歡、但虛有其表的政客。她到底做過什麼大事？」雖然布勞尼亞斯最後還是表示，希望阿爾登能成為下一任副總理，但這種介紹方式一點也不體面。

此外，阿爾登在那次演講中頻繁閱讀手卡，結果因為太乏味，反而讓許多人留下深刻的印象。但是阿爾登一直以來最厲害的地方，在於她回答問題時的機智反應，而現場聽眾也提出一些相當不錯的問題。「安德魯．利特爾是否會削弱妳的光芒？妳曾想過要把他推下懸崖嗎？」她以官方的口吻回答，「不。」並表示幫助選民認識利特爾也是她的分內工作。當她被問到工黨是否會與溫斯頓．彼得斯協商時，她說會，結果有人大喊：「可以不要嗎？」「妳有時是否會覺得，自己是在一個擠滿輸家的政黨中的贏家？」、「有個男人的位階在妳之上，但妳完全不敢說他的任何不是，請問這代表什麼？」這些問題都很棘手，但更棘手的是，這些問題都是來自支持她的人。

這些年來，現場的那些人不斷看著工黨出現一個個新黨魁，卻沒有一位有能力待在那個位置。在場的每個人都知道，利特爾不是帶領工黨參加下一屆選舉的最佳人選。他們希望阿爾登認同他們的看法，也希望她更努力，證明自己有能力與國家黨對決。他們希望阿爾登展現出在《女性時代》（*Woman's Day*）的封面上，沒有出現過的堅毅神情。

然而，阿爾登沒有給出他們想要的回應。她盡責的為利特爾和特雷弗．馬拉德辯護，但很快就受到聽眾的猛烈抨擊。一段時間後，她開始反擊，用字變得越來越尖銳。當聽眾問她，為什麼選民要選擇像她這樣的職業政治家，而不是像之前大受選民歡迎的川普那樣的政治素人時，阿爾登終於忍不住回應：「什麼？所以你寧可選一個職業混蛋嗎？」當她被問到彼得斯是否會歧視特定種族時，阿爾登停頓許久才回答：「我認為溫斯頓知道自己在做什麼。」她後來又回頭解釋：「我告訴你為什麼我剛剛停頓。我問自己：『他真的是種族主義者嗎？』後來我發現，其實我跟他沒那麼熟。」

等到布勞尼亞斯終於跳出來為問答時間收尾時，阿爾登看起來已經一臉受夠的模樣。當他說還有時間可以再問幾個問題時，她打趣道：「一定要嗎？」那可能是一句玩笑話，但她的口氣聽起來一點都不像是在開玩笑。

現場記者在會後都懷疑阿爾登是否低估這次的活動，所以才在準備不足的情況下出席。沒有人對那次午餐的結果感到滿意。

在那之後，阿爾登舉辦無數次的記者會，並回答過記者上千個問題，但沒有任何一次和當年名為「新聞俱樂部」，實為「漢密頓酒鬼餐會」的那次經驗那樣令她困擾。也許這是一個警惕：就算只是副黨魁，一旦成為領導者，群眾就不會手下留情。阿爾登不再只是國會議員，她已經無所遁形。

當阿爾登在二〇一九年演講時，已經有足夠的時間反思她在改變選區之後的發展。「我有時候會想，如果當初沒有去艾伯特山競選，我會成為副黨魁嗎？又會接著成為黨魁嗎？」

答案是：不會。

轉移到艾伯特山選區後，阿爾登終於在難度降低的補選中展現她的實力。隨著在媒體上的曝光不斷增加，她的名字逐漸為人所知，最後青雲直上，取代金和利特爾。媒體只花三天就讓金下臺，換成阿爾登上臺。或許阿爾登當時仍見樹不見林，但包括利特爾在內的所有人，早就預見未來的發展。

到八月初，在阿爾登擔任副黨魁的五個月之後，安德魯・利特爾辭職了。

CHAPTER 6

擔任黨魁兩小時，清楚記住每個記者的名字

現在回頭看，就會覺得一切都太明顯。工黨支持度在民調中暴跌、黨內流言四起，再加上阿爾登在總理的民調中遙遙領先，種種跡象都顯示安德魯．利特爾將會卸任工黨黨魁，並提名阿爾登為接班人。然而直到二〇一七年七月二十六日的星期三早上，利特爾都還忙於輔選，無意辭職。

當時，他和阿爾登正與威塔數位工作室（Weta Digital）的老闆開會。威塔是位於威靈頓的視覺特效公司，最知名的作品是《魔戒》（*The Lord of the Rings*）系列，以及其他由彼得．傑克森（Peter Jackson）執導的電影。他們正在討論二〇一〇年充滿爭議的《哈比人法》（*Hobbit Law*）[11]，這個規定剝奪電影工作者集體談判的權力。利特爾是以反對黨領導人的身分，阿爾登則是以副手及藝術暨文化發言人的身分出席會議。

那天是她的三十七歲生日。在這場會議之前，她稍早人在塔瓦扶輪社（Tawa Rotary Club）參加競選活動。當時扶輪社送她生日蛋糕，結果刀子切下去之後，才發現這是扶輪社的一個老把戲：糖衣底下，藏著象徵國家黨的藍色蛋糕。阿爾登雖然開懷大笑，但她在離開時很小心，深怕被人拍到自己拿著藍色蛋糕的畫面。雖然工黨的工作人員最後把蛋糕吃掉，但是對於民調成績已經相當低落的反對黨來說，這樣的花邊新聞還是能免則免。

與威塔的會議開到一半時，利特爾的手機震動了一下，但他置之不理。當他的手機再次振動，他偷瞄螢幕一眼。有人傳訊息給他，跟他說工黨的內部民調跌到有史以來最糟的低點：二三％。利特爾說，當時他忍不住看了兩次，確認自己沒有看錯。阿爾登也收到同樣的訊息。

後來，回到國會時，阿爾登發了一則訊息給利特爾，鼓勵他「加油，撐下去」。在那之後，她曾經含糊的說那則訊息「有點像波麗安娜」。波麗安娜是美國小說家愛蓮娜・霍奇曼・波特（Eleanor H. Porter）筆下的女主角，她會不斷努力在每件事情中尋找正向的一面。

那天下午，阿爾登和利特爾在辦公室會面。這是他第一次談到辭職這個選項。他說：「我不知道自己能不能繼續做下去。」但他記得阿爾登當時對他說：「你必須堅持下去。」所以他照做。

光是一次民調的結果，可能會跟現實有點出入，而且選民不必得知內部民調的結果。但是能進行民調的，當然不是只有工黨而已。週五，紐西蘭電視臺（TVNZ）公布他們與市場調查公司科爾馬・布倫頓（Colmar-Brunton）合作進行的民調結果——工黨的支持率只有二四％。

只有二四％，表示能透過政黨名單進入國會的人數將會減少。議員人數減少，代表資源

11 二〇一〇年，紐西蘭演員權益保障協會對《哈比人》電影發起抵制行動，迫使劇組放棄在紐西蘭拍攝本片，而打算改至英國。同年十月二十七日，紐西蘭總理約翰・凱伊宣布已與華納電影公司達成協議，至二十九日，紐西蘭政府正式通過《哈比人法》，使哈比人電影系列能在紐西蘭拍攝。

也會跟著減少。資源減少，代表二〇二〇年的大選將會更艱鉅。若利特爾辭去黨魁並由阿爾登接手，至少工黨可以兌現他們在選舉看板上寫的「全新作風」的承諾。這麼做可能會幫工黨稍微加分，也能展現反對黨的氣度，藉此為二〇二〇年的選舉鋪路。由於工黨在民調中已經跌至谷底，對他們來說，這似乎是最好的做法。

週六，在阿爾登位於奧克蘭的家中，幾位資深國會議員再次對利特爾的領導資格提出質疑。利特爾在接受媒體訪問時，說有一位資深國會議員「明確向我表示，我該辭職」。但是他還是相當猶豫，因為距離選舉只剩八週。利特爾曾陪伴工黨走過最艱難的時期，而且黨內直到最近才能戮力同心，不再起內鬨或公開彼此攻訐。就像在《玩具總動員三》（*Toy Story 3*）中，所有玩具牽著手，準備一起掉進焚化爐那樣，就算工黨會被選民推上絞刑臺，至少他們會一起承受這一切。

隔天，利特爾向民眾分享自己內心的掙扎，但這麼做反而為自己的領導生涯釘上另一根封棺的釘子。在接受紐西蘭電視臺主持人柯林・丹恩（Corin Dann）的訪談時，利特爾透露他已經和一些資深同事討論辭職的可能性，但是在同一句話中，他也堅稱自己「還在奮鬥中，他們也支持我努力下去」。然而，觀眾卻不這麼認為。

對於利特爾這種搖擺不定的態度，選民的厭惡感簡直是與日俱增。到了週一，紐西蘭媒體 Newshub 公布他們自行舉辦的民調結果，工黨的支持率為二四%。某件事若發生過一次，可能只是偶發事件。若發生第二次，可能是不幸的巧合。但若發生第三次，就代表這是趨勢。

更重要的是，在理想總理人選的民調中，阿爾登的支持率（八・七%）比利特爾（七・一%）還要高。

當晚，利特爾再次回到奧克蘭之後，他和幕僚相約在他們即將下榻的斯坦福布里斯班廣場飯店（Stamford Plaza Hotel）大廳會面，這次的成員還包括幕僚長尼爾・瓊斯（Neale Jones）和新聞主任祕書麥克・賈斯珀（Mike Jaspers）。他們再次討論利特爾所面對的選擇。這三名男子整晚不斷聯絡各個資深同事，包括安妮特・金、首席黨鞭克里斯・法亞弗（Kris Faafoi），以及阿爾登。雖然他們仍然支持利特爾留下來繼續擔任領導人，但他們也表示，支持這個決定變得越來越困難。

同時，在隔四個郊區之外的地方，阿爾登正和朋友享用遲來的慶生晚餐。他們邊吃炸雞、喝茶，邊討論未來幾天可能會發生的情況。在吃晚餐的時候，阿爾登告訴她的朋友，她不想要成為黨魁，但如果被要求接任的話，她會答應。

利特爾事後表示，他是在「當天晚上十點半左右」決定辭去黨魁的職務。若真如此，這表示他沒有將這個決定告訴他的幕僚。那天晚上沒有說，就算到隔天早上也沒有。不過他早已請賈斯珀取消《The AM Show》節目的通告。若他即將辭去黨魁，最好不要再上現場直播的早晨節目。大家事後才發現，取消通告其實是利特爾採取的第一步行動，但當時還沒人看出這點。

民調一落千丈，壓得工黨喘不過氣

阿爾登和利特爾搭同一個班機飛往威靈頓。出發前，她在休息室看到他的幕僚。阿爾登、瓊斯和賈斯珀彼此尷尬的打聲招呼。

當利特爾在威靈頓機場降落時，紐西蘭國家廣播電臺（Radio New Zealand）的記者梅伊．赫倫（Mei Heron）正好在機場候機。他們見到彼此時，兩人都很驚訝。機場是政治記者埋伏的熱門地點，而且新聞纏身的政治人物通常在下飛機時，都已經做好到休息室時會被記者包圍的心理準備。那天早上，全國各地的新聞都是安德魯．利特爾是否會辭職的報導。

雖然媒體相當清楚利特爾的行程和航班，但除了赫倫之外，沒有其他記者出現在登機門。當利特爾出現時，她差點脫口說出自己因為弄錯時間，所以完全沒有準備任何問題。

她一邊跟著他，一邊問：「你打算辭職嗎？」

他回答：「不，聽著，這些問題必須另外討論。」

「所以，你不打算投下信任票？」

他回答：「不，沒有我覺得適合的人選，我也不會提名任何人。」

當他們正在談話時，阿爾登從旁邊經過。她下飛機的時間只比利特爾晚一些。她對赫倫微笑示意，彷彿是在對她說：「最好是來找他的，不是來找我。」赫倫回以微笑，然後目送阿爾登走出機場，沒有上前問她任何問題，因為她當時還不是新聞焦點。不過在那次之後，阿爾登每次穿過威靈頓機場時，她都是焦點人物。

在經過利特爾位於島灣（Island Bay）的住家，並開往國會大廈的路上，瓊斯問利特爾接下來打算怎麼做。雖然他們已經取消早上的記者會，但不久之後，利特爾卻向一位記者透露，他不會再逃避。他們必須把事情交代清楚。未來會怎樣呢？利特爾下定決心，以堅定的口吻告訴瓊斯：「一切到此為止。」

瓊斯開始打電話給其他人。首先，他告訴阿爾登，她即將成為工黨的領導人。聽完之後，她認命的嘆了一口氣。後來，當她在與一群十幾歲的單親媽媽交談時，她透露自己其實已經和利特爾討論好幾天關於接任黨魁的事。「從七月二十六日到八月一日，他每天都問我，然後我每次都回答『不、不、不』」。

接著，瓊斯聯絡副幕僚長，請他在當天早上召開會議擬訂新合約。他也聯絡記者在上午十點召開記者會，利特爾屆時將宣布辭職。最後，他打電話給首席黨鞭法亞弗，請核心小組在記者會後集合。

瓊斯和賈斯珀只剩下一個小時的時間撰寫利特爾的辭職講稿，但他們都還在路上。當他們抵達國會時，他們立即向幕僚宣布利特爾即將辭職。現場的情緒很激動，因為這段時間以來，他們一直在為一場無法獲勝的選戰努力不懈，結果他們的領導人卻打算辭職。雖然大家很期待阿爾登接任黨魁，但在緊要關頭換領導人會帶來很大的挑戰。然而，幕僚服務的對象是領導人，而不是為特定人物，所以他們很快就開始著手研究，該如何讓阿爾登盡可能無縫接軌。

利特爾在二樓的核心小組會議室舉行記者會，由卡梅爾．塞普羅尼和克里斯．法亞弗兩位黨鞭在現場支援。他表示：「領導人必須承擔責任。我過去做到了，現在也是。」有趣的是，這是他在媒體面前少數表現不錯的一次。人在放下重擔之後，總會顯得神清氣爽。「根據我的判斷，新的領導人可以為我們的政黨和候選人帶來更大的幫助，並為這次重要的選戰帶來全新的面貌。」

歷史（至少從二〇一七年到目前為止）對利特爾相當友善。他在斯坦福布里斯班廣場飯店大廳做出的決定，後來被視為是紐西蘭政治史上最艱難、且最偉大的行動之一。但是當天早上，在他承諾要「戰下去」時，他顯得相當膽怯。利特爾陪工黨走過最動蕩的時期，並成功把這個支離破碎的政黨團結起來，因此當他決定辭職時，黨內沒有出現太大的動盪。然而，當他在媒體前把這艘正在沉沒的船交由副手掌舵時，外界開始傳出各種不友善的輿論。

爭議性言論基本上就是由印象拼湊而成的意見，而不是在理解後所得出的結論。而利特爾在二〇一九年八月一日上午給人的印象，是一個在關鍵時刻推卸責任的人。

在召開核心小組之後，利特爾提名阿爾登擔任接班人，並獲得在場的人一致支持。雖然有不少人支持格蘭特・羅伯遜擔任副黨魁，但羅伯遜卻提名凱文・大衛斯。最後，大衛斯獲得眾人支持，成為下一任副黨魁。這是工黨睽違多年以來最順利，且最無痛（利特爾的個人困境除外）的一次交接過程。

記者會預定在下午兩點舉行。利特爾的顧問成為阿爾登的顧問，並與她一同討論該如何以反對黨新領導人的身分，向紐西蘭民眾介紹自己。他們只有一個鐘頭的時間。當阿爾登被問到她有什麼特別想說的話，她說自己當天早上搭飛機時有寫下一些想法。在場的男人偷瞄彼此一眼。很多政治人物會對自己的演講有各種想法，往往會認為自己是滿腹經綸的詩仙。這時候，他們的顧問就必須客氣的建議他們挑一些別的（白話就是要講更好的）重點來說。但這一次，他們沒有給任何建議。在阿爾登唸完她打算要說的內容之後，他們就放心的把內容交給她，轉身忙著安排座位。

講臺後方掛著印有工黨黨徽的攜帶式布條。穿著紅色外套的阿爾登率先進入會場，大衛斯和塞普羅尼則緊跟在後。過了一會兒，梅根・伍茲（Megan Woods）、克里斯・希普金斯、克里斯・法亞弗、大衛・克拉克（David Clark）、菲爾・泰福、格蘭特・羅伯遜、大衛・帕克（David Parker）和斯圖亞特・納什都到了。現場的氣氛相當凝重。工黨的國會議員已經習慣在記者會上擺出陰沉的表情。

阿爾登首先表示：「很感謝各位今天下午蒞臨。首先，我要發表簡短的聲明，最後在結束之前會開放提問。」感覺就像代課老師進到新教室，在場每個人都在分析她的口條，看她能不能駕馭這個班級，而這個班級指的是陷入谷底的工黨，以及擠得水泄不通的記者席。這些記者虎視眈眈，隨時準備攻擊阿爾登暴露的任何弱點。雖然阿爾登發表的內容都在預料之內，但她的口吻相當有自信，彷彿當年那位在臺上意氣風發的辯論社學生。她的支持團隊則是一臉嚴肅。

阿爾登向利特爾致謝，然後向民眾保證，工黨是一個堅強的政黨，就算目前的情況並不理想，他們也不會屈服。最後，她表示：「我很榮幸能成為工黨的領導人，相當期待競選活動帶來的挑戰。我將有機會和紐西蘭民眾分享，工黨如何打造一個更好、更公平的紐西蘭。這是工黨始終不變的目

▲ 阿爾登擔任工黨領袖的首次新聞發布會。

標。在我的領導下，我們將繼續堅守這樣的立場。我很樂意接受提問。相信各位有很多問題想問。」

當阿爾登說出最後一句話，她身後的一些部長或許是因為鬆了一口氣而笑出來。這場演講的內容很好，表達方式也無可挑剔，但是他們還不能鬆懈，因為記者會才剛剛開始。情況隨時都有可能急轉直下。

全國的觀眾（在上課時偷看的大學生、上班時偷開新頁面的員工，以及所有記者）都屏息以待。即使是工黨的死忠支持者，這幾年也看膩工黨屢次失敗，所以抱持最低的期待來看這場記者會。

才上任兩小時，大將之風嶄露無遺

無論是現場聽眾或全國觀眾，對大部分的民眾來說，讓利特爾下臺似乎只是工黨為了亡羊補牢所做的絕望之舉。現在無論換誰擔任領導人，都來不及改寫民調結果。但像阿爾登這樣年輕又精力充沛的新面孔，或許能做點什麼來挽回顏面。工黨看似打算破釜沉舟，而阿爾登可能會淪為犧牲品。若只是為了減輕敗選的打擊而被選為領導人，對阿爾登的政治生涯來說並不是一個理想的起點。

但當她回答問題時，她的氣勢穩如泰山。

二十多年的資深新聞記者貝瑞・索柏爾（Barry Soper）率先發問：「妳覺得自己有能力勝任總理嗎？」阿爾登沒有一絲猶豫：「是的，貝瑞。假如我的團隊不這麼認為，他們就不會選我了。」她的口吻跟用詞都沒有特別值得關注之處，但是她能叫出貝瑞的名字這點，令許多人很意外。

在接下來二十分鐘的問答過程中，她採用一對一的方式進行，就像老師在主持班會。「不好意思，奧黛麗妳說什麼？」、「安德里亞」、「愛力克斯」、「克里斯」、「聽著，派迪」、「凱蒂」、「我們不會因為二四%就退選，柯林。」這樣的表現對一位總理來說很正常，因為總理在每週的內閣會議後，都必須在記者席主持記者會，但大家萬萬沒想到，**這位才上任兩小時的反對黨領袖，居然能做到這種程度。這是第一個徵兆**：雖然阿爾登的同事丟給她的是，可能會把她燙得渾身是傷的山芋，但她顯然已經做足萬全準備。

不久後，有記者向新上任的副黨魁大衛斯提問。當他上前回答，阿爾登向後退了一步，但沒有完全站到他身後。無論這是不是有意的舉動，都表示她在第一線的位置相當自在。

一位記者在用毛利語提問之後，大衛斯同樣用毛利語回答。那是在紐西蘭政壇上相當難得的畫面，而且有助於工黨建立對毛利人友善的形象。工黨雖然是社會自由的政黨，與毛利人的關係卻不好，這主要是因為之前由海倫・克拉克帶領的工黨政府，採取許多對毛利人不友善的措施。

阿爾登否認工黨內部再次出現派系鬥爭的傳言，但承認最近有人引述她說過的話，說她其實不想要這個職位。對此，她只簡單表示：「有人問我願不願意接受這個挑戰，而我最後接受了。」

有記者就工黨與綠黨（其在民調中逐漸追上工黨）所簽署的備忘錄問道，綠黨有沒有可能會是工黨組成聯合政府的關鍵。「假如民眾願意給我們機會執政，對於我們共事的對象，我們一定會對紐西蘭民眾保持公開透明。我認為公開透明很重要，這點將來也不會改變。但請容我再次強調，這是工黨的競選活動，我們的重心在工黨的政策和理念。因此，我不希望在此討論其他政黨的計畫或政策。」

這個回應鏗鏘有力。工黨不再只是一個搖搖欲墜、必須拚命尋找盟友的政黨，而是紐西蘭第二大的政黨，所以他們也該展現相對應的態度。假如此時還有人對阿爾登抱持懷疑的態度，那這個回應已經清楚表明，她確實有能力掌控大局。

在國會議員之中，能夠主持大型記者會的人才相當少見，而天生具有這種才能的人更罕見。通常都是某個議員在不得不面對整個記者席，並在現場直播的情況下回答問題時，人民（和議員本人）才會發現當事人擅不擅長這種事。國會議員通常會以一對一或小組的形式接受記者採訪，但一次面對整個記者席卻是另一個檔次的難度。許多政治人物都曾在這種情況敗下陣來，最著名的例子是前國家黨議員賈米・李・羅斯。

羅斯曾在二〇一八年十月召開記者會宣布退黨，並宣稱國家黨黨魁西蒙・布里奇斯違反選舉法。他在發表完冗長到不可思議的聲明之後，又繼續站在博恩大廈（Bowen House）的方格地磚上回答問題，時間長達三十八分鐘。他不知道該如何收尾，結果最後透露許多原本沒有打算公開的消息。如今成為無黨籍議員的羅斯，二〇一九年大部分的時光，都是獨自一人坐在議事廳裡最遠的角落中度過。他這一生能成為總理的機會已經微乎其微。

阿爾登第一次的大型記者會則截然不同。當她泰然自若的回答每個問題，身後的支持團隊神情相當放鬆。他們意識到，這個人與過去五年的每一位黨魁不同。阿爾登真誠、積極且充滿自信。她的影響力逐漸渲染到眾人身上。

當大衛斯被問到工黨有沒有可能與毛利黨合作時，他回答的語氣很有信心，彷彿深信工黨將在下次選舉中大放異彩。「假如毛利黨在大選後沒有全軍覆沒，他們必須先提升自己的實力，才能與我們合作。」提醒一下各位讀者，當時工黨的民調只有二三％。

將黨內最資深的毛利人議員大衛斯選為副黨魁，顯然是個具策略性的決定，但工黨支持者還是相當樂見這個結果。工黨將自己定位致力於提升紐西蘭生活水準的社會自由政黨，而生活水準正是毛利人面對的一大問題。然而，工黨和毛利人的關係相當緊張。工黨前總理海倫・克拉克通過的《前灘與海床法》（*Foreshore and Seabed Act*）普遍被認為是在壓迫歷史上早已飽受欺凌的毛利人。

自二〇〇四年以來，工黨不斷試圖獲得毛利人的支持，但成效不彰。讓大衛斯擔任副主席具有象徵性意義，因為他是工黨史上第一位毛利人副黨魁，而他也將在毛利選區中競選。若工黨想要站穩腳步，毛利人的席位相當重要。

那次記者會最精彩的一刻，發生在最後一分鐘。一位記者向站在支持團隊最尾端的斯圖亞特．納什提問：「你昨天才說過，工黨不應該在這麼靠近選舉時更換領導人。」當那位記者正在講話時，塞普羅尼望向納什，並露出幸災樂禍的微笑，大衛斯則是止不住笑意。這段時間以來，納什是唯一強烈反對換掉領導人的議員。當他走向前，準備回答問題時，阿爾登卻搶先一步，在記者的問題還沒說完之前就回答：「他已經向我認錯了。」現場哄堂大笑，納什則默默退回隊伍的盡頭。

阿爾登的職稱和姿態在一夕之間從副黨魁變成黨魁，這樣的變化相當令人矚目。六個月前，阿爾登和納什在黨內基本上是平起平坐，但從那刻起，他們的新關係立刻成定局。阿爾登的舉動，傳達出相當明確的訊息：工黨將不再允許內鬥或脫序的發言。納什在過去五年來，不斷公開拒絕合作，最後被工黨的新領導人藉由其他同事取代自己的位置。這種做法與暗藏中的訊息，令人感到耳目一新。

在這場記者會進行的同時，利特爾正在收拾那間不再屬於他的辦公室。他答應阿爾登會協助她競選，但他需要幾天時間哀悼自己再也無法實現的抱負。當阿爾登回到反對黨的辦公區，她的舊辦公室對面的黨魁辦公室已經準備就緒。而利特爾早已帶著一箱私人物品開車回家了。

阿爾登在回答完最後一個問題後，感謝在場的人，並帶著微笑與團隊一同離開。當他們離開時，麥克風還在收音，結果意外錄到大衛・克拉克輕喊一聲：「成功了！」他說的一點都沒錯。

CHAPTER 7

微笑刺客的政壇生存技：快刀斬亂麻

「阿爾登效應」如野火般傳開。

就連最苛薄的記者，也報導阿爾登被任命為領導人的新聞，全國民眾興奮的程度自然不在話下。過去數十年來，紐西蘭都沒有出現過充滿魅力的領袖。約翰・凱伊曾以平凡紐西蘭男性的模樣展現親和力，但阿爾登截然不同。工黨已經很久沒有因為正面的新聞占據媒體版面，甚至連右派的評論家也忍不住加入討論。

來自蜂窩大廈外面的現場報導，占據晚間六點的新聞時段。隔天早上，全國各地主要報紙的頭版盡是「工黨的黃金女郎崛起」、「工黨的阿爾登將成為未知因素」等相關報導。接下來的兩天，報紙的頭版也都是阿爾登的新聞。

國家黨在執政的九年期間，眼睜睜看著反對黨不斷做出自我毀滅的舉動。但在工黨換新黨魁後，不只士氣大振，看起來還很有贏面。阿爾登的事情讓所有人倍感驚訝，國家黨的議員則對此充滿敵意。國防部長格里・布朗利（Gerry Brownlee）甚至寄給帕特里克・戈爾（發明「辣寶貝之戰」名稱的記者）一組啦啦隊彩球，並在卡片中寫道：「看你昨天在連線報導中難以掩飾的激動情緒，相信這兩顆彩球將來會派上用場。」

民眾的興奮情緒，也以其他具體的方式表現出來。**在阿爾登首次記者會後的二十四小時內，工黨就收到超過新臺幣七百萬元的網路捐款**，平均每人捐新臺幣一千多元。他們甚至遇過每分鐘收到約新臺幣兩萬元的捐款，**這在紐西蘭政壇是前所未有的事**。除了捐款增加之外，每天還有上千名的新志工報名加入工黨。

幫忙的人手多多益善，因為紐西蘭全國各地還有上千個廣告看板印著利特爾和阿爾登的頭像，以及早已過時的「全新作風」口號。民眾在社群媒體上，提供源源不絕的創意。

有人說利特爾和大衛斯的身材相當相似，可以把大衛斯的臉印出來，貼到利特爾的身上，結果還真的有人印出一張大衛斯的臉部照片，然後貼到看板上的利特爾身上當作示範。還有人用修圖軟體在利特爾的身上放一個黑色的叉叉，然後把口號改成「更新的作風」。有些人建議可以改成像觀光景點的人形立牌，把利特爾的臉挖一個洞，讓選民可以把自己的臉放進洞裡跟阿爾登合照。

「阿爾登和我，一起攜手邁向更美好的紐西蘭。」這些想法其實沒那麼糟，但工黨打算改變整個競選活動的路線。他們需要全新的作風，而且不能再使用「全新作風」這個口號。

阿爾登承諾會在七十二小時內想出新策略，而她成功了。三天之內，全國各地立起新的廣告看板。在週四上午，也就是利特爾辭職的四十八小時後，工黨安排一場記者會，打算宣布他們新的競選方針。

當志工在全國各地豎立新的看板時，阿爾登卻面臨她作為領導者的第一個艱難挑戰。她最後選擇的解決方法，會證明她是個擁有鐵石心腸的領導人，還是如評論家所說，是個缺乏政治人物手腕的人。這個挑戰就是，是否要拋棄可能的盟友梅特利亞・圖雷（Metiria

Turei）。

圖雷是綠黨的共同領導人。綠黨是成立於一九九〇年的左派政黨，著重環境問題及社會主義經濟政策。綠黨是紐西蘭第三大的政黨，但規模遠遠比不上國家黨和工黨。自從進入二十一世紀，綠黨在大選中通常可獲得六％至一二％的政黨票。由於紐西蘭的選舉制度採混合比例代表制，因此綠黨無論在國會中支持任何一方，都會有很大的影響力。工黨和綠黨在多數議題上，都抱持相近的看法。

二〇一六年五月，工黨為了尋求盟友，與綠黨簽署一份備忘錄，兩黨承諾將「在二〇一七年的大選中，透過合作讓政黨輪替」。這是一個歷史性的舉動，因為這象徵工黨承認他們無法獨自擊敗國家黨。

但在二〇一七年七月，工黨在民調中陷入困境時，綠黨希望抓住機會拉攏左派的中間選民。因此，圖雷決定鋌而走險。雖然她已經計算過風險，但無論是左派還是右派的評論家，事後都認為圖雷太低估情勢。

隊友屢次失言，卻是阿爾登當上總理的催化劑

在綠黨的年度黨員大會上，當圖雷和共同領導人詹姆斯・肖（James Shaw）在說明他們

的競選策略時，她承認自己當年還是個年輕的單身母親時，曾做過詐領福利金的事。圖雷不是意外脫口而出，也不是為了登上頭條，她之所以說這段話，是為了討論紐西蘭人民是否可能只靠救濟金生存。雖然她成功引起相關討論，但她的自白也引發另一波討論：已經承認違法的圖雷，是否還有資格在政府單位工作？

在黨員大會之前，圖雷的團隊曾和利特爾的團隊討論過她的演講內容（根據備忘錄，兩黨必須例行舉辦會議），而工黨早就建議她別這麼做。他們認為，雖然選民各有立場，但唯獨對一件事會團結一心：鄙視違反社會規範的人。無論是逃漏稅，或是收受賄賂，罪行都一樣嚴重。我們都同意遵守這些規則，妳怎麼敢貪這筆錢？話雖如此，每年不法獲利數千萬美元的行為被稱為福利「詐欺」，但每年竊取數十億美元的行為，卻只被稱為「逃」稅，實在有點可笑。

在一九九〇年代，當圖雷二十三歲時，她是一位法律系學生，也是一位單身母親。由於她沒有透露自己有在向室友收取租金，因此沒有超過低收入戶的補助門檻。

她的自白占據新聞版面好幾天，讓綠黨重回選舉焦點。紐西蘭政府的社會發展部在民調結果公布的同一天，也就是阿爾登生日當天，開始對圖雷領取補助的紀錄展開調查。在顯示工黨的支持率降到一九九五年以來最低水準的同一個民調中，綠黨的支持率卻攀升至一五％。

工黨偏中立的支持者看到左派正從內部開始崩壞，於是逃到紐西蘭優先黨，而工黨的死忠支持者則對工黨缺乏明確的理念感到厭倦，因此決定投靠同為左派的綠黨。圖雷誠實的態度感動許多紐西蘭人。他們開始同情她，而非視她為罪犯。雖然工黨的支持率相當低迷，而且最後肯定會輸給國家黨，但是圖雷的行為，代表綠黨正在蠶食工黨的選票。

現在回頭來看，圖雷的發言，可說是阿爾登成為總理的催化劑。若圖雷當初沒有冒險，工黨的支持率可能會繼續維持在接近三〇%的位置，利特爾也不需要在關鍵時刻辭職。然而，圖雷最後選擇冒險、工黨的支持跌到谷底，而利特爾別無選擇，只能讓位給阿爾登。

在利特爾辭職的當天早上，綠黨收到相當漂亮的民調結果。雖然很多人仍在批評圖雷在媒體上說的話，但民調結果顯示，還是有很多選民支持她。當利特爾在大選前七週辭職時，外界預期會有越來越多心懷不滿的工黨選民背棄工黨，轉而支持綠黨。然而，與預期相反，當阿爾登結束她的第一場記者會時，左翼選民紛紛湧向工黨。

照理來說，這應該是雙贏的局面。綠黨正在站穩腳步，不但開始獲得媒體關注，還能針對他們想要實施的政策進行對話。另一方面，工黨的新領導人是政壇上的明日之星，而且在首次的記者會中展現超乎所有人預期的表現。但是，媒體還不打算放過圖雷。

八月三日，當工黨收到約新臺幣數百萬元捐款的同時，Newshub 爆出圖雷早已不住在她的投票區。投票區和實際居住的地區不同，其實是相當普遍的情況。很多人在搬家之後，懶得去更改選民名冊上的地址。但是，當圖雷被問到這件事，她卻回答說自己之所以一直用舊地址投票，是為了投票給她的朋友，但是她的朋友卻是個玩票性質的候選人。

這是圖雷政治生涯結束的開端。雖然這件事本身沒什麼問題，但因為她不久前才剛自首做過違法行為，因此注定將被三振出局。雖然多數人認為圖雷溢領補助款的行為是錯的，但也有不少人同情她的處境，認為她不是因為貪婪，而是因為生活所需才這麼做。但現在根據報導，她還為了投票給她的朋友，在選舉方面詐欺，讓她看起來越來越像一個以走漏洞為樂的人。許多選民開始懷疑，圖雷先是承認福利詐欺，然後又自首在選舉方面也詐欺，若繼續挖掘她的背景，還會有什麼更驚人的違法事蹟？事後證明，什麼都沒有，但一切為時已晚。

圖雷在年度黨員大會的演講之後，國家黨的議員一如預期強烈譴責她的行為。右翼評論家呼籲要對她進行起訴，但是利特爾曾說過，他認為圖雷自首的行為相當勇敢，因此他會繼續支持她，也會繼續支持兩黨的備忘錄。

然而，當 Newshub 的報導出爐時，利特爾已經不再是領導人。在阿爾登的領導下，工黨會繼續支持圖雷和綠黨嗎？還是會把他們視為被感染的手臂而選擇截肢？

在 Newshub 發布報導後的隔天早上，副黨魁大衛斯登上《The AM Show》節目時，他明顯與圖雷及綠黨劃清界線。他說：「綠黨必須為他們的行為承擔後果。我們會深入討論這件事對我們的影響，因為我們不希望民眾認為工黨會縱容這種事。」

工黨原定於八月四日星期四（也就是阿爾登成為領導人的兩天後）中午十二點十五分舉行記者會。這場記者會的目的，是為了公布工黨的新口號和競選形象，但他們肯定會被問到圖雷的事。雖然當時就讓自己的雙手沾滿鮮血還稍嫌過早，但阿爾登必須證明自己能做出艱難的決定。

微笑刺客的政壇生存技——快刀斬亂麻

那天早上，阿爾登派出團隊中的兩名成員向詹姆斯・肖和他的幕僚傳話。據說其中一人是格蘭特・羅伯遜，另一人則是幕僚長尼爾・瓊斯。他們告訴綠黨，假如阿爾登被問到工黨執政後圖雷的去處，她會說她不會讓圖雷擔任內閣或部長的職務。這句話非同小可。由於雙方簽有備忘錄，因此當阿爾登拒絕讓綠黨的共同領導人擔任任何部長級職務，基本上就是在宣布斷絕關係。更重要的是，那位在國會中以最善解人意而聞名的阿爾登，那位曾因為「個性太好」而受到批評的阿爾登，居然不是親自前來傳達消息。

為了挽救顏面，圖雷將自己的記者會安排在中午，迫使工黨將阿爾登的記者會延後至下午一點。圖雷在記者會上宣布，假如工黨順利執政，她將不會擔任部長，但在選舉結束之前，她會繼續擔任綠黨的共同領導人。圖雷堅稱工黨沒有向她施壓，也沒有逼退，但她說的話令民眾難以置信。一個在反對黨待超過十年的國會議員，居然自願放棄擔任部長的機會？沒想到，當阿爾登在一個小時後舉行記者會，圖雷的聲明甚至變得更不可思議。

在記者會上，阿爾登表示她的幕僚當天早上已將她的想法「傳達」給圖雷，也就是她在工黨政府中將不會獲得任何職位。由於工黨的權力和支持度正獲得前所未有的成長，因此工黨和綠黨的聯盟似乎已成風中殘燭。

在競選即將結束前，黨內的共識是：圖雷能坦言自己過去悲慘的生活，並承認當初是為了熬過辛苦的生活才違法，這是相當勇敢的舉動。然而在政治場合中，誠實不能取代策略。若綠黨能更謹慎規畫她的自白方式（例如圖雷應該要在演講之前強調，她在成為薪水豐厚的國會議員之後，早已償還當初溢領的補助金），最後的結果可能會截然不同。然而，圖雷卻在自首後引發一連串事件，最後斷送自己的政治生涯，並讓阿爾登提前當上黨魁。

阿爾登針對圖雷做出的決定，很快就受到各界讚賞。這位十幾年來一直被評為「人太好」的政治人物，終於能以冷酷的態度快刀斬亂麻。這麼做也讓阿爾登的支持者相信，她絕對有能力在政壇生存。

然而圖雷和綠黨的支持者，卻對這件事抱持截然不同的看法。對他們來說，這本該是阿爾登實踐她的「讓政治更友善」理念的第一個機會，但她食言了。假如阿爾登願意支持圖雷及當初的共識，她就可以展現一種全新的領導氣度。充滿同理心的阿爾登，應該要選擇支持圖雷，但是在二〇一七年八月，光是有同理心絕對不可能打贏選戰。當時，為了更遠大的目標，她捨棄一貫的友善作風。日後每談到她的工作中不那麼光彩的部分時，她總是表示：「都是政治所需。」

在告訴媒體自己將會堅守崗位的五天後，圖雷就辭去綠黨共同領導人的職務，澈底退出政壇。

圖雷曾經多次表示，自己不後悔當時的決定。假如時光倒轉，她會再做出同樣的事。若不是因為她的演講及其帶來的後續影響，利特爾將會繼續擔任領導人，而工黨和綠黨的聯盟也會繼續擔任反對黨的角色。若說利特爾的功勞是懂得何時該辭職，圖雷的功勞則是願意冒險並勇於承擔後果。她從大眾的生活中消失，並拒絕再談論八月那一週所發生的事。如今她成為藝術家，專長是刺繡和數位媒體。

仔細想想，在一週之內，阿爾登不但取代自己政黨的領導人，還讓另一個政黨的領導人下臺，但她的人氣卻不減反增。「微笑刺客」現在有啦啦隊了。

阿爾登在證明自己的政治決心後，很快就進入這次記者會的主題：競選活動的全新面貌。利特爾一直以來的做法都無效。若選舉是場賽車，此時工黨比較輕鬆的做法，就是只把駕駛換掉，但阿爾登和她的幕僚決定把整輛車都換掉。一夕之間，所有關於利特爾的痕跡都消失了。工黨最初將利特爾和阿爾登包裝成一個團隊，而國家黨的選舉看板上始終只有出現比爾・英格利希。但當工黨立起新的選舉看板時，利特爾已經不見了，只剩下阿爾登和英格利希進入一對一單挑的局面。

工黨的形象煥然一新。象徵工黨的紅色，被換成純淨的白色。立牌上只剩下阿爾登一人，她身穿白衣並面帶微笑，整體畫面十分清新，即使是最傳統的政治看板，看起來也相當時髦。志工的上衣用白底紅字印上新的標語「一起來吧」，風格就和藝術家芭芭拉・克魯格（Barbara Kruger）及服裝品牌 Supreme 的模樣相當相似。

除了用直播的方式播出記者會，阿爾登也在八月二日在臉書上，以黨魁身分發表第一篇貼文。照片中，阿爾登正離開會議室，貼文則寫著：「昨天真是出乎意料！我收到好多鼓勵的訊息，未來充滿可能性。一起來吧。#改變政府。」

隔天有記者問阿爾登，「一起來吧」是不是她這次的競選口號。雖然她否認，但她也沒有排除這個可能。工黨議員早就談到阿爾登的貼文中使用這次的口號，而且在工黨製作和分享的影片中，也會以紅色邊框的「一起來吧」作為結尾。在七十二小時的期限截止之前，「一起來吧」早已成為阿爾登工黨的代名詞。

從更換領導人、捐款活動到調整選舉路線，一切都如火如荼的進行。通常需要數週時間規畫的活動，被迫在數天之內完成。時間之輪不停轉動，工黨的每個人都疲於奔命。

距離投票，只剩下五十天了。

CHAPTER 8

支持率起伏不定，依然動搖不了決心

各黨的競選活動在每個選舉年的第一天就會開始起跑。距離投票七週前的所有行程早已確定，每個活動、演講、記者會或剪綵儀式都已經再三確認。利特爾和阿爾登先前也已經根據各自的長項和競選重點擬定行程，但現在阿爾登成為黨魁後，一切都得重來。

阿爾登首先邀請一些黨員和老朋友，在弗雷澤大樓（Fraser House）的工黨總部樓下相聚，一起討論她的政策大綱。她保留大部分利特爾設計的內容，但她想要換一個競選重點——環境保育和氣候變遷的議題。

另外，她也想要以新的方式和民眾溝通。和紐西蘭其他政治人物不同，阿爾登可以在社群媒體上展現真實、迷人的一面，而且看起來自然不造作。她是議會最年輕的成員之一，也是社群媒體的資深用戶。阿爾登在競選初期就承諾，除了努力為工黨爭取選票外，她也希望可以讓更多人參與投票，因此她認為政治必須變得更親民。她承諾在整個競選期間，每週至少會在臉書上直播一次，讓一般選民有機會向她提問，而觀眾會立即得到答覆。她說：「因為我想和所有人接觸。」

每一次宣布新政策，她都會在當天稍晚進行直播，在更輕鬆的環境中（通常是在她的家中）解釋政策，然後回答民眾在直播期間的提問。阿爾登不透過媒體，而是讓所有國民直接成為記者席的一分子。許多紐西蘭人對工黨的潔淨水源政策或燃料稅計畫並不感興趣，但他們對阿爾登很有興趣。透過直播，阿爾登成功向平常不關心政治的民眾宣傳民主和政策。一般來說，如果是自己真心喜歡的人在解釋新事物，聽起來就會比較好懂一些。

阿爾登的直播大受歡迎，她的貼文更是每篇都有成千上萬的人按讚、留言和分享。即使阿爾登已經成為黨魁，但她這次在社群媒體，同樣是以自己個人的行動和觀點為主，宣傳工黨的政策為輔。這是她精心設計的安排，這麼做也讓紐西蘭的政治更接近美國政治。在美國，競選活動的鎂光燈主要是打在候選人身上，而不是政黨。

過去還是由利特爾對上英格利希時，工黨的競選活動相當傳統，因為這兩個男性都很死板。若不是工作上需要，他們很可能不會在網路上現身。但是，由於阿爾登出生在數位時代，所以她決定將競選活動搬到網路進行。她在網路上呈現相當自然的樣貌，而且貼文也不是選民預期的那種精心製作的政治文宣。

在競選初期的新聞稿中，阿爾登提到一位對她造成很大影響的政治人物——前總理諾曼．柯克（Norman Kirk），以及他希望能讓紐西蘭變更好的理念。「紐西蘭人想要的，就是有人可以愛、有國家可以生活、有地方可以工作、有事物可以抱持希望。」

自從阿爾登晉升為黨魁之後，捐款和志工如雨後春筍般湧現，顯然她就是紐西蘭人抱持著希望的對象。但是，她能把這些資源轉換成選票嗎？

阿爾登對於自己能在七週內做到多少事，沒有抱持太大的期望。這是一種保護機制。她後來曾回憶道：「在我腦海中，有一小塊地方都會告訴自己：『妳只是來亡羊補牢的』。」

阿爾登成為領導人後，第一次宣告政策是在某個週日於奧克蘭市中心舉行。這次的主題並不有趣：大眾交通，但是現場卻出現數百名支持者。他們不是為了聽輕軌路線的提案而來，而是為了支持他們的政治新寵而來。活動的場地「雲朵」（the Cloud）是座落在奧克蘭水岸、一個醜陋但寬敞的建築物，曾用來舉辦二〇一一年世界杯橄欖球賽，如今卻被擠得水泄不通。當時，阿爾登除了心想：「哇，好多人來關心火車的發展。」也不禁猜想，也許工黨這次真的有機會獲勝。

人潮並不是曇花一現。接下來的六週，無論阿爾登去哪裡，都會被人群包圍。有時是被穿著工黨上衣的志工圍住，但無論何時、何地，幾乎都有小孩湊上前圍繞著她。

由於阿爾登每天都有工作要做，加上必須在短時間內匆促想出新的競選規畫，因此她大部分的行程就只是去各地的校園走走。這麼做能帶來很好的形象，因為孩子代表未來，若他們喜歡某位領導人，在媒體上就會很吃香。

此外，工黨也會以一群人的方式結伴出現。在競選期間，絕對不能讓候選人看起來形單影隻。然而，英格利希的團隊卻發布不只一張他單獨站在廢棄倉庫前的照片，看起來像是沒人支持他。相較之下，阿爾登每隔一天就會分享一張造訪校園的照片，而且身邊總是被數十個微笑的孩子圍繞，看上去相當受歡迎。

阿爾登成為黨魁十天後，新聞媒體 Newshub 和里德研究機構（Reid Research）公布另一項民調結果。不出所料，由於領導階層異動，加上阿爾登幾乎受到舉國上下擁戴，因此工黨的支持率大幅成長，總共上升九個百分點，達到驚人的三三．一%。綠黨則下降近五個百分點，跌至八．三%。

由於美國的民調結果未能成功預測唐納．川普擊敗希拉蕊．柯林頓（Hillary Clinton）的結果，再加上英國的民調也與最後脫歐的結果相反，因此工黨的支持者不敢對第一個正面的民調結果過度樂觀，但他們又很難不感到振奮，因為根據理想總理人選的民調結果顯示，英格利希略微上升，成長至二七．七%，但阿爾登則從八．六%躍升至二六．三%。自從二〇〇八年初期的海倫．克拉克以來（當時她正擔任總理），沒有任何工黨黨魁能在總理的民調中如此逼近領先者。

工黨有七週的時間可以競選，但他們在短短兩週內就取得大幅的進步。

競選活動開跑，支持度進逼國家黨

然而，即使阿爾登的人氣一飛沖天，而且相當適應新職位，她還是會不遺餘力表明自己從未想過要擔任這個角色。當她在直播聊天時，被問到是否有野心想成為總理時，她回答：「我一直認為，只要能成為執政團隊中的一員、只要能擔任部長，就可以實現我的目標。但前提是，我們必須成為執政黨。團隊希望我可以幫忙做到這件事，所以我才在這裡。我並不是因為個人的抱負而在這裡，也不是因為我想成為大人物或領導者。我在這裡，是因為我想支持這個由一群關心自己國家、希望讓這裡變得更美好的紐西蘭人所組成的團隊。他們只是剛好選擇我來擔任領導的人。」

Newshub 公布民調後的隔天，阿爾登的導師暨前副黨魁安妮特・金在國會任職三十三年後離開政壇。當阿爾登最喜歡的政治人物諾曼・柯克在一九七〇年代初期執政，金就已經在工黨中任職，她後來還經歷另外兩個由工黨執政的時代。在金的告別演講中，她特別留一段話鼓勵自己的愛徒：「我有預感，妳將會在未來幾年領導工黨，而妳也將會成為一位能力十足且備受愛戴的黨魁兼總理。」對於一位在國會中奉獻大半人生，並且贏得眾多議員尊敬的人來說，這是一個相當強而有力的聲明。金在競選活動期間，也始終帶著熱情擔任阿爾登的非正式顧問，進一步為自己說過的話背書。

當阿爾登的競選活動正式開跑時，正好是她在投票前的人氣最高點。在八月二十日，也就是接任黨魁三週後、距離投票只剩五週時，阿爾登在奧克蘭市政廳正式宣布工黨的競選活動開跑。與國家黨的綜合體育館相比，市政廳算是一個小場地。這裡是黨魁還是利特爾的時候就訂好的場地。

這天，支持者很早就開始在奧克蘭市中心的皇后街上排隊，希望能在裡面有位置入座，但不是每個人都能順利擠進去。大廳很早就座無虛席，剩下的人則湧向旁邊的演講廳，透過銀幕觀看現場的模樣。即使如此，由於人數實在過多，很多人連演講廳也進不去。

這次的啟動儀式，展現紐西蘭在近代歷史上，任何政治事件中都不曾出現的活力。到處都是工黨的旗幟、看板和彩帶，一片紅海淹沒整座城市。支持者高呼：「一起來吧！」所有人都是發自內心感到興奮。已經報導過十五次選舉的資深政治評論家兼作家科林・詹姆斯（Colin James）寫道，這次的啟動儀式「彷彿拉開厚重的深色窗簾，讓夏日午後的陽光照亮工黨」。

阿爾登在演講中談到她在政策上的試金石，也就是利特爾在政策上未曾多加著墨的主題：氣候變遷。她提到，紐西蘭必須盡快採取行動，並表示氣候變遷「相當於我們這個世代的反核運動。我已經下定決心要積極處理這個問題」。

當然，這對綠黨來說是一記重拳，環境保育和永續發展一直都是綠黨的主要政見。由於工黨迎合中立偏左派選民的需求，因此綠黨必須以關注氣候變遷的行動，確保極端左派的支持。阿爾登主打氣候變遷的問題，加上媒體和支持者也一如預期在工黨的競選過程中幫忙四處宣傳，所以拉攏到許多綠黨的選民。

競選的啟動儀式圓滿成功。阿爾登正式成為能嚴重威脅到國家黨政府的人物，並且透過注重氣候變遷議題，證明自己相當貼近年輕選民。氣候變遷是年輕人最在意的問題，而阿爾登成功向他們證明，她知道年輕人肩膀上的負擔有多沉重。

在基督城的一間高中演講時，阿爾登再次強調，對氣候變遷採取行動是相當重要的事。「我們開始不斷討論這個問題，是因為如果我們不從現在開始解決，當未來輪到你們擔任領導職位時，要承擔後果的會是你們。」

在競選活動中公開承認氣候變遷的嚴重性是正確的一步，然而對於阿爾登的死忠粉絲來說，這項發表一點都不意外，因為她一直以來對氣候變遷的立場都沒改變。然而，紐西蘭人還是很高興自己的國家在氣候變遷方面，與西方鄰國有截然不同的態度。當澳洲、英國和美國的政治人物還在繼續辯論全球暖化是否真實存在時，紐西蘭的政治人物早已在辯論如何以最好的方式解決這個問題。

澳洲雙重國籍的選舉爭議，延燒紐西蘭

不幸的是，在八月時（距離投票不到兩個月），澳洲副總理巴納比．喬伊斯（Barnaby Joyce）被爆出具有澳洲和紐西蘭的雙重國籍，因此違反澳洲的選舉法。喬伊斯出生於澳洲，但他的父親出生於紐西蘭。澳洲憲法規定，具有雙重國籍的人不能參選國會議員。澳洲前一年才因為許多國會議員被爆出（或是自爆）具有雙重國籍，而讓選舉陷入一片混亂。雖

然雙重國籍沒有傷害到任何人，但澳洲選民已經受夠混亂的政治圈。更要緊的是，如果喬伊斯被澳洲高等法院判定必須辭職，麥肯・滕博爾（Malcolm Turnbull）的政府就會在議會中失去多數黨的地位。

這種狀況想必脫口秀主持人約翰・奧利佛（John Oliver）會拿來調侃一番，但是對於滕博爾政府而言，這並不是可以一笑置之的事。外交部長茱莉・畢紹普（Julie Bishop）瞄準紐西蘭工黨，指控他們與澳洲工黨（當時在澳洲也是反對黨）勾結，洩露喬伊斯雙重國籍的身分。她甚至表示：「如果發生政黨輪替，我將無法再信任那個被澳洲工黨利用來削弱政府的該黨成員。」

畢紹普的發言不容輕視，因為澳洲是最靠近紐西蘭的盟友，也是最重要的貿易夥伴。如今澳洲政府的資深代表，居然說自己將無法與紐西蘭的重要政黨建立關係，整件事的嚴重性自然不在話下。

阿爾登會像電影《愛是您・愛是我》（*Love Actually*）裡的休・葛蘭（Hugh Grant），為自己的國家和政黨挺身而出嗎？還是會像真實世界中，大部分的外交事件一樣，向更有權勢的人屈服並道歉？答案是：她根本不甩畢紹普的鬼話。她致電澳洲的官員，告知對方，所有關於紐西蘭工黨捲入陰謀的言論，都是不實且令人感到遺憾的指控。

接著，阿爾登在推特上發文：「我相當重視我們與澳洲政府的關係。我不會讓這種令人失望和虛偽的說詞，妨礙我們的關係。」阿爾登還說她「相當樂意接到畢紹普的來電以澄清問題」。這是一個堅定而公正的立場，大意基本上是：拜託澳洲管好自己混亂的政治局勢，不要把其他國家牽扯進來。

畢紹普拒絕道歉，而且不願收回自己的指控，但紐西蘭人和澳洲人普遍都認為她早已站不住腳。

喬伊斯最後失去議員資格並被迫下臺。雖然他在下次的選舉中重回部長職位，後來卻又爆出他與前妻已經分居二十四年，而且還讓前員工懷孕，因此再次被迫辭職。喬伊斯曾在二〇一七年被開玩笑的提名為年度紐西蘭人，但最後沒有入圍。

在此同時，阿爾登的聲勢越來越壯大。在八月的最後一天，距離投票還有三週時，新聞媒體 One News 和民調公司科爾馬·布倫頓公布最新的民調結果時，讓整個國家陷入震驚。這是工黨十二年以來，第一次在民調領先國家黨。工黨的支持率來到四三%，國家黨則是四一%，這個結果超過所有左派人士的預期。

提起資本增值稅，任誰都難逃罵名

工黨的競選活動不久前都還像一灘死水，現在卻相當活躍且大受歡迎。阿爾登和她的團隊意識到，他們或許能在七週內打贏一場選戰。但是他們又發現，民心來得快、去得也快。阿爾登在二〇一一年於《紐西蘭先驅報》上寫道：「有人說徵收資本增值稅是政治自殺，但我不這麼認為。」

在二〇一一年的選舉中，資本增值稅是工黨一系列稅收政策的核心。他們提議對透過出售股份、公司和房地產（不包括住家）所獲得的收益，徵收一五％的稅金。工黨希望這個政見能改變不樂觀的選情，但事實證明這對選民的影響不大。雖然約有一半的受訪者都認為資本增值稅是個好主意，但沒有重要到值得為此改投工黨。

當大衛・康利夫在二〇一四年再次以徵收資本增值稅為政見時，被民眾認為像是臭屁一樣陰魂不散。沒人想聽政治人物大費脣舌解釋什麼是資本增值稅，大家只想知道這東西會對自己辛苦掙來的薪水帶來什麼影響。

因此，當約翰・凱伊稱資本增值稅為「死亡稅」時，康利夫的競選路線開始偏移，忙著四處解釋為何資本增值稅並非死亡稅。康利夫沒有大力宣傳工黨的其他政策，反而不斷試著解釋資本增值稅將對一般紐西蘭民眾造成哪些影響，但大部分時候都只是白費力氣。因此，在二〇一四年，工黨迎來九十二年以來最慘烈的選舉結果。

現在，睽違六年後，阿爾登希望再次提出資本增值稅。她在二〇一一年於專欄中支持資本增值稅，並寫道：「當紐西蘭的經濟被房地產市場主宰，整個國家的債務和失業率逐漸上升時，若我們選擇袖手旁觀，對這個國家才是真正的危機。」當時紐西蘭發生全國性的住房危機，奧克蘭的房價中位數是收入中位數的九倍。這種情況下，資本增值稅其實是相當合理的政策，至少在帳面上是如此。

當利特爾在擬定稅收政策的大綱，他排除資本增值稅，而在阿爾登的領導下，資本增值稅再次回到檯面上。紐西蘭是世上少數不對出售房地產所得的利潤徵稅的已開發國家，澳洲有資本增值稅、加拿大有資本增值稅，英國、丹麥、瑞典、法國……幾乎每一個紐西蘭認為與自己類似的國家，都有徵收資本增值稅。支持者認為，實施資本增值稅並不是一個大動作，因為很早以前就該實施。

自從康利夫敗陣以來，已經度過很長一段時間。若想要再次說服國民施行資本增值稅，就只能依靠工黨備受愛戴的新領導人。阿爾登宣布，成為總理後，她將組成一個稅改小組。如果這個小組最後支持推行資本增值稅，她就會在二〇二〇年大選之前實施。

她日後承認，沒有在第一個任期（第一任期至二〇二〇年，此條款後續請參考第二七六頁）將資本增值稅排除，是「一個愚蠢的決定」。雖然她沒有為資本增值稅大肆宣傳，但她也沒有排除這個政見。選民不喜歡這種做法。他們接收到的訊息是，如果工黨執政，就會在沒有任何心理準備的情況下額外徵稅。民眾嚇壞了，而國家黨也以「阿爾登愛徵稅」和「一起來徵稅吧」等字句在廣告中大肆抨擊。國家黨攻擊的點和前兩次選舉一樣，而且再次對民眾奏效。這是阿爾登身為黨魁第一次大膽提出呼籲，結果卻適得其反。稅收統治世界，對於稅收的恐懼則統治選民。

雖然工黨並未刻意在政見中，對資本增值稅一事進行宣傳（綠黨是唯一這樣做的政黨），但由於工黨也沒有將其排除，因此等到回過神來，就發現自己又花費很多難得上電視的時間，在為資本增值稅辯護。工黨其實沒有制定太多稅制政策，但是他們的稅制政策很模糊，容易成為國家黨攻擊的目標。國家黨還暗示人民，如果工黨當選，就會推出無窮無盡的新稅制。

和其他民主國家相比，紐西蘭人其實不太喜歡具有針對性的攻擊廣告。有些人認為，這對紐西蘭人來說也是一種禮儀，其他人則認為這是因為紐西蘭人的臉皮太薄。無論如何，紐西蘭的競選活動都會瀰漫一種「嘿，不要太刻薄」的氛圍。當阿爾登和英格利希在擔任國會議員時，都展現高人一等的氣度和運動家精神。

因此當國家黨以廣告攻擊工黨的稅改政策時，民眾都被嚇壞，因為這代表國家黨是九年以來第一次，真的很擔心會失去執政黨的地位。不過，這些攻擊廣告也確實生效。由於國家黨不斷宣稱工黨將開徵各種新稅（雖然這不是事實，但工黨也沒有清楚向人民解釋），因此阿爾登熱潮開始退燒。

瓶頸接二連三，仍打擊不了初衷

在九月的第一週，格蘭特・羅伯遜公布工黨的預算草案。裡面其實沒什麼內容，但財政部長史蒂芬・喬伊斯（Steven Joyce）卻發布一則新聞稿，宣稱其中藏有新臺幣約三千四百三十三億元的漏洞。工黨黨員感到很驚恐。有任何漏洞嗎？他們的計算怎麼可能錯得這麼離譜？他們請羅伯遜的經濟顧問再三確認，顧問保證喬伊斯說的話是子虛烏有，裡面沒有任何漏洞。是不是其實有小漏洞，只是被喬伊斯誇大呢？不，裡面就連小漏洞都沒有。

他們是對的，根本就沒有任何漏洞。

消息傳出時，阿爾登正在粉紅隔熱棉（Pink Batts）的工廠中。由於整個競選活動期間充滿媒體的紛擾，因此阿爾登決定和工作人員一起休息（但當時旁邊有巨大的裁切機在裁切隔熱棉，而且會發出巨大的聲響）。當她再次被媒體包圍時，她分享有關隔熱棉的事，但所有媒體都只問她關於預算漏洞的事。她說，裡面沒有任何漏洞。

然而，喬伊斯和國家黨的人都沒放棄。不知為何，關於漏洞的假消息，不斷在辯論會和脫口秀出現。羅伯遜唯一能做的，就是一直強調沒有漏洞存在。整件事變成公說公有理、婆說婆有理的情況，但國家黨說話的聲量就是比較大。在當週的民調結果中，工黨的支持度又回到一九三〇年代的低點。

但是，阿爾登在其他方面的表現相當穩定。她在和英格利希的電視辯論中表現相當出色。八月三十一日和九月二十日之間，總共舉行四場辯論（第一場甚至是在顯示工黨十多年來，首次領先的驚人民調公布一小時後舉行）。雙方都沒有重大突破，或讓對手造成傷害。以旗鼓相當的選戰來說，這幾場辯論算是相當文明，但還是有一些讓人留下深刻印象的時刻。

在第二場辯論會即將結束時，兩位領導人被問到墮胎的問題。主持人派翠克．高爾（Patrick Gower）問道：「根據《刑事犯罪法》，墮胎目前是違法的行為。最容易的墮胎方式，就是宣稱生孩子會對自己的心理健康構成嚴重威脅，因此逼得許多女性得撒謊。我們應該修改這條法律嗎？」

他還沒把問題問完，阿爾登就回答：「是。」

「如果妳成為總理，會這麼做嗎？」

她再次在他問完問題之前回答：「是的，墮胎不該出現在《刑事犯罪法》中。」攝影棚的現場觀眾感受到阿爾登的回應中充滿熱情和決心，也回以熱情的掌聲。當她被逼問，若由她執政，是否會做出改變時，她的態度相當堅定。「人民必須為自己做決定。我接受有人反對墮胎，那是他們的權力。但我也希望，想要墮胎的女性有權力可以墮胎。每個人都有權力為自己做決定。」

雖然這兩位政治人物都很擅長拐彎抹角說話，但這一刻是在兩人的辯論過程中，難得出現堅定立場的時刻。由於自二〇〇八年以來，辯論會都是由不同的中年男子輪番上陣，因此墮胎始終不是辯論會中的熱門話題。但高爾說的也沒錯，嚴格來說，全國各地的女性都可以進行人工流產，而且幾乎沒聽說有人因為墮胎被起訴，但人工流產確實仍被列在紐西蘭的《刑事犯罪法》中。

稅收政策的細節和稅改小組的準則，都是相當重要的政治問題，記者和推特上的政治狂，寧可放棄一般的社交生活，也要在網路上長篇大論發表相關意見。但墮胎是屬於良心問題，甚至是相當私人的問題，這方面正是阿爾登的強項。

辯論結束後，阿爾登向高爾傳一則訊息，寫道：「你表現得很好。」

很少政客能做到像阿爾登在面對一般民眾時，展現真誠的同理心和幽默感。無論她走到哪，孩子們（對政治人物毫無興趣，真正中立的人口）都會湧向她。在全國各地的市政廳裡，都可以聽到婦女們談論阿爾登的成功，如何啟發她們和自己的女兒。

雖然阿爾登在每張自拍照都保持微笑（而且她拍過相當多張的自拍照），但她為了這次的競選活動，其實付出很大的代價。在內爾孫（Nelson）的一場活動中，阿爾登呼籲要增加對醫療服務的預算，並以她的外公最近被迫在半夜從懷卡托醫院出院為例，說明醫療體系存在的問題。

幾天後，當工黨在西岸進行競選活動時，阿爾登看到來自國家黨的新廣告，廣告中再次對工黨的稅收政策提出質疑。沒想到，她還得知有媒體正根據她幾天前的發言，試圖找出她外公所在的地點。她開始懷疑自己的直覺。後來她回憶道：「當時我的五臟六腑彷彿被掏空。『我提到那件事是錯的嗎？我該如何保護我的家人？』而在那過程中，我的外婆也中風，被送進醫院。她的健康狀況在競選期間逐漸惡化。」

可想而知，那段時間是阿爾登在競選期間最低潮的時刻。

那陣子，有一次當阿爾登在一間小鎮咖啡館裡吃香腸捲時，她重新考慮關於稅收的政策。工黨正在失血，而他們都知道傷口在哪。阿爾登打電話給羅伯遜，兩人最後決定收回原先的政策。

九月十五日，羅伯遜舉行記者會，宣布直到二〇二〇年大選結束之前，無論稅改小組的建議為何，工黨都不會徵收任何新稅。距離投票還有一週的時間，他們沒想過工黨的支持度居然能飆到這麼高，也沒想到高峰居然會在那麼早的時期就過去。如果可以再堅持八天，或許還有機會能勝選。

九月十九日早上，阿爾登的外祖母瑪格麗特．博頓利（Margaret Bottomley），那位將自己的休旅車借給孫女，用來在二〇〇八年選舉競選的外祖母，在提阿羅哈社區醫院去世，享年八十一歲。

隔天就是最後一場辯論會。阿爾登簡短提到，外婆在競選期間去世，但剩下的競選活動和辯論會都照常進行。評論家一致認為，這場辯論是四場之中最乏味的一場，兩人的表現也平分秋色。不管誰說什麼，都沒辦法在最後一刻改變選民的想法。紐西蘭正式的競選期間相對較短，只有七週，但是一到投票當週，大家都已經迫不及待，希望這一切趕快結束，而候選人本人更是如此。

阿爾登外婆的葬禮在九月二十二日於懷卡托的提阿羅哈舉行。葬禮的規模很小，媒體也沒有多加打擾。一位記者表示，當時他被派去現場取材，但他不想去。他當天早上在奧克蘭時，剛好巧遇蓋福德，於是事先向他表達歉意，而蓋福德只是看他一眼，並沒說任何話。不久後，那位記者接到阿爾登的來電，讓他既驚訝又放心。阿爾登說，她當時正在前往葬禮會場的路上，而且不會把這件事放在心上，因為她知道他只是想把自己的工作做好而已。

葬禮結束後，在選舉法規定要停止競選活動之前，阿爾登立即返回奧克蘭，參加最後幾場工黨的活動。

距離投票，只剩最後一天。

CHAPTER 9

優先黨與工黨組聯合政府，為總理之路鋪路

沒有人勝選。

這是紐西蘭混合比例代表制的一個缺點：就算在投票之後，也可能沒有贏家。而在二〇一七年大選後，沒人真的勝選。

紐西蘭過去實施的是領先者當選（FPTP）的制度，也就是選區裡的每個選民都只有一張票，最後獲得最多選票的政黨即為執政黨。一九九三年的公投後，紐西蘭開始實施混合比例代表制，也就是每個選民都會有兩張選票，一張投給自己選區的國會議員候選人，另一張投給政黨。前者稱為選區票，後者則是政黨票。

紐西蘭國會通常由一百二十個代表席位組成。在二〇一四年和二〇一七年的選舉中，共有七十一個選區席位，其餘席位則根據取得的政黨票多寡，由各政黨名單中的人員遞補。候選人要贏得席位，就必須在選區中贏得最多選票。舉例而言，在二〇一四年的奧克蘭中央選區，妮基．凱伊擊敗阿爾登，取得國會中的一席。想要贏得剩餘席位，就必須多取得政黨票。

如果一個政黨贏得超過五%的政黨票，就有資格在國會中占有相同比例的席位。二〇一四年，工黨蒙受近代歷史上最嚴重的挫敗。當時他們僅獲得二五%的政黨票（三十二個席位）。由於工黨已經贏得二十七個選區席位，所以他們的政黨名單中只有五名成員能進國會，而其中一名就是阿爾登。同時，由於綠黨沒有贏得任何選區席位，卻獲得接近一一%的政黨票，因此他們在國會中的十四個席位，全來自政黨名單。

紐西蘭自從一九九六年改採混合比例代表制，沒有任何政黨能獨立執政。最接近的一次，是二〇一四年的國家黨。當時國家黨在國會中贏得六十個席位，只差一席就能成為多數黨。為了取得執政權，國家黨與紐西蘭行動黨（一個席位）、聯合未來黨（一個席位）和毛利黨（兩個席位）組成聯合政府。

在二〇一七年競選期間，最後一週的民調結果顯示，兩個主要政黨的支持度都落在三〇%尾端至四〇%出頭，顯然兩者這次都沒機會單獨執政。無論誰成為執政黨，都必須仰賴其他政黨的協助。更精確來說，是必須仰賴某人的協助：溫斯頓．彼得斯。

彼得斯是國會中的老將，在阿爾登出生之前，他就已經在國會任職。在那四十年之間，他做過很多事，惹過很多人（正確來說，每一位政治人物都被他惹過）。

在一九七〇年代，當彼得斯仍在就學期間，他加入國家黨的青年團。他在一九七五年的大選中，代表國家黨參選議員，雖然最後選輸，但他在一九七八年成為國會議員。他在一九九〇年至一九九一年間，擔任國家黨的毛利事務部長，但後來因為多次公開反對自己的政黨，因此被逐出內閣，最後甚至被開除黨籍。

一九九三年，彼得斯成立主打民粹主義的紐西蘭優先黨。藉著他的個人魅力與人氣，輕鬆贏回陶朗加（Tauranga）選區的席位，並奪下其他四席。

一九九六年，紐西蘭開始採取混合比例代表制，讓較小的政黨能贏得更多席位。結果，彼得斯的紐西蘭優先黨，一舉贏得多達十七個席位。由於國家黨和工黨贏得的席位都不足以單獨執政，因此紐西蘭優先黨成為左右政局的關鍵。這是彼得斯第一次（但不是最後一次）擔任造王者的角色。由於他可以任意選擇要跟哪個政黨合作，因此擁有決定要讓誰成為總理的權力。

與兩個政黨進行為期一個月的協商之後，雖然彼得斯才剛與國家黨撕破臉，他卻出乎意料的選擇再次與國家黨合作。作為談判的一部分，彼得斯成為副總理。然而好景不常，當衛生部長珍妮弗．希普利（Jenny Shipley）發動政變，成為國家黨黨魁兼總理後，彼得斯與聯合政府中的其餘成員發生衝突，因此在一九九八年八月，希普利解除彼得斯的所有職務。

彼得斯後來分別透過勝選和政黨票，又繼續在反對黨中待兩個任期。到二〇〇五年，彼得斯再次成為關鍵的造王者。這一次，他選擇克拉克的工黨。與工黨合作的過程比國家黨順利，主要是因為彼得斯不在內閣中，因此他能批評對政府感到不滿意的地方。但在二〇〇八年的選舉中，彼得斯失去他在陶朗加的席位，而紐西蘭優先黨的政黨票也低於五%門檻。彼得斯在六十三歲時，第三次離開國會。然而，他發誓會再回來，他確實也有做到。

彼得斯在二〇一一年重返國會，以反對黨身分度過兩個任期。到二〇一七年大選，種種跡象都顯示，彼得斯將再次成為造王者。

政黨票差距小，產生聯合政府的局勢

投票當天，阿爾登和家人一起在家裡。初步的開票結果要到下午才會公布，因此阿爾登和大部分的紐西蘭人一樣，守在電視前等待新聞出現。當天稍早，也許是為了讓自己分心，她重新粉刷家門口的柵欄。雖然漆得並不美，但誰家的柵欄不是這樣？

在食物方面，阿爾登決定做經典的紐西蘭料理：吐司夾香腸。切成薄片的白吐司、「加工越多越好」的香腸，還可以依照個人喜好，加一些洋蔥和番茄醬。蓋福德則是煮一道魚料理（用膝蓋想也知道）。

這場選戰很艱辛。擔任反對黨三年後，必須在短短七週之內拚逆轉，而且工黨的支持度，在這段期間就像雲霄飛車一樣大起大落。這次競選期間的最後一次民調顯示，國家黨的支持率略低於四六%，工黨則約為三七%。這對工黨來說，已經是一大進步，但是令人難以置信的是，從三年前的同一時間到現在，國家黨始終屹立不搖。

和以往一樣，由於各家民調結果都不同，證明民調根本不可盡信。

最早可以投票的時間，是在選舉日的前三週。在這次的選舉中，提早投票的比例是有史以來最高的一次，共有一百二十四萬票，約占總票數的四〇%。青年投票率也上升，光是這點，阿爾登就已經實現她職涯中的目標之一，也就是讓更多年輕人關心民主，並參與投票。

雖然選民的投票率上升是件好事，但缺點是，大選之夜因此變得更令人緊張。因為這次投票較早結束，所以開票時間也比以往早。到晚上七點三十分，已經開出一〇%的政黨票。除非奇蹟發生，否則比例通常不會再出現太大的變化。在二〇一七年九月二十三日星期六的開票結果，與最後一次民調的結果不謀而合。國家黨的比例為四六．四%，工黨為三六．五%，紐西蘭優先黨為七．一%，綠黨則為五．九%。

到晚上八點，比例依舊維持不變，國家黨持續以微小的差距領先。阿爾登繼續在家裡烤香腸，蓋福德則拿出去，一一分送給駐守在柵欄外圍的媒體團隊吃。阿爾登穿著紅色睡袍和拖鞋，在家裡來回踱步。彼得斯已經去北島的北部地區參加派對。有趣的是，曾在一九九八年與彼得斯撕破臉的前總理珍妮弗．希普利，正好就在派對隔壁的餐廳吃晚餐。這件事也證明紐西蘭有多小。

隨著夜幕低垂，大家紛紛開始討論起幾種共組聯合政府的可能。雖然國家黨確定領先，但他們的票數不足以單獨執政。此外，這個趨勢只要改變一、兩個百分點，結果就會翻盤。無論如何，唯一確定的是，彼得斯仍舊握有選擇大權。

當天晚上，最接近勝選感言的一場演講，發生在紐西蘭北部的一個小型聚會中。當時，英格利希和阿爾登都尚未前往各自黨內的活動現場。

在接近晚上十點時，彼得斯決定提早向支持者發表感言，好讓其中一些人可以趕上最後一班渡輪回家。他說：「就目前情況而言，我們在法律上確實有選擇協助某一方的義務，但是我們不會倉促行事。我們不會急著決定，也不會任意發表聲明。我們的實力堅強，對支持者也很透明，因此我們順利達陣。雖然我們手中沒有所有的牌，但我們確實拿到重要的王牌。」他說在所有選票計算完畢之前（有一些特別票是在選舉後數週內才會計算），他的政黨不會做出決定，並呼籲媒體保持耐心。彼得斯展現出他的自我風格，事前就嚴正警告在場的記者，不准對他將來的決策有任何踰矩的猜測。

嚴格來說，彼得斯當晚其實是輸家。由於國家黨的麥特・金（Matt King）在陶朗加選區擊敗彼得斯，因此若紐西蘭優先黨的政黨票少於五%，在國會中就不會有任何席位。然而，紐西蘭優先黨最後不但得到超過七%的政黨票，還再次擔任有權力決定哪個政黨能執政的關鍵角色。彼得斯就算是輸的時候，也總有辦法贏回一點什麼。

簡而言之，目前沒有參與執政的政黨（工黨、綠黨和紐西蘭優先黨），比其他政黨得到更多選票。綠黨黨魁詹姆斯・肖告訴支持者，他對這次的結果很滿意，並且認為整個國家的氣氛相當明確。「人民透過投票，希望紐西蘭有所改變。」

當阿爾登離開家裡，準備前往工黨的活動現場時，有人問她對目前的結果有什麼看法。她給出一個相當簡短的答案：「我們當然希望會出現更好的結果。」

當阿爾登在二十分鐘後抵達奧提會議中心（Aotea Centre）時，工黨的支持者群起高呼

「阿爾登、阿爾登」。現場民眾的情緒再次激昂，但阿爾登不是來發表勝選感言的，她只是想要來感謝黨員和志工而已。她事前已經針對不同結果準備三篇演講：勝選、敗選和結果不明（她後來表示，她在勝選演講上沒有花太多時間寫）。她最後實際演講的內容，介於敗選和結果不明之間。她說自己很榮幸能代表多元的紐西蘭人民競選，並對這樣令人失望的結果感到遺憾。「對大家來說，我做得還不夠好。」

當時，現場有一位女性聽眾打斷阿爾登說話，大喊：「不，妳已經做得很好了！」群眾開始鼓噪起來，不停打斷阿爾登的演講，但這些呼喊聲主要是女性群眾在向她表示支持。

在臺下，阿爾登的幕僚垂頭喪氣。當晚稍早，他們看到數字，覺得不太樂觀。他們知道，工黨輸了。他們試著說服自己，選舉本來就是幾家歡樂幾家愁，因為他們不想要在阿爾登來到現場之前，就把氣氛搞得太低迷。確實任何人都有可能獲勝，而且他們大可以表現得再開心一點，但他們就是覺得不應該那樣。

阿爾登開始演講九十分鐘左右時，英格利希也登上國家黨的講臺，開始發表明確的勝選感言。在這之前，現場的氣氛雖然樂觀，卻仍帶著一絲謹慎。當英格利希信心滿滿的宣布勝選時，現場民眾立刻士氣大增。他宣布，他會盡快與彼得斯達成協議，讓國家黨能夠繼續執政。英格利希竭盡全力，消除眾人對於這場選舉誰才是真正贏家的疑慮。

當阿爾登的致詞結束時，她的競選團隊彼此拿不定主意，不曉得要不要噴彩帶。當然還是有一些值得慶祝的地方，像是工黨的表現超出所有人在兩個月前的預期，甚至有機會執政，但是他們也很擔心，萬一工黨沒有成功組成聯合政府，阿爾登被彩帶包圍的諷刺畫面就會永遠流傳下去，因此他們很猶豫。那樣的畫面會顯得相當淒涼，而淒涼的畫面永遠不會被世人遺忘。

最後，彩帶留在大砲中，直到溫斯頓．彼得斯的答案出爐為止。從九月二十三日至十月十二日，約長達三週的時間，紐西蘭人民過著家裡沒大人的生活。政府的每個任期，會在下一屆選舉投票日的前一天結束。嚴格來說，英格利希還是總理，但當時他也沒有任何執政的動作，而是忙著與彼得斯協商。

選舉結束後第三天，彼得斯在蜂窩大廈舉行一場記者會，宣布有關紐西蘭優先黨的最新消息。接下來的二十分鐘，可說是近代歷史上最有趣的政治記者會之一。彼得斯開始斥責在場的記者，甚至指名道姓罵起派翠克．高爾（怎麼每一場政治鬧劇似乎都少不了他），因為他在一篇報導中，暗示彼得斯至今對國家黨的史蒂芬．喬伊斯仍懷恨在心。彼得斯嚴正反駁，並開始質疑高爾的人格。彼得斯怒不可遏，表示直到十月七日，所有選票正式計算完畢之前，他都不會透露任何相關消息。最後，他開放提問，但他都沒有回答任何記者的提問，反而是一一解釋那些問題的愚蠢之處。

彼得斯和一些記者吵起架來，因為他們拚命追問答案，彼得斯則是拚命拒絕回答。至於其他記者的提問，彼得斯則是直接置之不理。

有記者問：「你在協商時，會把哪些政策列為重點？」彼得斯問：「你來自哪裡？」記者答：「澳洲。」彼得斯說：「沒錯，看得出來。下一個問題。」（現場哄堂大笑）。彼得斯接著說：「都來到這個地方，不要問那種蠢問題。」真是典型的彼得斯，這也是為何他可說是紐西蘭最「獨樹一格」（意思有褒有貶）的政治人物。

他沒有透露任何消息，也沒有任何蛛絲馬跡顯示，他會在接下來的談判中傾向哪個選擇。彼得斯必須做的決定相當重大，或許沒有任何紐西蘭人做過比這更重大的決定：他必須決定讓誰擔任總理，以及讓哪個政黨執政。然而，彼得斯（而且也只有彼得斯）曾做過類似的決定，而且還做過兩次。

過去兩次選擇時，彼得斯都對國家黨和工黨各有意見。他就是不喜歡和任何一個聯合政府妥協。他的身邊似乎總有各種麻煩事，但他卻是紐西蘭任職時間最長的政治人物，在國會中的時間長達四十二年。

聯手執政，選盟友如同選配偶

在二〇一七年，彼得斯必須二度在工黨和國家黨之間做出選擇，但這次沒那麼簡單。混合比例代表制傾向組成聯合政府，由多個政黨（有時甚至是位在政治光譜兩端的政黨）聯手執政。在這次的選舉中，彼得斯有幾個選擇。這些選擇和感情上的決定很像。

第一個選擇是「結婚」（聯合政府）：國家黨獲得五十六個席位，只需要再多五個席位就能形成多數。由於紐西蘭優先黨已經獲得九個席位，若彼得斯選擇國家黨，就可以形成只由兩個政黨執政的聯合政府。這兩個政黨將在平等的條件下共同執政，各部長分別由兩黨的黨員擔任，他們將在各個議題形成統一的陣線，並根據各自的黨綱進行投票。

第二個選擇，就是形成「炮友」關係（信任供給協議）。所謂的信任供給協議，是指一個政黨同意在所有與信任（支持政府的執政能力）和供給（支持政府的預算）相關的議題上，以投票支持另一個政黨，但彼此不以聯合政府的身分綁在一起。一個簽訂信任供給協議的夥伴，就像偶爾可以一起過夜，但絕對不會打電話騷擾妳男朋友的炮友。由於國家黨本身就已經贏得相當多的席位，因此只要與紐西蘭優先黨簽署信任供給協議，就可以執政。作為條件交換，紐西蘭優先黨可以請求國家黨支持他們的一些政策，或是為彼得斯提供一個優渥的職位。

由於工黨沒有贏得足夠的席位，所以光是與紐西蘭優先黨聯手，仍然不足以執政。若要與工黨協商，勢必得將綠黨也納入其中。

因此，彼得斯的第三個選擇，就是「一夫多妻制」（三黨聯合政府）。工黨、紐西蘭優先黨和綠黨可以組成三方的聯合政府共同執政。然而，很多人都認為這個選項不可能成真，因為人人皆知彼得斯相當厭惡綠黨，而且兩個南轅北轍的政黨成為聯合政府，應該很難推行任何政策。

最後的選擇，就是「與配偶和第三者共組家庭」。工黨可以和紐西蘭優先黨結婚（形成聯合政府），為了湊足席位，必須讓綠黨成為第三者（透過信任供給協議）。彼得斯與優先黨的國會議員將與工黨積極參與政務，綠黨則除了在預算及政策上提供支援之外，平時與一般獨立政黨沒兩樣。和所有元配與第三者之間的協議一樣，紐西蘭優先黨和綠黨之間彼此不會有太多牽連。

嚴格來說，彼得斯有九種不同的排列組合可以選擇，但這些是最實際的四種。十月七日，當特別票全部計算完畢後，正式的選舉結果終於公布。一直以來，特別票都比較傾向左派，結果國家黨缺少兩個席位，分別由工黨和綠黨接收。彼得斯說得對，特別票確實能改變局勢。根據大選之夜的結果，工黨、紐西蘭優先黨和綠黨，三者原本加起來會有六十一個席位，也就是只以一席之差成為多數。換句話說，接下來三年的壓力都會很大，因為只要有一位國會議員攪局，就會讓一切前功盡棄。

但根據最後的結果，同樣的結盟現在共有六十三個席位，比之前還安全。

國家黨依舊領先（若國家黨和紐西蘭優先黨合作，會成為一個六十五席的政府），但是差距比先前預期的更小。

協商的過程是在一間位於蜂窩大廈和反對黨辦公室之間的會議室進行，裡面的擺設可說是平庸到相當可笑，只有偶爾會出現幾包餅乾當點心。

從特別票開出後到彼得斯做出決定之前，工黨的領導團隊幾乎每天都會和彼得斯的團隊開會，有時甚至一天會開兩次會議。每次的議程都很簡單：兩位黨魁每天都要從一長串的政策清單中，找出他們意見一致或分歧的地方。在大部分的協商會議中，阿爾登都是會議室裡的唯一女性。她一直以來都是個政策狂，她會出現在每一場會議，而且比在場的所有人更清楚每個主題的細節。因此，她在這裡簡直如魚得水。當彼得斯離席、去和國家黨開會時，阿爾登和她的團隊會去會見綠黨的人。

阿爾登面臨一個艱鉅的任務。在實施混合比例代表制以來，尚未出現過由少數政黨組成的政府。若她想要參與第一個這樣的政府，就必須想辦法讓紐西蘭優先黨和綠黨團結合作。

彼得斯不喜歡綠黨的人。他不想和他們見面，也不想進行三方協商。當綠黨的人與工黨一同出席談判時，很明顯感受到他的不滿。然而，彼得斯還在考慮和工黨合作。就算綠黨有什麼問題，也是工黨必須負責處理，不關他的事。

隨著會議進行，彼得斯變得越來越親切。他提出一些黨員，討論該由誰擔任哪個部長職位。有時他會提出現場沒人認識的人，後來才發現原來是紐西蘭優先黨的人。根據了解，彼得斯對兩邊同樣熱情。就算正與工黨協商，他也不曾透露出自己將會與哪一黨合作。

彼得斯就像學校的校花，知道如何把所有人玩弄在掌心之中。

在此同時，紐西蘭民眾還是過著一般的生活。就算沒有政府，生活也沒有太大的改變。記者在國會大樓中徘徊，希望能找到任何蛛絲馬跡。有一天，一位工黨的黨員帶著堅果薑餅參加協商會議（他只是肚子餓，而餅乾就純粹是食物），結果記者紛紛衝上前，問彼得斯是不是特別愛吃堅果薑餅。結果，毫不意外的，彼得斯把他們都趕走了。

在整個協商過程接近尾聲時，紐西蘭優先黨突然中斷與工黨的聯絡，令所有人相當緊張。阿爾登的團隊焦急的等待電話和訊息，以便繼續進行協商，但什麼都沒等到。到了清晨，他們深信彼得斯一定是選擇國家黨，所以開始擬定新聞稿，準備宣布要退出協商。畢竟，只要先把別人甩掉，自己就不會是被甩掉的人。

最後，阿爾登直接打電話和彼得斯確認，但他說，不，協商仍在進行中，只是聯絡上出差錯而已。於是，新聞稿還是維持在草稿的狀態。

自從選舉結束以來，已經過了三週。自從談判開始以來，已經過了超過一週。國會裡的記者和員工都等到快發瘋。他們沒什麼事情可做，只能等待別人通知明年會領到執政黨的豐厚薪水，還是反對黨的微薄薪水。在彼得斯宣布的當天，有記者聽到工黨的一間辦公室裡傳出歡呼聲，因此猜測他們剛得知自己即將組成聯合政府，殊不知，那只是無聊的黨員在看電視節目《家庭問答》（*Family Feud*）時發出的歡呼聲。

在十月十九日，選舉後的第二十六天，彼得斯準備召開記者會公布他的決定。他將記者會安排在晚上六點二十分，這樣勢必會打斷晚上六點的全國新聞報導。真是彼得斯的典型作風。

當他前往蜂窩大廈的演講廳時，阿爾登、她的協商團隊、幾位議員和蓋福德聚在她的辦公室裡看現場轉播。房間裡沒人知道彼得斯會如何選擇。根據蓋福德當晚在辦公室內做的民調，大家的看法相當兩極。阿爾登的資深幕僚都抱持謹慎但樂觀的態度。其中一人當天早上還收到紐西蘭優先黨知名支持者的簡訊，上頭寫著「做得好」。那可能是一個玩笑，但還真是個奇怪的玩笑。他們還聽說，紐西蘭優先黨最近鮮少聯絡國家黨，但他們不會輕易相信這個情報。

彼得斯開始發言。「首先，我要感謝國家黨和工黨這段時間以來與我們進行協商，也要感謝他們付出的心力。」他不打算輕易公布答案。他談到選舉和特別票，並談到德國政府此時也正在進行組成聯合政府的協商，相較之下，紐西蘭的效率比較高。另外，他宣稱今天的決定，是由紐西蘭優先黨共同做出的選擇，而不是他身為領導人的個人定奪。

然而，與彼得斯的影響力相比，他的黨員顯得人微言輕，所以這句話其實沒什麼說服力。沒人說過紐西蘭優先黨是造王者，這個頭銜只適用於彼得斯。他花費整整六分鐘的時間，分享與他的決定無關的事，甚至扯到滾石樂團的經典歌曲〈你不可能總是如願以償〉（*You Can't Always Get What You Want*）。當他談到經濟時，阿爾登的團隊陷入一片哀嚎（經濟政策始終是工黨的弱項）。

但他話鋒一轉，表示：「有太多紐西蘭人把當前的資本主義當作敵人看待，而不是朋友，但這些看法並非完全錯誤。」

阿爾登的辦公室爆出一陣歡呼聲，但很快又安靜下來。他們知道自己獲勝，但根據彼得斯的個性，他還會繼續再逗媒體一下子。

「是要維持差不多的現狀還是改變，我們必須做出選擇。因此，我們紐西蘭優先黨，最後選擇與紐西蘭工黨組成聯合政府。」

阿爾登熱淚盈眶，跳起來擁抱羅伯遜。

在樓下的演講廳中，彼得斯正以比過去和善的態度向媒體開放提問。

但阿爾登的辦公室中，沒有人繼續聽下去。阿爾登就要成為總理！工黨終於再度執政！三個月前，沒人能預料到這樣的發展。

阿爾登訂了披薩，然後打開一瓶陳年威士忌。他們明天還有很多事要做，不只要換辦公室，還要準備交接政權，但那些都是明天的事。

今晚，他們要大肆慶祝一番。

CHAPTER 10

穩定民心後，努力拚外交

當天晚上，很多人很開心。紐西蘭已經投票要求改革，而政黨也已準備就緒。左右兩派的專家一致認為，阿爾登擔任總理是一個令人振奮的消息。當天深夜，綠黨黨魁詹姆斯·肖對媒體表示，黨內代表已經以壓倒性多數的票數，贊成與工黨達成信任供給協議。隔天早上，當阿爾登向核心小組致詞時，受到熱烈的鼓掌歡迎。她告訴他們：「這將會是個帶來改變的政府，也是一個我們能引以為傲的政府。希望將來回顧時，我們都能感到自豪。」

作為聯合政府協議的一部分，阿爾登向彼得斯提供副總理的職位，而他也接受。另外，彼得斯還兼任外交部長及賽馬產業部長（他是賽馬迷），而且他的政黨還獲得四個內閣職位。對於一個只有九席的政黨來說，這是一大勝利。綠黨根據信任供給協議，在內閣之外獲得三個部長職位。

接著就到正式上陣的時候。阿爾登發表一項為期一百天的計畫，列出政府將優先處理的事項：第三期教育[12]將從二〇一八年開始，第一年免學費；減少國家黨政府過去承諾的免稅額，並轉向針對領取養老金及社會補助者的「冬季能源補助計畫」、延長有薪育嬰假、新生兒的家庭每週可享有約新臺幣一千七百元的育嬰補助，以及禁止海外房地產投機客妨礙經濟成長。

最優先的待辦事項，就是要想辦法讓這個聯合政府保持運作。這件事雖然沒人說出口，但都不言而喻。自從實施混合比例代表制以來，這是第一次得票數最高的政黨沒有參與執政，但工黨為了執政而聚集的兩個夥伴，卻又是水火不容的政黨。

無論阿爾登和工黨在最初的一百天內有多大的抱負，很多觀察家都屏息以待，認為這個聯盟隨時會瓦解。身為這個團隊的領導人，阿爾登幾乎沒有犯錯的餘地。她必須經常一心多用，而且只要滑倒一次就會垮臺。即使最後沒有瓦解，很多人也懷疑這個由工黨、紐西蘭優先黨及綠黨組成的政府，到底能帶來多少實質的改變。一位評論家甚至直接將這個政府稱為「失敗者聯盟」。

阿爾登公開駁斥這些擔憂，並表示她將陸續完成列在一百天待辦事項清單上的項目。她（在某種程度上）實現這個諾言。有薪育嬰假延長了；冬季補助和家庭補助都上路了；從二〇一八年一月一日起，第三期教育的第一年不用再繳學費了；而政府也已經立法，明文禁止海外投機客在紐西蘭購買（已建成的）房屋或出售國宅。

工黨曾試圖徵收水稅，但在與紐西蘭優先黨的談判過程中作罷。針對低收入家庭的學生補助和生活費貸款，每週增加約新臺幣一千五百元。這項政策最初大受好評，因為民眾認為，政府懂得體恤在就學期間租屋時日益增加的經濟壓力，但很快就有報導指出，房東在知道房客每週可以拿到租屋補助後，開始把房租提高約新臺幣一千五百元。紐西蘭的房東就算

12 又稱第三級教育或中學後教育，是完成中學教育之後新的教育階段。

輸了，也還是收穫滿滿。

政府在最初的一百天還進行兩個龐大的行動，一是成立稅改小組，二是開始實踐紐西蘭建設計畫（KiwiBuild）。稅改小組的任務，是評估紐西蘭有哪些應該徵收卻仍未徵收的稅。最急迫的，是資本增值稅的問題。雖然調查結果還要好幾個月才會出爐，但這是一個充滿希望的開始，尤其是對於早已接受自己永遠無法在老家買房的年輕選民來說更是如此。

另一個重點，就是紐西蘭建設計畫。工黨承諾將在十年內，建造出十萬間合宜住宅。這個數字相當驚人，就連許多支持這個計畫的人，都對於要在短時間內蓋這麼多房屋的可行性抱持懷疑的態度。但是工黨相當有信心，並展開這項計畫的第一步。

初上任，單打獨鬥的面對困境

阿爾登自己也邁出重要的一步。在宣誓就任總理的兩週後，她發現與澳洲總理麥肯・滕博爾會面時，必須採取相當謹慎的外交態度。由於澳洲政府拒絕庇護被困在諾魯（Nauru）和馬努斯（Manus）島上的六百位難民，因此他們被迫在條件很差的環境生活。在一旁目睹這一切的紐西蘭人，希望能伸出援手。根據二〇一七年的民調結果，大部分的紐西蘭人願意接納更多難民。

二〇一三年，約翰．凱伊就曾向當時的澳洲總理朱莉亞．吉拉德（Julia Gillard）表示，願意接收一百五十位難民，那項提議當時被擱置不理。到二〇一七年，阿爾登再次提議。這是個高風險的舉動，因為這項提議有可能被解讀成，阿爾登才首次以總理身分出訪澳洲，就瞧不起澳洲的移民政策，但她本人表示：「我們不能因此忽視澳洲面對的是一群人類同胞的這個事實。」幸好，那次的一日遊相當順利。雖然滕博爾最後沒有接受阿爾登的提議，但她成功針對重要國際議題表達立場，而且並未因此失去貿易夥伴。

接著，阿爾登前往越南參加亞太經濟合作會議（APEC），這是她首次以總理身分參加的國際高峰會。由於阿爾登當年年初才剛隻身前往艾伯特山，因此當她發現這趟越南之旅會有一組六人的隨扈同行，難免感到不知所措。她在吃東西之前，會有人先測試食物的安全；當民眾即興跳起毛利人的哈卡舞（Haka）時，還有維安人員出於好意，擋在她面前保護她。

高峰會是與其他領導人和潛在合作夥伴進行簡短而非正式會面的最佳時機，因此阿爾登盡可能參加所有受邀的活動。問題在於，她在紐西蘭大獲全勝，並成為世界上最年輕的女性政府領導人，所以很多人都迫不及待想跟阿爾登見上一面。建立人際關係，一直都是阿爾登最擅長的事。但是，一場接一場的雙邊早餐會談，本身就已經讓腸胃夠難受，現在又加上晨吐的問題，讓她的身體更無法負荷。

在彼得斯發表重大決定的那天晚上，沒人發現著名的威士忌愛好者阿爾登，在慶祝她人生最重要的一刻時，沒有喝下任何一口酒。就算他們有發現，可能也不會當一回事，因為她本來就喝不多。實際上，阿爾登沒喝酒的原因，是因為她在與彼得斯進行協商時，發現自己懷有身孕。阿爾登沒告訴任何人，甚至沒有告訴她最親近的同事。她反而像往常一般繼續工作、努力組成政府，並避免在跟其他的國家領導人交談時吐出來。

在這趟越南的旅程中，阿爾登第一次在非正式場合見到當時的美國總統川普。當她被問到對川普的印象，她的回答既巧妙又直白：「他是個表裡一致的人。無論在私底下、公共場合或媒體上，他都是同一個人。」

然而，阿爾登的外交成果，卻因為某件事而受傷，她也從這次經驗學到一個慘痛的教訓：身為總理所說的一字一句，隨時都有可能會被公諸於世。從亞太經濟合作會議回來後不久，阿爾登在紐西蘭音樂獎的頒獎典禮上頒發一個獎項。當阿爾登和她的喜劇演員朋友湯姆·尚斯伯里（Tom Sainsbury）在後臺等待，她分享她在旅行中的一件趣事。

沒想到四天後，她因為這件事在某個早晨節目中被盤問。尚斯伯里在某次電臺採訪中重述她講的故事，宣稱阿爾登說川普不但沒有認出她，還誤以為她是加拿大總理賈斯汀·杜魯道（Justin Trudeau）的妻子。尚斯伯里還表示，阿爾登說川普本人的膚色「沒有那麼橘」。阿爾登為了掌控傷害的範圍，澄清說自己是從別人那裡聽到這個故事，是那個人目睹川普認錯人的模樣。這件事成為羅生門，卻很少人相信她。不過，阿爾登從這件事學到一個教訓：沉默是金。她也不再對川普的膚色發表任何評論。

除了在外交上遇到阻礙之外，當一百天結束時，阿爾登發現自己幾乎是單打獨鬥在支撐這個聯合政府。雖然財政部長羅伯遜當得很稱職，但其他的部長幾乎是首次執政，所以都花費一點時間才適應。雖然聯合政府最後順利存活下來，但這可不是一件容易的事。

歷屆總理害怕不已的事，阿爾登卻打破傳統

當評論家在檢視阿爾登政府頭一百天的表現時，阿爾登前往懷唐伊。那裡是一八四〇年二月六日簽署《懷唐伊條約》的地方。

每年的二月六日，紐西蘭都會慶祝懷唐伊日。「慶祝」這個詞可能不太恰當，因為懷唐伊日其實是英國殖民者（代表英國王室）與毛利酋長簽署條約的日子。雖然許多氏族和部落並沒有參與簽署，但該條約仍被視為代替憲法的建國文件。

簽署條約的諸位酋長，以為土地的所有權和管理權不會因此有太大的改變。然而，條約中卻將毛利語的「管理權」翻成英語的「主權」，而且這還不是唯一剝奪毛利人權益的地方。文件簽署後的一百七十八年來，英國殖民者曾多次違約，讓毛利人在入獄、貧困和健康

問題方面的統計人數居高不下，在教育程度和資產數目方面則是相當劣勢。對於許多毛利人來說，懷唐伊日是處理歷史不公的一天，因此有些人會在當天上街抗議。

對於政治領導人來說，懷唐伊日是每年最可怕的一天。一九九八年，當時的反對黨領導人海倫．克拉克，被禁止在特蒂會堂（Te Tii marae）中發表演說，因為在毛利人的世界觀中，無論身分為何，婦女就是不容許在毛利會堂的前座發言。克拉克在相當不樂見的情況下被禁言，但她不是唯一被拒絕的領導人。能不能擁有發言權，是由會堂的幹事來決定。

二〇一六年，約翰．凱伊沒有取得在特蒂會堂的發言權，他的繼任者比爾．英格利希在二〇一七年也無法發表演講。幹事聲稱這是因為誤解所導致的結果，但總理的團隊宣稱他們不受毛利人歡迎。無論如何，兩位總理日後都選擇在其他地方度過懷唐伊日。

紐西蘭除了一般選區（例如奧克蘭中央區和懷卡托）之外，還有七個毛利選區，這些選區只有登記在毛利人選民名冊上的人可以投票。在一九九九年和二〇〇二年，七個毛利席位都是由工黨取得。但是在二〇〇四年，克拉克政府頒布的《前灘與海床法》開始動搖工黨與毛利人的關係。這個法案牽涉到紐西蘭的前灘（漲潮和退潮之間的海灘區域）和海床（沿岸的海底土地）的所有權。自從一九八九年以來，《懷唐伊條約》一直被用來作為解決紛爭的根據，以便將被奪走的土地和資產還給毛利人，而根據《懷唐伊條約》，前灘和海床應該要歸類為毛利人的祖傳土地。

然而，《前灘與海床法》卻讓部落和氏族無法成為這些地區的所有權持有人，於是那些私有的免稅土地，就落入富裕的非毛利人手中。

由於這個法案有種族歧視的性質，因此一名毛利工黨議員塔里亞納・圖利亞（Tariana Turia）跑票，反對自己的政黨所立的法案。她組成毛利黨，並帶走許多工黨的毛利選民。二〇〇四年在懷唐伊的抗議活動格外令人擔憂。

工黨在二〇〇五年失去七個毛利席位中的五個，因此他們必須努力贏回來。工黨在後續的每次選舉中，陸續贏回一、兩個席位，直到二〇一四年又回到六個席位。

在二〇一七年大選期間，阿爾登與大衛斯的組合（大衛斯持有毛利人席位）成為工黨的黃金組合，成功贏回七個席位。由於毛利黨沒有贏得任何席位，也沒有達到五％的門檻，因此自二〇〇四年成立以來，首次無法進入國會。工黨的法案是促進毛利黨成立的催化劑，但導致毛利黨滅亡的也是工黨。

二〇一七年底，經過數年的激烈交鋒後，政府宣布二〇一八年的懷唐伊日會議，將移至蒂法壘露那加會堂（Te Whare Runanga）所在的上條約簽署地（Upper Treaty Grounds）舉辦。蒂法壘露那加會堂是一座有豐富雕刻的會議廳，於一九四〇年啟用，藉此紀念條約簽署後的一百週年。某些人認為，這是一個比較中立的地點。這個決議對阿爾登來說很有利，因為她才剛公開自己的孕事，因此絕對不希望國慶日上再發生任何插曲。

阿爾登施行一個前所未見的舉動。她從二月初就開始待在懷唐伊，直到二月六日為止，總共在那裡度過五天。國會議員很少會在懷唐伊停留一天以上，很多人甚至只會在那裡待一個早上，然後就趕回城市裡。紐西蘭北島的北部地區，是經濟最貧困的地區之一。許多人認為阿爾登選擇在那裡停留這麼多天，是為了證明自己發自內心想與所有毛利人互動，而不止是出於總理的身分或職責。

這還不是唯一打破傳統的地方。由於更換一個會場，因此習俗上也出現一些變化。阿爾登被允許在蒂法壘露那加的門口發表演說。這是女性總理第一次在簽署地被賦予發言權，當然也是第一次有懷孕中的總理造訪懷唐伊。

在一九九八年阻止克拉克演講的蒂特．哈拉維拉（Titewhai Harawira），如今卻在毛利人傳統的歡迎儀式（Pōwhiri）上護送阿爾登，而且兩人是手牽著手。

通常在懷唐伊日的黎明追悼儀式結束後，包括總理在內的部長會在附近的國敦飯店（Copthorne Hotel）與各部落領袖一同享用早餐。雖然阿爾登已經與各部落相處將近整整一週的時間，但她還是希望能與整個毛利社群共進早餐。她指示懷唐伊委員會取消旅館的早餐，並設置戶外烤肉架。她和她的部長負責為每個人做早餐。

因此，在二〇一八年的懷唐伊日，阿爾登和她的部長為八百位民眾準備早餐（他們原本預計只會有四百位民眾前來）。阿爾登向人群簡短發言，解釋自己為什麼決定改變傳統。她說：「今天就是想和各位一起度過。而且比起正式的早餐，我更喜歡烤培根三明治。」阿爾登、大衛斯、利特爾和新政府中的一些國會議員穿著同樣的圍裙，為北方的人民烤香腸、培根和洋蔥。

對阿爾登來說，這是個能證明政府會服務人民的具體行動。她在前一天於蒂法壘露那加發表的演講，也表達同樣的理念。她說：「我們不只是為了北方的美景和熱情而來，我們來這裡，是因為有工作等著我們完成。我們有很多工作要做。我們會攜手完成必須完成的事。在這五天裡，我們談論關於教育、衛生、就業、道路和居住的問題，而現在，我們必須採取行動。」

這是阿爾登首次以總理身分造訪懷唐伊，而且距離她開始執政只有短短三個月。她知道這點對毛利族群來說是一件好事，並請他們在將來幾年對她的政府追究責任。「一年後、三年後，當我們再次回來時，我希望各位可以問我們，我們為各位做了什麼。問我們，我們做了哪些事，讓各位的大家庭恢復尊嚴。問我們，我們做了哪些事，使毛利孩童的貧困問題獲得改善。問我們，我們做了哪些事，讓毛利青年獲得機會和工作。請各位問問我們，並要求我們負責任。我希望有一天能告訴我的孩子，之所以能站在這裡，是因為我費盡許多努力。而我有沒有權力站在這，只有各位能決定。」

阿爾登這次造訪懷唐伊的過程，在各方面都很成功。她或許是史上第一個在離開懷唐伊時，比剛來到這裡時更受歡迎的總理。一位毛利評論家以言簡意賅的方式，評論這次的成果：「懷唐伊散發出不同以往的氛圍。彷彿只要願意聆聽、尊重歷史的傷痛，並讓民眾感到安心，大家就不會往你身上丟東西。這種事情誰會知道？」

阿爾登希望人民向她的政府究責，大家後來也真的照做。

身披毛利人斗篷，出席英國女王宴會

在懷唐伊日的兩個月後，阿爾登見到英國女王。阿爾登在一次全套的「社交之旅」中橫越歐洲，與許多領導人見面。她在由倫敦市長薩迪克・汗（Sadiq Khan）主持的問答活動中，與加拿大總理賈斯汀・杜魯道一同與許多青少年聽眾進行交談。在討論時，阿爾登對在場學生說，相信平等的人請舉手，結果在場的每個人都把手舉起來，於是她接著說：「你們都是女性主義者。」

此外，她也與法國總統艾曼紐・馬克宏（Emmanuel Macron）和德國總理安格拉・梅克爾（Angela Merkel），就貿易協議、全球暖化和教育問題，進行更正式的私人談話。她還受邀參加女王的晚宴，那是大英國協的領導人和皇室成員在大會之前的正式聚會。

在晚宴開始前，生活在倫敦的毛利族群「那堤拉那那」（Ngāti Rānana）將毛利人的傳統羽毛斗篷「卡呼．呼魯呼魯」（Kahu huruhuru）借給阿爾登，讓她穿去參加晚宴。卡呼．呼魯呼魯和另一種傳統斗篷科羅威（korowai），通常是為特定人士（一九五四年為伊麗莎白女王）或具有特別頭銜的人製作的服飾，例如每年紐西蘭人都會穿上特別設計與製作的卡卡呼（kākahu）斗篷。卡呼．呼魯呼魯可以讓穿戴者展現力量（mana，瑪那）。

當阿爾登和蓋福德走過白金漢宮（Buckingham Palace）的大廳時，蓋福德身穿燕尾服，明顯懷孕的阿爾登則身穿長裙，並披著卡呼．呼魯呼魯，視覺上相當震撼，就連最苛薄的文化評論家也感動不已。

這個畫面在許多方面都打破傳統，其中最特別的是阿爾登選擇在這裡身穿毛利人的服飾，因為在兩個世紀前派遣軍隊殖民毛利家園的，正是英國王室。年輕、未婚又懷有身孕的阿爾登，帶著伴侶前往白金漢宮，參加全是世界領導人的女王晚宴，這感覺就像是《唐頓莊園》（*Downton Abbey*）才會出現的造反情節。

阿爾登被授予舉杯敬酒的殊榮。她身穿卡呼．呼魯呼魯，背對著牆上描繪英國王室的巨幅畫作，朗誦毛利人的諺語——「世界上最重要的事情是什麼？」（He aha te mea nui o te ao?）、「是人民，是人民，是人民。」（He tangata, he tangata, he tangata.）女王的晚宴通常是低調的活動，但多虧阿爾登，這場晚宴在二〇一八年成為全球矚目的活動。

她和蓋福德的照片在社群媒體上被分享數千次。紐西蘭人對於自己的新領導人相當上相（不是因為鬧出笑話）而被瘋傳，感到相當自豪。美國、英國和澳洲人在分享這些照片時，也順便批評自己的政治領導人一番。即使是堅決反對阿爾登和工黨的人，也不得不承認，這是個讓自己的國家能登上世界舞臺的重要時刻。撇開所有政治因素，這是一張很酷的照片。

歷史性的土地爭議處理不當，淪雙輸局面

然而在紐西蘭，危機正一觸即發。在奧克蘭機場附近的伊胡瑪陶（Ihumātao）村子裡長大的

▲ 阿爾登和她的伴侶蓋福德，到白金漢宮與伊麗莎白二世共進晚餐。

六位堂兄弟姐妹，正在祖先的土地上，因為土地開發爭議而引起抗爭，而且逐漸獲得越來越多人支持。這片土地具有歷史意義。一八六三年，伊胡瑪陶人民收到最後通牒：效忠維多利亞女王，否則就等著被強行驅離。伊胡瑪陶人民因為不想與自己的親族鬥爭，所以選擇離開，前往懷卡托地區。他們的房屋被摧毀，土地則被王室徵收。

三年後，蓋文・華樂斯（Gavin Wallace）移住紐西蘭，並以新臺幣約兩萬五千元的價格，購買面積將近九萬九千兩百坪的兩塊土地。英國軍隊在徵收伊胡瑪陶的兩天後，開始入侵懷卡托，這件事後來被視為紐西蘭戰爭的轉折點。在這場戰爭中，英國王室不斷違反《懷唐伊條約》，總共沒收超過十二億兩千四百一十七萬坪的毛利人土地。一九九五年，王室提到「因入侵造成敵對，進而導致生命逝去」，正式向當地部落懷卡托・泰努伊道歉。關於這次道歉和懷卡托入侵事件，是阿爾登在就讀莫林斯維爾高中時，在方騰老師的課堂上學到的。

保護伊胡瑪陶土地的抗爭已經持續很多年。當地的土地所有權人不斷呼籲地方政府和當時的國家黨政府，撤回二〇一四年的決議。這項決議將伊胡瑪陶納入特別建房區（Special Housing Area），並允許建設公司開發。

工黨在二〇一五年八月，發布住房事務發言人菲爾・泰福的新聞稿，標題為「勿在伊胡瑪陶操之過急」。這份新聞稿說明工黨反對重劃和開發的理由，並批評國家黨的住房事務部長尼克．史密斯（Nick Smith）「沒做功課」及「草率對待毛利人」。

但是到二〇一九年，所有阻止開發的方法都失敗，就連土地保護團體三度造訪聯合國都沒用。以新臺幣數億元從華樂斯家族手中買下這片土地的弗萊徹建築公司（Fletcher Residential），已經準備要驅逐抗議人士，並開始建造四百八十間房屋。

二〇一九年七月二十三日，占領伊胡瑪陶的民眾，在施工的第一天阻擋弗萊徹建築公司的挖土機。他們呼籲政府介入，買回這塊土地，並設為保護區。阿爾登與這件事保持安全距離，表示因為兩邊陣營裡都有毛利人（有些人反對開發，有些人則因為已經成功說服弗萊徹建築公司減少房屋數量，因此支持開發），所以這不是政府該插手的問題。副總理彼得斯和反對黨黨魁布里奇斯這兩位位階最高的毛利國會議員，則罕見認為妨礙施工的民眾應該「回家去」。然而，阿爾登下令，在達成共識之前必須維持停工。

許多反對開發土地的人，對於阿爾登沒有積極介入感到很失望。這原本是她證明自己是真正和毛利人站在同一陣線，並且真正關心毛利人的機會。有些人指責阿爾登雖然在白金漢宮穿著毛利傳統服飾，卻沒有接受毛利人的價值觀，到頭來只是在玩角色扮演而已。一位網友在推特上發文表示：「受託穿上卡呼．呼魯呼魯，卻被動的看著我們神聖的土地遭到褻瀆。妳要做的不是角色扮演啊，阿爾登姐妹。」

這對阿爾登來說是雙輸的局面。紐西蘭的歷史充滿土地和居住爭議，而且未來肯定會持續發生。假如政府決定購買這塊土地，可能會面臨超過新臺幣三十兆的回購徵用土地費用。但民眾沒有要求歸還這塊土地，他們只是不希望那塊地被褻瀆而已。政府購買具有歷史意義的土地，其實是司空見慣的事。

事實上，在伊胡瑪陶的協商過程中，政府曾介入，並以新臺幣約一億三千萬元買下凱薩琳．雪帕德（Kate Sheppard）的舊居。雪帕德曾發起女性參政的運動，最後在一八九三年讓紐西蘭成為世界上第一個賦予女性投票權的國家。阿爾登再次被當地人拒絕造訪伊胡瑪陶，和平占據土地的人與現場龐大的警力之間的緊張關係日漸加劇。

在二〇一九年九月，土地所有權人宣布他們已經達成共識：他們希望拿回自己的土地。球高高的飛過弗萊徹建築公司，掉入阿爾登的球場中。她選擇的處理方式，將在下一屆選舉中，對工黨的毛利人席位產生重大影響。

當記者對此事施壓時，阿爾登不排除政府從弗萊徹建築公司手中買回土地的可能性。這表示，阿爾登可能打算藉由這件事，為毛利人在歷史上所蒙受的無妄之災進行平反。當二〇一九年即將進入尾聲時，雖然媒體關注程度和現場的警察數量都已大幅減少，且各方仍在持續進行談判，但反對者依舊持續占領伊胡瑪陶這塊土地。

最後，政府終於發出逾期已久的公告。紐西蘭歷史將加進國家課程中，並從二〇二二年成為必修內容。所有的學生都必須學習關於毛利人第一次來到紐西蘭、英國人來到紐西蘭後的作為、紐西蘭戰爭，以及種種事件最後如何形塑現在的紐西蘭。雖然許多年長的紐西蘭人，都不願承認自己所學的歷史可能有所偏頗，但大部分的民眾都很支持這項政策。阿爾登因為有幸成為方騰的學生，才能對紐西蘭歷史有比較全面的認識，但大多數的紐西蘭人民並非如此。

二〇二〇年一月，伊胡瑪陶傳出當地人、政府和弗萊徹建築公司之間已經達成協議。根據小道消息，他們決定在二月六日的懷唐伊日公布結果。不久之後，彼得斯卻對記者表示，那是錯誤的消息，大家根本無法取得共識。雖然各方都傳出不同的消息，但很多人都認為這個問題在下屆大選之前一定會出現結果，而最有可能的結果，應該是由政府向弗萊徹建築公司買下這塊土地。

到了二〇二〇年，工黨仍是紐西蘭唯一沒有毛利領導人的政黨，而阿爾登仍打算造訪伊胡瑪陶。

CHAPTER 11

我是母親，
也是國家總理

傑辛達・阿爾登常把想要成為人母的願望掛在嘴邊，而且她和克拉克・蓋福德的感情相當穩定。但是，他們有結婚的打算嗎？阿爾登和蓋福德在二〇一七年大選期間接受採訪時，兩人都曾對此開過玩笑，但並未正面回答問題。訪談結束後，蓋福德向記者發送電子郵件表示：「老實說，我無法想像沒有她的生活。我相信我們在將來某個階段會結婚，只是開口求婚是一件很奇怪的事情，有一種破壞驚喜的感覺。」

不過，他們早已共同撫養一個「孩子」。由於兩人都經常出門在外，養狗的負擔太大，所以他們選擇養一隻名叫「槳槳」（Paddles）的貓。槳槳是防止虐待動物協會（SPCA）拯救的貓咪，毛色白橘相間，體型瘦小。因為多趾症[13]的關係，她看起來還有大拇指。槳槳會定期出現在阿爾登的社群媒體上，而當阿爾登在臉書直播中宣告政策時，背景也不只一次出現槳槳的叫聲。

選舉結束後，當川普致電阿爾登表示祝賀時，蓋福德不得不把槳槳帶出房間，因為她的叫聲實在太干擾人。槳槳備受喜愛，最後自己也成為明星，與阿爾登和蓋福德儼然成為三人偶像團體。

二〇一七年十一月七日，當阿爾登首次以總理身分召開國會時，槳槳卻命在旦夕。阿爾登的鄰居在開車時，感覺撞到某個東西。有個橘色的東西快速從眼前閃過，然後跑到柵欄另一側。當駕駛和另一位鄰居找到槳槳時，她已經過世。

鄰居的女兒為阿爾登和蓋福德寫一張慰問卡，請阿爾登不要將她父親關進監獄。阿爾登打電話給她，感謝她的卡片，並為她所經歷的事情感到不好意思。幾個月後，女兒的爸爸在海邊巧遇阿爾登，承認自己就是撞傷樂樂的人，阿爾登卻再次為這件事對他造成的困擾而道歉。

全紐西蘭與阿爾登和蓋福德一同哀悼。他們現在成為紐西蘭最有名的伴侶。第一家庭的房子變得有點空蕩。

但在幾個月後，即一月十九日時，阿爾登在社群媒體上發布一張圖片，圖中有三個釣魚鉤，兩大一小。她寫道：「克拉克和我很高興宣布，在今年六月，我們的兩人團隊將擴大成三人。我們將和許多父母一樣，進入身兼多職的人生階段。我將擔任總理兼媽媽，而克拉克將成為『第一漁夫』兼家庭主夫。」

這份公告既突然又簡短，不久之後，他們也發布一則同樣簡短的新聞稿。據阿爾登當時的一名幕僚表示，這次懷孕和對外的回應，完全是由阿爾登自行掌控。沒有顧問團隊為她的孕事和懷孕初期的狀態制定策略，也沒人針對不可避免的媒體狂熱及反對派的強烈抨擊向她提供建議。阿爾登在整個懷孕期間都堅持，一旦她的孩子出生，無論是在國會內或是在公共

13 指動物正常手指以外的手指贅生，是先天性手部畸形中最常見的一種。

場合，都嚴格禁止媒體拍攝。

長期以來，阿爾登早已為自己懷孕時和剛出生的前幾個月安排計畫，但她只讓少數幕僚與同事知道。雖然她不會因為懷孕面臨失去領導職位的風險，但不是所有的紐西蘭人都對這件事感到高興。事實上，阿爾登在二〇一四年的採訪中，就曾說過自己想生孩子，而且把這當作不願擔任總理的原因之一，因此在她八月被任命為工黨黨魁的二十四小時內，早已出現不少質疑她將如何兼顧工作與家庭的言論。

雖然大多數人都替阿爾登感到高興，但政治對手卻質疑她在懷孕及分娩時，該如何兼顧公事。當阿爾登請產假時，許多人對於讓彼得斯擔任總理整整六週一事感到不滿。

新聞界（或任何地方）都沒有人具有處理總理懷孕相關新聞的經驗，因為以前從來沒發生過總理在任期懷孕的事。

成為史上第二位在任內生小孩的國家領袖

阿爾登是歷史上第二位在任內生子的世界領袖。第一位是班娜姬・布托（Benazir Bhutto），她在一九九〇年擔任巴基斯坦總理期間懷孕生子。巧合的是，阿爾登後來分娩的日子是六月二十一日，那天正好是布托的生日。布托在整個任期間都被迫隱藏自己懷有身孕的事，同時還要想辦法保住自己的領導地位，但二十八年後，遠在半個地球之外的紐西蘭總理阿爾登，其懷孕及分娩經歷和布托相反。布托是剖腹產，而且沒有請產假，隔天就重返工作崗位。

當紐西蘭舉國難掩興奮情緒，都在期待阿爾登的第一個孩子出生時，大家覺得這個國家進步許多。之所以說是進步，是因為阿爾登有孩子之後，還可以繼續擔任這個國家的最高職務。這種情況在近三十年來從未出現過，而且大家未曾如此正常看待這件事。

話雖如此，世上沒什麼事比等待別人的孩子出生更漫長且無趣。生孩子本身是一件相當驚奇的事，但等待這件事就無聊多了。然而，在二〇一八年六月，一個相當寒冷的某天，由於每個人都在等待總理的嬰兒出生，整個紐西蘭彷彿成為醫院的等候大廳。

紐西蘭媒體面臨前所未有的難題：他們該怎麼報導這件事？歷史上最接近的狀況，或許是英國皇室誕下子嗣的時候，每一次都引起全世界的關注。

大眾對阿爾登的懷孕一事相當感興趣。對許多人來說，這件事帶來一種自豪感。紐西蘭人選出一位即將要生孩子的領導人。阿爾登讓每個人都覺得自己和她是朋友，所以每個人都希望她能順利生產。就連政治上的對手也拋棄成見，祝福她一切順利。有些人甚至代替阿爾登與媒體開戰，因為他們認為雖然政府有被監督的義務，但總理的孕事不該受到媒體監督。但這些人沒有意識到，媒體其實沒有對她窮追不捨，甚至因為留給她太多隱私，反而讓關心這件事的讀者，只能學到關於巨蟹座的特性（阿爾登孩子的星座）、在冬至出生的嬰兒有什麼特色等冷知識。

阿爾登的預產期是六月十七日，因此當這天終於來臨時，媒體都嚴陣以待。最新消息很快變得很無聊，因為阿爾登不僅沒有生產，甚至連臨盆都沒有。當地的一個媒體網站 The Spinoff 在十七日開始以文字即時報導這件事，打算一直搞笑，直到嬰兒出生為止。四十八小時後，六月十九日的即時更新突然出現大轉折。

晚上兩點十三分：沒有嬰兒。

晚上三點十九分：嬰兒是什麼？嬰兒是愛與痛苦的結合，是宇宙經過蒸餾後的產物。

晚上三點四十四分：沒有嬰兒。

晚上四點零一分：沒有嬰兒。

三天後，阿爾登仍在家裡工作（國會沒有開議）和閱讀文件。她的產假要在被送往醫院分娩的那一天起才開始計算，並由彼得斯接手擔任為期六週的總理。

有記者採訪（隨便找來的）一名助產師，詢問嬰兒在過預產期之後還要多久才會出生。答案是：很難說。

蓋福德在推特上發文，說他們仍在等待。這件事也成為一篇報導，因為這是歷史性的一刻，所以記者絕不能錯過任何細節。有媒體甚至推出一個嬰兒相關歌曲的播放列表。

最後，蓋福德在二十一日早上，開車將阿爾登送到奧克蘭醫院，這間醫院距離他們在桑德令罕（Sandringham）的官邸有十二分鐘的路程。媒體對這個數字相當有自信，因為有一名倒楣的《紐西蘭先驅報》工作人員被派去行駛這段路程，然後將整個過程拍成一則新聞。

所有媒體立即將記者陸續載到醫院，總理辦公室也提前向媒體發布關於報導出生狀況時的規定。只有經過認證的人員才能進入醫院的指定房間架設攝影裝備，以便阿爾登的團隊向他們提供最新消息。由於醫院內禁止拍攝，因此記者在馬路對面設立即時轉播站。他們必須不斷想辦法找各種話題，因為整個國家都知道等待嬰兒出生的過程有多無聊。

以下是紐西蘭媒體在二〇一八年六月二十一日的相關報導：

・二〇一七年，紐西蘭共有五萬九千六百一十名嬰兒出生（三萬零五百八十八名男孩，兩萬九千零二十二名女孩）。

・夏洛特是當年最多人幫女生取的名字，最熱門的男生名字則是奧利佛。

・六月二十一日是演員克里斯・普瑞特（Chris Pratt）、歌手拉娜・德芮（Lana Del Rey）以及威廉王子的生日。

・六月二十一日的星座是巨蟹座。

・一年之中，白天最短的一天稱為冬至。二〇一八年的冬至是六月二十一日（當記者在奧克蘭醫院外報導時，剛好天氣相當寒冷且下著雨）。

・傑辛達・阿爾登不是第一個生孩子的女人。這則新聞是由馬克・理查德森（Mark Richardson）在《The AM Show》節目上報導。

・有時候，嬰兒不會準時在預產期出生。

・嬰兒最常出生的時間是凌晨四點。同時放上阿爾登與小孩（通常是她的外甥女）互動的各種照片。

・其他政治人物抱著自己孩子的照片。

・「在我們醫院分娩的婦女，平均住院時間為二・三天。通常，產婦可以自行決定要回家休養或是到月子中心。」——來自奧克蘭市立醫院的聲明。

有一些準備進到奧克蘭醫院裡工作的人，對於總理的嬰兒即將出生感到相當興奮。其他人不想管記者在說什麼，他們到戶外只是想要好好抽根菸休息一下而已。

從阿爾登抵達醫院開始，聚集在候診室中的媒體會隨時收到來自官方的最新消息，但這些消息無聊到很可笑。這些都是關於收到來自哪些國家領導人的鮮花和祝福，卻沒有任何關於分娩的消息。

在傍晚六點過後，阿爾登和蓋福德與其他成千上萬名的紐西蘭父母一樣，選擇透過社群媒體 Instagram 分享新生兒出生的消息。阿爾登發布一張用手機拍的照片，照片中的她手上抱著嬰兒，躺在醫院的病床上，蓋福德則跪在她們的身邊。她寫道：「歡迎來到我們的村莊，小傢伙。我很幸運能在下午四點四十五分時，誕下一名健康的女嬰，重量為三．三一公斤。感謝各位的祝福和好意，也感謝奧克蘭市立醫院傑出的團隊，讓我們母女均安。」

媒體陷入一陣慌亂，因為一直以來，訊息流動的方向都是從政府到媒體，最後才傳到大眾。由於報導禁令和「禁止公開」的相關限制，因此記者知道的內容往往比民眾還多，只是在工作上必須將資訊經過消化與過濾之後才能報導出去。但是，當現任總理生下子嗣的歷史性事件發生時，阿爾登卻讓媒體失去存在的空間。坐在醫院樓下的記者和所有紐西蘭公民一樣，都是透過社群媒體才得知嬰兒已經出生的事。

不久之後，各新聞媒體收到新聞稿，裡面複述阿爾登在貼文中已經說過的內容。這份新聞稿中，只有一個是民眾還不知道的資訊：在嬰兒出

▲ 阿爾登在 IG 上宣布女兒妮薇的出生。

生之後，阿爾登的第一餐是相當道地的吐司抹馬麥醬（Marmite）和熱美祿（Milo）。還真是相當忠實的報導。

這則消息傳到海外之後，有一半的報導在談論嬰兒的最新狀況，另一半的報導則是在談論，媒體必須在得不到最新資訊的情況下做出實況報導的荒謬之處，英國《衛報》（*The Guardian*）的一則頭條也寫道「傑辛達．阿爾登的寶寶新聞，讓紐西蘭媒體陷入狂熱」。

當三腳架被收起來，新聞工作人員也陸續離開時，阿爾登的嬰兒仍然沒有名字。隔天早上，阿爾登宣布召開記者會，這也是她唯一一次願意回答這麼多關於這名嬰兒的問題。媒體再次聚集在候診室中，在場的還有護理師、醫生和其他偶然經過的病患。

阿爾登抱著嬰兒，和蓋福德一起走出來。蓋福德穿著一件很有爸爸風格的毛衣，阿爾登則穿著年輕人風格的帆布鞋。醫院大廳內除了偶爾的快門聲之外，沒有人發出任何聲響。即使是鐵石心腸的政治線記者，也不會狠心到讓嬰兒哭泣（就算這名嬰兒涉及政治和公益也一樣）。阿爾登簡短說幾句話後，向全世界介紹她的女兒：妮薇．蒂阿羅哈．阿爾登．蓋福德（Neve Te Aroha Ardern Gayford）。她還強調「阿爾登」是中間名，不是姓氏。

這對夫婦後來決定不接受全國各地部落所贈予的名字，因為如果接受其中一個，就會讓其他部落很難堪；若全部都接受，名字的長度就會超過出生證明的字數限制。蒂阿羅哈（Te Aroha）在毛利文中是「愛」的意思，這個字不但包含所有部落贈予的名字中的祝福、反映出祖國的原住民文化，也是阿爾登在童年時代，從莫林斯維爾的家裡可以看到的那座山的名字。

對於一位總理來說，這次記者會的內容可說是相當超現實。沒有記者詢問任何政治相關的問題，細節也都很瑣碎。就和前幾天一樣，雖然沒有獲得太多資訊，但媒體都覺得自己必須在現場，盡可能做成報導讓民眾了解情況。

阿爾登的新聞小組宣布，這個新家庭將從後門離開醫院。媒體被允許可以從路邊拍攝他們汽車開過去的模樣。因此，這些平時都在追逐政客，並守在辦公室外面想辦法挖八卦的政治線記者，又再次被迫為了一個嬰兒在戶外吹風淋雨。在醫院的馬路對面，有一間當地商店正在賣全國性的報紙。當天的頭版是採用亮眼的粉紅色，藉此紀念總理女兒的出生。

在經過漫長的等待後，阿爾登的前導車終於開出來，隨後是那對新手父母的車。當他們經過攝影師時，阿爾登揮手致意，不禁讓人想起英國王室。片刻之後，他們就開走了。沒有人歡呼，沒有人跟蹤他們，也沒有人在乎這件事。雖然即時報導很搞笑，主題首頁和熱門標籤也蔚為風潮，但阿爾登總理第一個孩子的出生過程確實很普通。這樣也好，正如她所願。

重返國會，只不過這次多了嬰兒相伴

紐西蘭從未出現過如此年輕的總理，也從未有一對如此年輕的伴侶能代表國家登上世界舞臺。蓋福德全心全意擔任這個不合常規的新角色。他在採訪中不會對阿爾登表示抗議、清楚知道自己的工作比另一半輕鬆，並盡力為她照顧家庭。如他當年稍早在採訪後的電子郵件中所說：「這對於我們兩人來說，是一個相當奇妙的時刻。我只想在幕後當一個最好的伴侶，輕輕推著她，讓她發揮出自己驚人的實力。」

在國際活動中，蓋福德會與其他世界領導人的配偶站在一起，而他通常是那群人之中唯一的男性。當阿爾登在世界領導人的合照中脫穎而出時（因為大部分都是中老年男性），蓋福德也會在配偶的合照中成為焦點。

因為妮薇還很小（尤其是當阿爾登還在餵母乳時），所以蓋福德通常會一同出席各種活動。在聯合國大會上，當他和妮薇走過大廳時，會吸引很多人的目光。蓋福德與阿爾登最著名的一次出訪，是在妮薇出生之前，出席白金漢宮的活動。當阿爾登懷著身孕、身穿傳統毛利斗篷走過宮殿大廳時，有一位攝影師偷偷為這對伴侶拍一張照。阿爾登走在中間，神情相當堅毅，蓋福德則在她身後不遠處大步跟上。

阿爾登在產假的六週期間，與蓋福德一起待在桑德令罕的官邸中，但她並沒有因此與世隔絕。有當地民眾會興奮的在網路上發文，說自己撞見那對新手父母推著嬰兒車在散步。由於暫時不必處理總理的職務，因此阿爾登只參加少數幾個活動，其中一個是當地的育兒書新書發表會。

全世界對於妮薇出生的反應相當踴躍。來自世界各國領導人和名人的祝賀紛紛湧入，就連英國女王也送上祝賀。妮薇出生後的隔天，谷歌首頁上的搜索列下方多出一個小圖片，是阿爾登當初用來宣布懷孕的三個魚鉤。那是由威靈頓的藝術家史蒂芬．坦普拉（Stephen Templer）所畫的插圖。這很清楚是來自世界上最大公司之一的祝福。不過那張小圖片很容易被忽略。事實上，就連阿爾登自己都沒有發現，直到有幕僚跟她說，她才注意到這件事。

大量的祝福與鼓勵讓阿爾登倍感驚訝。她後來透露，她不只擔心小孩能不能平安出生，也很擔心外界會如何解讀她懷孕的事情。她告訴《澳大利亞婦女周刊》（*The Australian Women's Weekly*）：「我沒想到大家會這麼熱情，這麼正面看待我在擔任總理期間懷孕的事。我對宣布這件事很緊張，真的非常緊張。所以這件事讓我感到驚訝，就連大家後續的回應也讓我很驚喜——『既然孩子出生，我們願意隨時提供各種協助』。」

當阿爾登重返國會時，她的工作生活恢復正常，只不過多一個嬰兒跟在身邊。阿爾登在回歸的第一天，接受媒體採訪。雖然有些記者把重點放在她以新手媽媽的身分重返工作崗位這件事，但也有一些記者只是再次提起阿爾登在六週前尚未回答的問題：為什麼企業信心在工黨執政時下跌？政治果然還是一如往常。

當總理必須前往國會大廈辦公時（週一的內閣會議、週二的核心小組會議和答詢時間、週三的內閣委員會會議），阿爾登會從位於奧克蘭桑德令罕的住所搭飛機前往威靈頓，然後她、蓋福德和妮薇（有時還會有她的母親和婆婆），會在總理官邸過夜。

阿爾登位在蜂窩大廈的九樓辦公室裡騰出一個育嬰室，讓妮薇在媽媽工作時睡覺和玩耍。九樓以前原本沒有育嬰室，但真要說哪個辦公室可以騰出足夠空間和人手可以育嬰，大概也只有總理的辦公室。

媒體相當尊重阿爾登想要保護妮薇隱私的意願。這件事並非史無前例，過去其他首相也有孩子（雖然不像這次是剛出世），而且媒體知道他們的底線在哪。

有兩件事也對阿爾登很有幫助，一是在她之前，國會稍早已經迎來兩名新生兒，二是議長特雷弗．馬拉德，長期以來不斷致力於讓國會對家庭（尤其是母親）更友善。

在二〇一七年大選前不久，工黨籍國會議員威洛．珍．普萊（Willow-Jean Prime）的女兒希妮（Heeni）出生。當年與阿爾登同期進入國會的工黨議員凱里．艾倫（Kiritapu Allan），他的妻子也在競選期間生小孩。馬拉德不但在普萊競選時替她帶小孩，當工黨勝選後，他也鼓勵普萊若有需要，可以將嬰兒帶進議會。她照做了，而且還在議事廳中餵母乳，但現在大家對這種事都已經習以為常。在之前，國會議員必須離開議事廳才能開始餵母乳。現在，國會的信差（原本的工作主要是在國會議員之間分發文件）有時會進到議事廳，將需要哺乳的寶寶送到母親那裡。

二〇一七年十一月，當普萊正在為了延長有薪育嬰假的法案進行辯論時，馬拉德替她將三個月大的希妮抱在懷中。該法案在數週後通過，將有薪育嬰假從十八週延長至二十二週（到二〇二〇年變成二十六週）。當時，艾倫、普萊和他們的嬰兒正好都在國會中。阿爾登在宣布該法案時，難掩她的興奮之情。這是當她還在反對黨時就一直力推的改變，也是她的政府最早採取的行動之一。

由於國會議員是民選官員而不是雇員，因此無法適用有薪育兒假的規定。阿爾登休的六週產假是無薪假。當然，國會議員（尤其是總理）的收入原本就遠高於紐西蘭人民的平均收入，因此受到的影響並不大。

在歷史上，紐西蘭國會直到近期才開始出現職業母親。一九七〇年，工黨的惠圖．蒂里卡特尼．蘇利文（Whetu Tirikatene-Sullivan），是第一個在擔任國會議員期間生子的女性。兩週後，她重返工作崗位，並把嬰兒帶到辦公室照顧，但在這段期間，嬰兒從來沒有在議會中出現。

十三年後，露絲．理查德森（Ruth Richardson）終於可以在專門的哺乳室中餵母乳。二〇一七年時，普萊和艾倫的嬰兒還只能偶爾帶去國會，直到兩週後才漸漸讓其他人習慣他們的存在。直到二〇一八年八月，當妮薇首次被帶去國會時，這已經不是什麼新鮮事。

正如一位幕僚所回憶道，不管是阿爾登邊餵奶瓶內的母乳、邊走進開會中的辦公室，或是暫時離席去餵母乳，大家都感到不足為奇。雖然有時媒體或民眾會在國會大廈裡看到妮薇，但她從未被帶進議會。

阿爾登在回到工作崗位的第一天時，曾不止一次表示，她不打算把妮薇帶進議事廳。身為總理，阿爾登既不需要，也不希望每次都必須在議會待上數小時。她通常會在會議開始時出席，回答來自反對黨的質詢，然後在回答完後去參加其他活動。其他國會議員（尤其是艾倫和普萊等排名較低的議員）則必須在議會待上比較長的時間，因此阿爾登同意並鼓勵他們把小孩帶在身邊。

阿爾登會竭盡所能緩和眾人稱讚她同時管理國家和照顧小孩的能力。她告訴英國的《星期日泰晤士報》（*The Sunday Times*）：「我相當清楚自己**不想要成為『女人無所不能』這種概念的代表人物，因為這暗示女人必須做各種事情。我覺得女性的前程無可限量**。我之所以能完成各式各樣的事，是因為我有一位得力助手，就是克拉克（蓋福德）。」

然而，若阿爾登一邊餵妮薇母乳，一邊回答反對黨的質問，可能會太過頭。在審讀法案和非即席演講時哺乳，當然也會成為問題。但是阿爾登很少出現在那些場合。如果她把妮薇帶進議事廳，只會讓更多人指控阿爾登偏愛軟性題材和公關宣傳，而不注重經營國家必須面對的現實問題。因此，妮薇依舊不在紐西蘭媒體上露面，只有偶爾在阿爾登的臉書直播中傳出咯咯笑的聲音，或是在總理辦公室發布的幾張照片中，藉著被毛毯包覆的方式現身。

「第一」寶寶的聯合國大會之旅

這個做法一直持續到二〇一八年九月才破功。當時，妮薇與阿爾登及蓋福德一起出席聯合國大會。聯合國大會每年都在紐約舉行，是國際上最重要的世界代表聚會。無論國土面積或影響力大小，每個國家在大會決議時的票票皆等值。

大會在九月底舉辦，為期一週。在一百九十三名代表中，大部分是總統和總理，每個人都有機會在大會中發言。二〇一八年的大會主題是「使聯合國與全人類相關：促進和平、公平及永續社會之全球領導及共同責任」。

三個月大的妮薇獲得正式的聯合國識別證，上面還有一張大頭照，並寫著「妮薇．蒂阿羅哈．阿爾登．蓋福德女士——第一寶寶」。妮薇的「第一」，不只是來自第一家庭。阿爾登是有史以來第一位將嬰兒帶到聯合國大會的世界領導人。

世界領導人的伴侶或子女，通常不會一起參加聯合國大會等活動，但是因為阿爾登還在為妮薇餵母乳，因此別無選擇。

當阿爾登進入建築物並被國際媒體包圍時，她小心翼翼用毛毯遮住妮薇的臉，不讓媒體拍到。有一次，當他們走過一整排的相機，一位攝影師大喊：「恭喜！」阿爾登仍然面帶微笑感謝他，然後進入大樓。她已經向自己和媒體保證，直到妮薇的年齡足以自行決定之前，她都會保護妮薇的隱私。就算她正在創造歷史，也不會食言。

在辯論正式開始的前一天，阿爾登在曼德拉和平高峰會上發表演講。她在上臺演講之前，和其他紐西蘭代表一起坐在座位上。一如往常，妮薇和蓋福德就在不遠處。蓋福德很開心的分享世界各地代表當下的各種反應。他在推特上說：「有一位日本代表走進會議室時，看到我正在幫寶寶換尿布，真希望當時能拍下那個人臉上的驚訝表情。這故事很適合在她二十一歲生日時告訴她。」

當阿爾登在演講時，蓋福德決定帶妮薇去找媽媽。當阿爾登回到自己的座位上時，驚訝的發現蓋福德和妮薇居然在那裡等她。她甚至不確定根據規定，他們能不能出現在那裡。

這次出訪基本上很順利，只有坐在阿爾登附近的人會俯身向嬰兒打招呼。但阿爾登不知道的是，旁聽席上也有攝影師。

阿爾登（和馬拉德）或許有權力限制紐西蘭媒體報導和拍攝妮薇，但紐約的記者可不受到同樣的限制。記者和攝影師從世界各地飛來報導這個事件。雖然聯合國大會具有重要意義，但對於渴望點擊率的媒體而言，聯合國大會並不是一座金山。

路透社的攝影師卡羅・阿雷格利（Carlo Allegri）為阿爾登、蓋福德和妮薇拍好幾張照片。這些照片很明顯是從遠處拍攝，因為阿爾登和蓋福德都沒有發現他們正在上鏡頭。

照片中，妮薇的表情看起來對身邊事物不屑一顧，她的父母則看起來對於被拍攝一事猝不及防。這些照片很快就被放到網路上。這是妮薇的臉第一次出現在照片中，而且是在全球數一數二的政治舞臺上亮相。這些照片很快就在全世界瘋傳，這是聯合國大會過去從未發生過的事。這些照片在全球的觀看次數超過一億九千五百萬次。

一直以來，阿爾登都不讓妮薇登上媒體。諷刺的是，第一張照片的鏡頭拉

▲ 阿爾登一家人到紐約出席聯合國大會。

近到妮薇的臉部，因此她的臉被放大，又充滿顆粒，顯然不是一張好看的大頭照。此外，這些照片在全世界總共有數百萬人看過。對於政治人物來說，這件事不是很理想，因為想在政壇上成功，就必須能夠嚴格管控自己的行為。

但是，無論阿爾登是否對這件事感到不滿，她肯定知道小孩對形象很有幫助，嬰兒就更別提。雖然阿爾登大可誠實說出，自己對於在聯合國大會上被大幅報導一事表示有點苦惱（這種話通常會帶有諷刺的意思，但這裡例外），但這波風潮帶來的影響都是正面的。

世界各地的民眾分享這些照片，並稱讚阿爾登對於成為職業母親這件事感到相當自在。聯合國發言人稱讚阿爾登，並希望像她這樣的職業母親將來不會只是少數。「總理阿爾登證明，沒人比職業母親更有資格代表自己的國家。世界上只有五％的領導人是女性，因此我們必須向她們表示歡迎。」

在那一刻之前，阿爾登從不允許媒體為她的嬰兒拍照，甚至從出生以來，就沒有在網路上發布過妮薇清楚的照片。然而，大眾的目光和耳朵，始終都沒有遠離這位總理官邸裡的新房客。

當阿爾登在起居室裡進行臉書直播，討論政府的政策或公告時，通常可以聽到妮薇從鏡頭外傳來幫媽媽加油的叫喊聲。

由於阿爾登和妮薇形影不離，許多人開始樂見女性邊工作邊帶小孩這件事，不必為任何一個身分妥協。雖然妮薇始終沒有正式在鏡頭前亮相，關於她的報導卻從未停過，而且一直是讓讀者津津樂道的主題。但是，也有許多人將妮薇的到來以及後續的相關瑣碎報導，視為總理辦公室精心設計的煙霧彈。

然而，工黨始終沒有露出任何馬腳。阿爾登和她的團隊都很聰明，不會在每次傳出負面新聞發布時都剛好出現「妮薇特報」，但是對一個底下部長表現不佳的總理來說，那些寶寶新聞出現的時機，實在是恰到好處。

任何經驗老到的顧問都知道，總理生小孩這件事在政治上很有利，尤其是像阿爾登這樣受歡迎的總理。但是紐西蘭的政治，從來就沒有像美國或英國那樣憤世嫉俗。究竟，妮薇是否（至少在某種程度上）被當作政治的道具，還是這一切真的只是一位女人試圖一邊撫養孩子、一邊管理國家？這個問題的答案，恐怕就和阿爾登在政治上大部分的舉動和動機一樣，處在中間的灰色地帶。

話雖如此，阿爾登在履行總理職責的同時生兒育女，確實為這世界帶來影響。不，傑辛達·阿爾登不是世界上第一位職業母親，但是象徵性意義不代表沒有意義。雖然有一些職業母親不滿，明明在阿爾登之前，早就有成千上萬辛苦的母親邊工作邊育兒，卻只有阿爾登受到媒體大幅關注和稱讚，但這波新聞確實讓全世界的年輕女性看到新的常態。**如果一個女性可以邊照顧嬰兒、邊治理國家，憑什麼一般職場女性不能邊育兒邊工作？**

CHAPTER 12

性別議題，走到哪裡都是話題

懷孕的總理（以及為新生兒哺乳的總理）之所以感覺像進步，還有一個原因。阿爾登的經歷，與紐西蘭前總理海倫・克拉克形成強烈對比。

克拉克在一九九九年至二〇〇八年間擔任總理，她與阿爾登有很多共同之處。兩人都在懷卡托出生，並在偏遠的農村中長大。雖然都來自保守的社區，但她們都是自由主義者。兩人都是職業政治家、在青少年時期就加入工黨，並且在相當年輕時就進入國會（克拉克是三十歲，阿爾登則是二十八歲）。

她們是紐西蘭唯二當選為總理的女性。雖然珍妮弗・希普利曾在詹姆斯・博爾格（James Bolger）被自己

▲ 紐西蘭首位透過大選當選女總理的海倫・克拉克，是阿爾登的職涯導師兼支持者。

的國家黨逼退後，於一九九七年至一九九九年間擔任總理，但她並不是經由人民投票而成為總理。此外，由於兩人都必須不斷在議會和媒體上處理性別歧視的問題，因此產生特殊的羈絆。

儘管有些相似之處，但若不是平時有在關心紐西蘭政治的人，可能還是難以察覺克拉克和阿爾登之間的關聯，因為她們不但長相和嗓音都南轅北轍，就連個性也看似天差地別。雖然兩人都受性別歧視所擾，性質上卻大不相同。

克拉克在政壇上的目標，是**在男人訂下的遊戲規則中打敗男人**（而且國會中絕大部分都是男性）。國會曾被形容為「熊穴」：若不動手，就等著被殺。最能證明自己成功的方法，就是蒐集戰利品，例如在議事廳中駁倒對手，或是透過向媒體走漏消息打擊對手。克拉克冷酷無情，能為了群體的利益犧牲自己的同事。雖然這是政壇上很標準的行為，但如此剽悍的女性還是不免令人感到震撼。

克拉克在政壇上與其他男性被以同樣的標準檢視，這點對她其實在某種程度上很有利。上一代的一些女性政治人物，也是靠同樣的方法在世界各地成為領導者。安格拉．梅克爾、希拉蕊．柯林頓、德蕾莎．梅伊和鐵娘子瑪格麗特．柴契爾（Margaret Thatcher）的特徵，都是**個性嚴厲**、**堅韌**，**而且（至少在外界眼裡）缺乏幽默感**。除了讓自己的頭髮長到及肩之外，她們什麼都不怕。**女性若想要在由男性主導，且為男性服務的政治世界中成功，就必須**

這麼做。

在克拉克第一任期的傳記中，她的選區祕書瓊・考菲爾德（Joan Caulfield）稱克拉克不是女性主義領袖，只是「一個能和任何男人一樣出色的女人」。雖然克拉克努力不讓自己被歸類為「女性政治家」，但克拉克在國會中，還是難以和其他男性議員平起平坐。

克拉克的低沉嗓音對她相當有利。在議事廳裡，若**說話聲音太輕柔，就會被別人的大嗓門蓋過去**，而克拉克彷彿男中音的嗓音，可以穿透別人的聲音，讓在場的人想裝作沒聽見都沒辦法。她拒絕迎合他人，因此她相當與眾不同。

雖然她的特立獨行有時對她不利，但通常是利大於弊。曾有人打趣道，若有人在海灘上對克拉克自首，說自己害死她的貓，那個人一定很快就會被送去和那隻貓陪葬。

性別歧視，連女人也為難女人

即便她渾厚的嗓音和堅定的姿態，讓她在國會之中的贏面很大，但在國會之外反而為她帶來一些紛擾。

在一九八一年，當克拉克成功拿下艾伯特山的席位進入議會時，她尚未結婚。她的單身狀態、「不女性化」的衣著，以及明顯對成家興致缺缺的態度，讓全國各地的電臺主持人和政治部落格紛紛臆測她的性傾向。

二〇〇八年，當阿爾登進入國會時，也是未婚狀態。兩位女性都沒有明確聲明自己的性向，但從來沒人說過阿爾登可能是女同性戀。雖然刺探阿爾登的感情生活，無疑是一種性別歧視（其他男性議員的感情生活都沒被探聽過），但很多人之所以這麼做，純粹只是出於好奇。她正在和誰約會？她有沒有前男友？然而，當年的民眾並不是因為好奇，而去談論克拉克的愛情生活。他們是出自懷疑。

克拉克很開明，身邊有同性戀朋友，而且也大力支持改革墮胎法。克拉克具備觀念守舊的人害怕的元素。以當時那個年代而言，克拉克可說是比阿爾登更前衛。一九八〇年代的國會，沒辦法接受這樣的存在。根據她的傳記，就連同黨成員也曾懷疑克拉克是女同性戀。甚至當她開始與（男性）學者彼得．大衛斯（Peter Davis）約會時，謠言還是沒有因此中斷，反而開始暗指他們只是為了便於從政而交往。

雖然克拉克會忽略大部分的人身攻擊，但她在政治上還是相當實際。長期以來，克拉克都對婚姻不屑一顧，並堅稱自己永遠不會結婚，但是在一九八一年，她還是結婚了。其實她根本就不想結婚，想到這件事就會覺得厭煩，但她知道這麼做，至少可以讓一些流言蜚語平息下來。

多年後，當她的姐姐桑德拉（Sandra）被問到此事時，她回答：「那是個開心的場合嗎？不，那只是一個場合。」二十年來，克拉克仍將自己的婚姻視為「必要之惡」。

在克拉克出於政治因素而結婚的三十年後，阿爾登與蓋福德的關係，卻受到明顯不同的待遇。雖然很多人是以看熱鬧的心情在面對這兩人的八卦，但是當他們宣布他們即將要有小孩時，民眾與媒體幾乎是一面倒表示支持，幾乎沒什麼言論批評這對同居伴侶居然還沒結婚。就連阿爾登的摩門教父母，對這消息也都只有興奮之情。

克拉克始終沒生孩子。根據她多年來針對相關主題的發言，顯然她也從未打算生小孩。但沒生小孩這件事，對她的政治生涯相當不利。曾有反對黨議員以克拉克本身沒有孩子為由，試圖抨擊她的家庭政策。批評者聲稱，克拉克不打算成家，可見她是個冷酷無情的人，並暗示因為她沒有生過小孩，所以不懂身為人母的心情，而能否理解這種心情，顯然對弱肉強食的政治界相當重要。

同一類型的批評者也曾表示，阿爾登決定在任職期間生小孩，證明她根本無心擔任總理。對那些人來說，總理每天必須做出重大決定，生孩子只會讓新手媽媽分身乏術。毫不意外，國會中的女性不管決定要不要生小孩，都只會招來罵名。

阿爾登確實也經歷過性別歧視的言論，但與克拉克在一九八〇年代和一九九〇年代所面對的程度不同。克拉克只因為身為女性，就被批評為軟弱且情感脆弱，卻又因為過於陽剛、不夠支持其他女性而遭到漫罵。她常因為外表被取笑，而且經常被嫌棄沒有魅力。由於這類言論實在太常出現，導致她的傳記作者布萊恩・愛德華（Brian Edwards）決定採取一項詭異的舉動：在書中收錄一些資深男黨員稱讚克拉克其實很有魅力的句子。

另一方面，阿爾登標準的女性魅力，也讓她飽受抨擊。在她擔任國會議員的時候，曾被說是「展示用的小馬」、「華而不實」和「小美人」。即使當上總理，每一篇相關的網路文章下方的留言區裡，都還是有人會說她的成就全靠她的長相。

阿爾登面對的問題肯定比克拉克小很多，但她還是有從工黨的前輩身上學到不少技巧。克拉克通常會選擇忽略討厭的流言蜚語，但每當她決定出面反駁時，聽起來不是防衛心很重，不然就是顯得很軟弱。因此，阿爾登經常會表示她很樂意談論那些涉及性別歧視言論背後的議題，但自己並沒有對那些言論本身感到困擾，藉此化解許多危機。這麼做可以讓她顯得自己沒有過度敏感（「過度敏感」在任何行業中都被視為女性的弱點），卻同時能對這類言論提出反駁。

當派翠克・高爾將奧克蘭中央區的選戰貼上「辣寶貝之戰」的標籤時，同時激怒阿爾登和凱伊，但是她們兩人都沒有隨之起舞，而是選擇對這件事冷處理。然而，那個標籤始終沒有消失，阿爾登日後也曾感嘆，她們也許錯過正面解決問題的機會。

這類性別歧視的言論依舊存在。在二〇一五年一個早晨的談話性節目中，一位橄欖球老將格雷厄姆・羅威（Graham Lowe）在被問到阿爾登在政壇上的潛力時，他回答：「我告訴你，她就是個曇花一現的小美人……她只有形象正確而已。」他的言論立刻引起眾怒。節目的主持人之一，希拉里．貝瑞（Hilary Barry）立即在推特上表達她的失望之情：「有來賓說阿爾登的政治實力『只是個小美人』。請放心，我絕對不會讓他全身而退。」阿爾登則在回覆中寫道：「我為這件事向妳表達感謝，希拉里。希望妳的鞋子夠尖。」

羅威的言論很快就引起許多討論，但與克拉克的時代不同，這些言論普遍是在譴責他。羅威在回應中解釋，自己是在「試著稱讚她。在我成長的時代中，說別人長得漂亮是一種高度的讚美，所以我才那樣稱讚她。我不希望冒犯阿爾登。如果我冒犯到她，我很抱歉。」

除了最初在推特上的發文之外，阿爾登都保持沉默，因為已經有太多人在替她辯護。羅伯遜在他的臉書對此事發表長篇大論。他在開頭即表示：「對於我的朋友兼同事阿爾登在過去幾週被迫忍受的無知言論和性別歧視，我感到厭惡至極。」

網友的討論仍在延燒，從羅威所說的話是否冒犯到人，陸續討論到那些話是否屬實。阿爾登在反對黨時有過什麼貢獻？比起政策，她是否更在乎美感？阿爾登雖然最後公開出面回應，但她堅稱自己沒有受到冒犯。

但是，當某位右派評論家在一篇社論文章中，以這句話結尾時，阿爾登終於忍無可忍：「三十五歲是否還能算是美人，這答案因人而異，但她絕對是個愚蠢的人。」她在媒體上發表文章，談到處理性別歧視問題時的兩難困境。文章開頭就寫道：「處理就死定了，不處理也死定。」阿爾登已經談論很多次，到底怎樣才是回應職場上的性別歧視及刻板印象的最好方法。「也許有人會認為應該要當作讚美，笑一笑就算了，但這麼做是否會讓這個該被根除的問題不受重視？還是我應該冒著被說沒有幽默感和過於敏感的風險，站出來反抗？」

果然，整件事並沒有對阿爾登帶來幫助。最常見的批評，是說她的新聞都跟政治無關，而是個人的瑣事。在報紙頭版上討論自己是否被一位老人的言詞冒犯，顯然只是火上加油。不過，阿爾登肯定有從這次的經驗汲取教訓，因為兩年後，她以近乎完美的方式，解決類似的狀況。

與一九八〇年代的克拉克相比，阿爾登在二〇一七年的一大優勢，就是喧鬧的社群媒體。當批評者散播克拉克的謠言時，克拉克往往必須親自處理。但是在二〇一七年，當阿爾登被批評者詆毀時，她可以不費吹灰之力就獲得支援。實際上，她根本就不需要去看那些負面言論。自從政治人物紛紛開始出現在網路上之後，阿爾登就一直是在網路上最活躍的政治人物。

她有成千上萬的支持者，雖然這種支持最後不見得會轉化成選票。因此，當投機黨（Opportunities Party）的黨魁加雷斯・摩根（Gareth Morgan）在推特上表示，「阿爾登應該證明自己不只是一頭塗口紅的豬」時，網友立刻群起回應。他遭到各界撻伐，就連當時的總理比爾・英格利希也宣布，若摩根繼續表現這種態度，他就絕對不會與投機黨合作。摩根沒有承認自己失言，反而做出越描越黑的聲明。

到了隔天，當記者問阿爾登對這件事的回應時，她根本不需要直接向摩根喊話，因為他早已被擊敗。她表示，這件事並沒有對她造成困擾（但也許這是事實）。她說：「那句話是針對我而來，但我不打算隨之起舞。我只想專注在我們宣告的政策和未來的願景。」無論阿爾登私下是否對摩根所說的話感到糾結，她都能以有禮貌的方式回覆。另一方面，摩根卻永遠也無法擺脫自己不當的言論。

在阿爾登成為黨魁的那一天，她出席一個與新聞及時事相關的談話節目《The Project NZ》。當他們在進行簡短的直播訪談時，主持人傑西・墨里根（Jesse Mulligan）和卡諾・洛依德（Kanoa Lloyd）對於最後一個問題抱持不同看法。墨里根說他很想知道自己「能不能問這個問題」，但最後他還是問了：「許多紐西蘭女性都認為，自己必須在生小孩和工作之間做選擇，或者日後才能再次回到職場上。妳覺得自己必須做出這種選擇嗎？還是妳已經做出決定了？」

觀眾很快就在社群媒體上，表達自己對這個問題的看法。意見相當分歧。許多人（大部分是女性）認為，墨里根在提出這個過時的問題時，就已經失言。另一些人則認為，這個問題對於三十七歲的阿爾登來說相當貼切。

阿爾登的回答比較接近後者。「我完全不介意你問這個問題，墨里根。我一直都很願意公開談論這類問題，因為我猜應該有很多女性都曾面臨這樣的困境。我的職位和同時從事三份工作的女性，或是同時肩負很多責任的女性沒什麼不同。我們都必須面對每天的挑戰，然後試著將手邊的運氣和資源發揮最大的效益。因此，我和大部分認真工作和生活的女性一樣，沒有預先決定任何事情。」

真是完美演示政治人物打太極的技巧。但在節目播出後的幾小時，沒有人真正關心阿爾登的回答，大家都忙於討論墨里根的問題。墨里根其實是阿爾登的老朋友（對，紐西蘭很小）。除了他以外，恐怕沒人可以在問完那種問題後全身而退。

前板球運動員馬克．理查德森前天晚上也是節目的來賓，他隔天早上又出現在《The AM Show》節目中，感覺他的電視通告永無止境。阿爾登預計在節目中途登場，而在她出場之前，三位主持人討論了一下墨里根的提問方式是否恰當。理查德森以強硬的語氣表示，墨里根向阿爾登問的問題十分正確，而且所有雇主都有權知道他們面試的女性是否計畫在不久後生孩子。

理查德森與其他主持人的意見相左。當阿爾登坐下來接受採訪時，一位主持人告訴她剛剛討論的內容。

阿爾登重申，自己並不介意被問到關於家庭的問題，因為她早已在媒體上談論很多次。「我決定要談論這件事。那是我的選擇，所以我很樂意不斷回應這些問題。」

然而，她轉過頭並用手指著理查德森說：「但是你剛剛說的話，說女性在職場上有義務回答這個問題，這在二〇一七年對女性來說，是完全不被接受的說法。」這段畫面很快就被全世界的網友分享。

理查德森提出反擊，他們持續辯論片刻，然後阿爾登笑了起來，對理查德森表示讚許，並做出結論：「真是場精彩的辯論！」

這場辯論（但主要是阿爾登一臉不贊同，並用手指著理查德森的畫面）在網路上如病毒般瘋傳。全世界的女性都將這表情封為「我受夠了你的性別歧視」的表情。

阿爾登在那次採訪中其實如履薄冰，因為她不能拒絕回答那個問題，卻也不能任由理查德森擺布，以免被視為同路人。但同時，如果她生氣或手腳慌亂，就會被認為缺乏領導者的氣度。阿爾登藉由一邊駁倒理查德森，一邊對這次辯論展現出運動家精神，不但讓理查德森成為陪襯的配角，也明確說出能引起全世界女性共鳴的捍衛女權言論。

這次的整個事件，從家庭與事業的兩難問題，到在電視上辯論時展現「正確」的態度，都牽涉到阿爾登的女性身分。在阿爾登成為黨魁的前二十四小時中，她必須再三捍衛女性邊工作、邊生育的權力，這證明紐西蘭的平權運動還有很長一段路要走，也證明阿爾登確實具有能擔任政壇要角的「性格」。

當她在五個月後宣布自己懷孕時，有些人在當天上午的《The AM Show》節目中回憶起她與理查德森的辯論，並暗示理查德森當初說的也許有其道理。如果阿爾登在選舉前就表示自己打算生小孩，沒有人敢說選票是否會因此受到影響。她的對手比爾・英格利希是六個孩子的父親，而前任總理約翰・凱伊在第一個任期時也有兩個小孩，但這兩位男性從來沒有被問到一邊從事政治工作、一邊帶小孩所面臨的挑戰。

在二〇一九年八月，也就是在克拉克首次公開支持修改墮胎法近四十年之後，司法部長利特爾頒布一條法律，將墮胎除罪化。許多紐西蘭人對此感到驚訝，因為他們以為墮胎早就合法。

但是，正如派翠克・高爾在黨魁辯論的電視轉播中所指出，雖然嚴格來說紐西蘭人可以墮胎，但這在《刑事犯罪法》仍是一件違法的行為。若要讓某人流產，必須經過兩名醫生批准，而那些簽字的醫生，必須相信孕婦的身體或心理健康確實存在風險。基本上，這表示絕大多數流產的人，都會對自己的精神狀態撒謊。該法案將取消這個步驟，允許孕婦在懷孕後二十週內自行向墮胎醫師就診。

這條法案早該出現。新法案將墮胎列為健康問題，而不是犯罪。利特爾表示：「墮胎是紐西蘭唯一被視為犯罪的醫療程序，現在是改變的時候。安全墮胎應該以健康問題為標準進行處理及規範。女人有權力選擇如何對待自己的身體。」

《墮胎改革法案》必須在國會中透過議員表決後進行三讀。由於這是一個良心問題，因此議員不必根據黨綱進行投票。阿爾登出身摩門教家庭，而且她的家人至今仍是信徒，但她卻說她將投票贊成墮胎除罪化。這是四十年以來，有關墮胎法改革的法案首次通過一讀。

阿爾登政府理所當然的獲得推動該法案通過的美名，但其實克拉克等人早在好幾年前，就種下這項改革的種子。克拉克和阿爾登對許多事情的看法和價值觀都相同，尤其是女性在婚姻、職業或生兒育女方面的選擇權方面。但是在政壇上，除了要有實力，還要有風格，而這兩人從一開始就展現天南地北的形象。

克拉克以近乎殘酷的高效率和冷酷作風殺出重圍，阿爾登卻是以相反的方式成功。雖然克拉克的性格似乎天生就是如此，但是如果以阿爾登的風格在一九八〇年代參選，幾乎不可能會在政壇上有成就。

同樣，雖然克拉克那類的女性（威嚴穩重，而不是慈母路線）確實在歷史上成就非凡，但阿爾登的領導方式，確實也滿足人民對新型態領導風格的需求。這種新的領導風格更強調領導者的日常人性、重視高情緒智能，以及同時具有脆弱的一面及堅毅的決心。

克拉克不曾想過要生小孩，也選擇不生。多年來，阿爾登不斷表示自己有養育家庭的夢想，並選擇一邊照顧家庭，一邊擔任國家最高職位。兩位女性的發展相似，但在政壇上的經歷卻截然不同，在政壇之外追求的目標也不同。但最重要的是，她們兩人都有選擇的自由，這也是所有女性都該擁有的自由。至少在這件事上，她們是有共識的。

黨員遭控性騷擾，處理不當惹眾怒

在二〇一八年聯合國大會上，阿爾登談到氣候變遷、國際貿易和性別平等問題。她的演講獲得各界稱讚，再加上她年輕職業母親的身分，讓她成為這場大會中最精彩的成功故事。阿爾登在演講時，熱情的強調在所有領域實現性別平等的重要性。她說：「Me Too 運動必須進一步成為 We Too 運動。」在她當初交給聯合國的演講稿中，並沒有包含這句話。

沒想到這句話日後反而成為她的困擾來源。在那句話說出口大約一年後，工黨疑似對一名工作人員的性侵指控出現處理不當的問題，於是阿爾登對此進行調查。

那項指控相當嚴重，許多申訴人聲稱有一位幕僚會對她們性騷擾，並在口頭上霸凌她們。同時，還有一名女性詳細描述自己被性侵的過程，而犯人正是同一名男子。隨著故事展開，眾人才發現原來黨內在處理年輕成員（尤其是女性成員）所提起的申訴時，在制度上存在嚴重的缺陷。申訴人說自己遭到忽視及打發，甚至被迫要放棄申訴，但被告卻仍好端端在黨內工作。

自從 #MeToo 運動在二〇一六年開始，各種故事陸續浮出水面，講述握有權力的男人，如何做出各種侵犯、霸凌及虐待的行為。但是，這件事讓民眾（尤其是工黨選民）失望的原因，是這些不當處理的問題，居然是在阿爾登身為領導人時發生。

阿爾登聲稱自己不知道這些申訴的嚴重性，並說她曾不止一次確認過這些申訴是否與性行為相關，但得到的答案是與性無關。社會大眾對此的反應不一。阿爾登怎麼可能不知情？新聞報導這些申訴的事情都已經好幾週。一些評論家表示，如果事後證明阿爾登知情但撒謊，她就該辭職下臺。但整體而言，大眾認為阿爾登不會為這種事撒謊。更關鍵的原因是，如果她事先知情，絕對不會讓事情鬧得這麼嚴重。

阿爾登說的很有可能是實話。她在前一年才對工黨青年團營隊活動中，出現的多起性侵指控做出回應，並承認工黨對申訴的處理不夠迅速。她說：「工黨正在採取措施，確保這種情形不再發生。我們將提供一對一諮詢和協助，確保我們改善未來的處理方式，打造一個安全的環境。」

在二〇一九年事情爆發當天，阿爾登在接受媒體採訪時表示，她的政黨處理申訴的方式令她感到「相當沮喪和失望」。當她在後續幾天深入調查後，她的回應變得更有同理心。事件發生兩天後，她在九月十一日表示：「提出性侵指控是一件相當困難的事情，而這些指控的處理方式卻又造成額外的傷害。本人謹代表工黨，就此事的處理方式向申訴人致歉。」

然而，當阿爾登正為申訴處理不當而道歉時，她的員工卻在公開場合對這些申訴提出異議。調查小組成員兼工黨主席尼格爾．哈沃斯（Nigel Haworth）堅稱，那些關於性侵的指控從未送到他們手中，即使申訴人向媒體提供發送給小組成員的電子郵件副本（其中還包含

「性侵」一詞），他們還是堅持這個說法。

在與阿爾登會面後，哈沃斯宣布辭去黨主席一職，但他始終沒有道歉或認錯。然而，阿爾登並不認同他的說法。她對媒體說：「今天早上，我與黨主席討論那些信件的事。雖然他堅持自己的說詞，但我相信這其中一定有誤。」

她進一步表示：「對於工黨處理申訴的方式，我們責無旁貸，我也不會找任何藉口逃避。因為若這麼做，可能會降低那些申訴的嚴重性。我們有照顧黨員的責任，但我們沒有做到……工黨處理這些申訴的方式不夠深入，也不夠適當。」她也為工黨和調查小組遲遲不認錯這件事，向大家致歉。阿爾登刻意不按照黨員為她安排的路線走。

阿爾登聘僱一位律師，並在申訴人的同意之下對申訴案進行獨立調查。這位律師將對工黨處理申訴的程序進行二次審查，並對工黨內部的申訴程序、能力培訓與內部文化進行詳細檢查。最後，如果申訴人願意，阿爾登會與她們見面，聽取她們對工黨的建議。

一位記者已經與一位申訴人進行交談，這位申訴人替其他人轉達她們的心聲。她們希望能與阿爾登分享自身經歷，並希望她採取一些行動，例如舉辦性騷擾防治教育訓練及訂立行為準則。這些都是可以做到的事。然而，申訴人還提到一個無法透過行為準則解決的問題：她們希望阿爾登可以處理工黨內部權力失衡的問題。她們表示：「我們（工黨）不但被男性主導，而且那些人幾乎清一色都是白人。」

政治一直都是男人的遊戲，更確切來說，是白人男性的遊戲。即使領導人是女性，也改變不了這一點。自從阿爾登擔任黨魁以來，她曾有四位參謀長和兩位新聞祕書長，這六個人都是男性。阿爾登的整體員工性別組成相當平均，但最重要的職位幾乎都是由男性把持，最親近阿爾登的內閣顧問也都是男性：格蘭特．羅伯遜、菲爾．泰福（雖然後來被降職）、克里斯．希普金斯，以及安德魯．利特爾。副總理溫斯頓．彼得斯和工黨副黨魁凱文．大衛斯也都是男人。梅根．伍茲是黨內排名最高的女性，但她不在內閣中。

隨著工黨的性侵醜聞不斷展開，有人透露阿爾登身邊的一些人早就知道這些申訴的事，但他們為了保護她，所以才沒有告訴她（在政壇上，只要不知情就不會受害）。然而，當阿爾登一從新聞報導中得知這件事，她就立刻著手處理。她當然要這麼做，畢竟這件事已經連續三天都是頭條。

當阿爾登對這些申訴做出回應，並試圖整理出一套解決方法時，她周圍的人卻不斷在幫倒忙。工黨的副黨魁大衛斯否認這些指控，並稱其為「謠言」。他使用的是毛利文kōhimuhimu，他說這個字可以用來表示「謠言」或「指控」。但是，紐西蘭優先黨的國會議員沙恩．瓊斯（Shane Jones）也會說毛利語，他卻證實這個詞的意思是「耳語或八卦」。

在同一天，性侵事件中的主要嫌疑人辭職了，但他仍宣稱自己是清白的，並表示：「我堅決駁斥針對我的嚴重指控。」申訴處理小組的負責人西蒙．米謝爾（Simon Mitchell）透過他的律師重申他的主張，強調小組從未收過性侵申訴。申訴人的代表律師則是在幾個小時後公開一份時間表，並為申訴過程提供進一步的證據。

隔天，前陣子因為醫療手術（原因未公開）而缺席的溫斯頓・彼得斯重返國會。和以往一樣，這位副總理又說出與阿爾登直接矛盾的發言。當彼得斯在電臺訪問中被問到對最近事情的想法時，他說整件事及相關發展為「臆測和影射的雜交派對」。他繼續為被告辯護，並說媒體所公布的文件「充滿錯誤資訊」。

在十二月十八日，工黨公布獨立審查報告的摘要，指出此次案件中最嚴重的性侵和性騷擾指控「不成立」，並表示申訴人提供的是錯誤資訊。然而，申訴人仍堅持自己的說法。

女性想要出人頭地，就必須克服各種行業中，制度化的性別歧視和厭女症（照理說沒人應該面對這種事情）。但是，這些女性的成功與組織的做法無關，也不證明組織的做法是對的。這些女人成功的原因，不是靠身邊男人的協助，而是因為沒有被周遭的男人拖垮。

工黨選出兩名女性擔任領導人並出任總理，這表明工黨受到女性的影響相當大，對女性的接受程度也很高。然而，二〇一九年的指控和不當處理，卻證明工黨只是個宣稱女人很偉大的政黨，只是一個剛好被兩名傑出女性選擇加入的政黨。

當海倫・克拉克在一九八一年成為議員時，國會只有三名女性。她成功在男人訂下的遊戲規則中突破重圍，打敗其他男人。雖然她相當厭惡菸味和撞球，她還是會在煙霧繚繞的撞球室中度過好幾個小時。克拉克用她的方式打破「玻璃天花板」，而不是在臉上貼假鬍鬚懇求男人讓她通過。另一方面，雖然阿爾登以傳統上公認的「女性化」方式獲得成功，但她身邊卻清一色都是男性。

除了克拉克和金以外，阿爾登在黨內崛起的過程也是史無前例。但當阿爾登宣布部長人選時，只有三分之一是女性，而當一年之內有兩名女部長被免職時（和男性一樣，也會有因為自己工作能力差，而被免職的女性），男女比例又惡化。

無論再怎麼勇於改變，一個女人的成功，不可能改變整個部門中，制度化的厭女症和權力失衡的問題。一個空前的成功故事，並不等於整體趨勢。阿爾登和克拉克不是因為聽話而成功，而是因為她們的能力無人能出其右。

這兩位女性分別位在「女性政治家」的光譜兩端。克拉克以無情的高效率、低沉嗓音和懾人的氣勢聞名，阿爾登則是以同理心、自嘲的幽默感和迷人的照片擄獲人心。雙方都將自己的強項化為有效的政治武器，並在男性主導的競技場上獲得成功。雖然她們兩人都經歷各種罪證確鑿的性別歧視、騷擾和不公平的事，但她們也經歷九九％的女性沒經歷過的事：爬到國家的顛峰。

那麼，其他女性呢？那些能力十足、做事努力但沒有過人資質的女性該怎麼辦？她們曾以克拉克為楷模，現在則仰望著阿爾登。她們想追隨克拉克和阿爾登的腳步，卻發現這條路上充滿騷擾與冷漠等阻礙，甚至（根據工黨青年團的申訴）還有性侵行為等問題。

她們相信黨，但覺得自己在黨內沒有安全感。這群年輕人即使面對不全的制度，仍然保持堅持不懈的態度，迫使黨的領導人面對自己的不周全之處。黨魁應該要保護黨員，這點阿爾登顯然沒做到。透過申訴也許可以更進步，阿爾登似乎理解這一點，並答應將來會讓工黨改頭換面。

「這件事將成為改革的催化劑。深入了解這裡發生的事情後，將有助於我們建立不同的文化。我將親自領導這項工作。這麼做不只是為了黨，也是因為我相信，如果我們可以從這次的事件中學到經驗並改變自己，當其他地方發生類似的事情時，我們就可以伸出援手，也為其他地方帶來改變。」阿爾登承諾會將自己開闢的道路清除乾淨，讓女性能以更輕鬆、更安全的方式跟隨自己的腳步前進。但是根據二〇一九年發生的事，阿爾登顯然還有很多的問題需要清除。

CHAPTER 13

基督城恐攻致51人喪命，她用同理穩民心

納伊姆．拉希德（Naeem Rashid）正在幫他二十一歲的兒子塔哈（Talha）規畫婚禮。兩人在二〇一九年三月十五日下午一點三十分左右，抵達基督城迪恩斯大道（Deans Avenue）上的努爾清真寺（Masjid Al Noor）進行週五的禮拜。

現場已經有大約三百名穆斯林的兄弟姐妹，他們將鞋子脫在入口處，赤腳或穿襪子進入清真寺。因為才剛入秋，而且今年夏天特別長，所以空氣還是很暖和。門口的鞋子大多是涼鞋和拖鞋。清真寺內鋪著亮綠色帶有白色花紋的地毯。

哈絲娜．阿罕默德（Husna Ahmed）和她的丈夫法里德（Farid）早就到達。法里德在二〇一三年的一場車禍後，就必須終生坐輪椅，因此哈絲娜將他推到男性的區域（男人在一個區域內進行禮拜，女人和兒童則在另一個區域），然後再回到另一個房間的女性區域。當分針走到數字六時，兄弟姐妹紛紛準備進行禮拜。

當時，在隔一條街之外的地方，有一位二十八歲的男子開啟臉書，在他的個人頁面直播。他用安全帽上的相機進行拍攝，然後把車開出小巷，準備進入清真寺。他一邊開車，一邊與觀眾交談，觀眾剛開始不多，但後來增加到數千人。他還提到一些 8chan 等仇恨網站上的白人至上主義梗圖（他本人是 8chan 的活躍用戶）。

他一度將鏡頭轉向自己，照出他身上的軍裝防彈背心。到一點四十分，他把車停在清真寺旁邊的一條小巷裡。他下車打開後車廂，鏡頭拍到五把槍，其中兩把是半自動步槍，兩把是霰彈槍。他拿起其中一把半自動步槍，關上後車廂，然後朝清真寺的門走去。

在清真寺內，哈吉・達烏德・納比（Haji-Daoud Nabi）聽到有車開進來。因為時常有人遲到，所以納比不以為意。他走到後門，準備接待來賓。他看到一個男人走上前，於是便向他打招呼：「你好，兄弟。」

那名男子一言不發，朝納比射三發子彈，當場將他擊斃。裡面的民眾都不知道那是什麼聲音，大部分的人都以為是放鞭炮的聲響。

擊斃納比後，那名男子進入努爾清真寺掃射。人們開始驚慌逃竄，但許多人無處可逃。他一邊穿過清真寺，一邊在近距離射出上百發子彈，幾秒內就擊中數十人。

塔哈在引導大家從另一個後門逃走時中彈。他的身體倒下，順勢掩護一個倒在地上的小男孩。他小聲說「別動」，那句話卻成為他的遺言。被他壓住的男孩聽他的話，一點也不敢亂動，最後活下來。

納伊姆看到他的兒子中彈，於是衝向槍手，打算奪走他手上的槍。雖然他奪槍失敗並被射殺，但他成功為其他的教友爭取逃跑的時間。

男人、女人和孩童從清真寺中奪門而出。他們撞開一扇小後門，要孩子們爬出去，然後逃跑。有些人一開始躲在停車場的車子後面和下面，但是當槍響持續不停，他們進一步翻過柵欄，躲到隔壁的院子裡。

有人在一點四十一分（也就是在槍手開出第一槍不久後）撥打緊急電話，說有人在開槍殺人。到一點四十三分左右，現場陷入一片寂靜。槍手卸下滿是子彈的彈鏈。當翻過柵欄的人回頭偷看時，發現槍手從他進入清真寺的那扇門離開、走到他的車上，然後把手上沒子彈的槍換成另一把半自動步槍。接著，他轉身再次走進建築物中。幾秒鐘後，槍聲再度四起。

當槍手最初開始攻擊時，哈絲娜．阿罕默德帶領一些婦女和孩童逃跑。她知道自己必須把大家帶到戶外才能分散逃跑。當槍聲停止後，哈絲娜回去找法里德，因為他必須坐輪椅，所以覺得他可能沒辦法自己逃出去。結果，她在進到裡面的途中被射殺。

槍手仍持續在臉書上直播。從直播畫面中，可以看到他重新踏進清真寺，並朝地面成堆的屍體開槍。

他在一點四十分進入努爾清真寺，然後在一點四十六分離開。他在短短六分鐘內就殺害四十一人，傷者人數也高達數十人。

未作罷，槍手移地進行二次攻擊

接著，他回到車上，開五公里的路程到林伍德大道（Linwood Avenue）。他的直播在途中結束。

在林伍德伊斯蘭教中心內，約有一百名教友在進行週五禮拜。他們剛完成一拜，正準備起身。拉特夫．阿拉比（Latef Alabi）是當時的伊瑪目（在阿拉伯語是「領袖」之意）。他聽到外面有聲響，聽起來好像有東西掉到地上。當他看向窗外，看到一名男子手上舉著一把大型槍械，頭上戴著安全帽。他一開始以為對方是警察，但是當那個人開始咒罵時，阿拉比大聲喊叫，要教友快找掩護，但因為這樣的指示太罕見，所以大家都愣在原處。

男子在外頭大吼大叫，因為他找不到入口。他原本打算像在第一座清真寺一樣直接走進去，但這間清真寺的格局太特別，所以他停車的地方並沒有大門。在氣急敗壞之下，他改朝窗戶開槍。子彈穿過玻璃，擊中一名教友，當場死亡。看到他倒下後，大家陷入一陣慌亂，唯獨阿布都．阿濟茲（Abdul Aziz）例外。

阿濟茲當時正與他四個兒子一起禮拜。當阿濟茲還是孩童的時候，就以難民身分逃出阿富汗，然後在澳洲以建築業收入維生超過二十年。直到幾年前，他才和家人一起搬到紐西蘭生活。

當阿濟茲看到他的弟兄倒下，他就開始追捕凶手。當他跑向門外，他四處掃視，尋找可以當武器的東西。他發現一臺攜帶型刷卡機，大小跟一塊磚頭差不多。阿濟茲抓起機器，衝向停車場。槍手此時正在車邊尋找另一把武器。

阿濟茲朝他跑過去，途中看到通往清真寺的小路上躺著兩具屍體，但他沒有停下來查看他們是誰。他在靠近槍手時，對他大喊：「你到底是誰？」當他發現那名男子正準備伸手去拿槍，阿濟茲把刷卡機朝他扔過去，但槍手蹲下來躲過。當他再度起身，手上已經拿著另一把槍。那名男子一邊朝清真寺走去，一邊向阿濟茲開好幾槍，所幸阿濟茲躲到一輛停著的汽車後面。

當阿濟茲繞著車子閃躲，他發現另一具屍體，屍體旁邊放著一把霰彈槍。他把槍拿起來，發現子彈已經沒了，還是決定先拿著再說。當他再次聽到槍聲，他知道那個人已經走到門口。

阿濟茲有一個兒子在清真寺內，大聲叫他快逃。另一個還沒成年的小男孩倒在地上，看著周圍的人不斷被射殺。一位教友托法扎．阿拉姆（Tofazzal Alam）躺在小男孩旁邊，一邊抱住他，一邊想辦法報警：「有人在射殺我們，請派救護車、消防人員和警察。」

阿濟茲從汽車後面跑出來，試圖分散槍手的注意力。

「來啊！我在這裡！過來這裡！」

即使自己有可能被殺，他也想要為其他人爭取時間。當那名男子不再追殺阿濟茲，他拿起霰彈槍跑向槍手。當槍手看到阿濟茲衝向他時，他陷入慌亂。他丟下手中的槍，衝回車內。阿濟茲追了上去。

阿濟茲不知道（也不想知道）槍手的車裡是否還有更多武器。因為兩人之間有一段距離，沒辦法用槍身毆打，所以阿濟茲就把霰彈槍當作長矛，朝汽車丟過去，結果砸到槍手側面的車窗，把整面窗戶都砸碎，看起來就像被開一槍。那名男子轉頭對阿濟茲大喊「你們都去死」，然後開車逃跑。阿濟茲撿起地上的霰彈槍，然後用跑步的方式追在車後面。當槍手因為紅燈而放慢車速，他從後照鏡中看到阿濟茲在後面追趕，於是他加速闖過紅燈。

當車子超出視線範圍後，阿濟茲跑回清真寺找兒子。他與警察同時抵達，有些警察身穿制服，有些只穿便服褲和短袖上衣，顯然是在接到通報時急忙出動。他告訴警察自己記得的所有細節：速霸陸旅行車、金色車身、側面窗戶被砸碎、白人男性。

當時是一點五十六分，又有七人死亡。

在基督城郊外的農地，駐紮兩名警察。他們原本到城裡參加如何面對武裝罪犯的培訓工作坊，但他們接到槍擊案的消息，於是這兩位擁有數十年經驗的警察，立刻開著他們的巡邏車朝林伍德駛去。當他們沿著伊斯蘭中心不遠處的布勞漢姆街（Brougham Street）行駛時，他們發現有一輛汽車以蛇行的方式迎面駛來，而且那輛車與槍手車輛的描述相符。

他們立刻急轉彎追上去。在接下來的幾秒鐘內，他們必須決定要繼續追下去，還是冒著讓路人受傷或死亡的風險阻止他。他們很快就做出選擇，認為槍手已經造成夠多死傷。

在下午兩點零二分，也就是努爾清真寺第一通報警電話的二十一分鐘後，一輛警車衝撞槍手的車，車子因為碰撞，撞到旁邊凸起的人行道邊緣，前輪懸空，所以無法動彈。兩名警官下車、拔槍，並走近駕駛座。他們把門打開、把槍手拖出來摔在地上，然後逮捕他。

這場追逐大約持續五十秒，過程全被當時在道路另一側行駛的民眾拍下來。

警察在槍手的車內，發現兩個爆破裝置和更多的槍枝。拆彈小組不久後就到達現場處理這些裝置。

然而，有炸藥的消息早已散播出去。三分鐘後，附近所有的學校、購物商場和工作場所都進入封鎖狀態。這場封鎖持續四小時，直到槍手被監禁後才解除。這次的行動並沒有其他共犯。

這位擁有槍枝的白人至上主義者，花費八分鐘在臉書上直播，並開車前往努爾清真寺。他花了六分鐘射殺近一百名信徒，最後導致四十三人喪命。他又花了七分鐘開車去林伍德伊斯蘭教中心，然後在短短三分鐘內射殺另外八名無辜的紐西蘭人。警察從接電話，一直到逮捕那名造成五十一人死亡的男子，總共花費二十一分鐘。

這短短的三十分鐘，從此改變紐西蘭。

下午一點三十二分，在槍手開始直播之前，他曾寄電子郵件給阿爾登和反對黨黨魁西蒙·布里奇斯等人。信中是他的宣言，他用充滿種族歧視的長篇大論，解釋自己預備犯罪的理由（這種行為真的能用「理由」兩個字嗎？）那封郵件寄到阿爾登一般的公開信箱，因此他收到的是制式化的自動回覆信件。在八分鐘後，他開始射擊。

充滿同理心的發言，穩定民心

那天，阿爾登正在北島的新普利茅斯。當天原本預計先去關心當地一間因為氣候變遷而進行罷課的學校，然後傍晚再去一處藝術節的開幕儀式。在一點五十分，當阿爾登的隨行人員在前往罷課的學校，當天的新聞祕書凱莉．斯普林（Kelly Spring）接到一通電話：基督城正在發生「連環的案件」。她將電話轉交給阿爾登，話筒另一端才說基督城的清真寺發生槍擊案，現場情況不明，但確定有人死亡。阿爾登指示箱型車調頭，前往警察局，然後將電話還給斯普林。那是斯普林上工的第一天。

安德魯．利特爾替阿爾登參加原本預定出席的活動，阿爾登則留在當地的警察局等待最新消息，並擬定將對全國人民發表的談話內容。

這是一起前所未有的事件。紐西蘭曾經歷過一些災難，例如二〇一一年的基督城地震，曾造成一百八十五人死亡；一九九〇年時，有人在阿拉莫阿娜（Aramoana）槍殺十二位當地居民，成為紐西蘭迄今為止最嚴重的槍擊案（紐西蘭戰爭除外）。每個國家每天都有恐怖的案件發生，但是紐西蘭從來沒有發生過如此駭人聽聞的事件。阿爾登知道，她所說的話將為報導定下基調，並成為所有紐西蘭人面對這件事的榜樣。

在四點二十分，當受害者陸續帶著槍傷趕到基督城醫院時，一小部分媒體聚集在一間不起眼的旅館會議室中，準備替阿爾登舉行記者會。有一張小桌子後面擺放兩張椅子，但阿爾登進來之後，只有她一個人坐下來。

她開始發言：「很顯然，這裡發生的是一起非比尋常、而且前所未聞的暴力事件。」她對著鏡頭講話，內心百感交集，因為她知道這場演講是透過直播，放送到全國各地在辦公桌前、休息室或家裡的上千名紐西蘭人觀看。「許多直接受到這次槍擊案影響的人，可能是來到紐西蘭的移民，甚至可能是來這裡尋求庇護的難民。他們選擇將紐西蘭當作自己的家，而這裡確實是他們的家。」

這段演講簡潔有力。雖然她在面前放著一張寫滿筆記的便條紙，但她只有偶爾在面對鏡頭前會瞄一眼。即使她得到的資訊和其他民眾差不多，她的語氣中仍沒有一絲猶豫。

當阿爾登開放提問時，記者都對她相當友善，因為所有人都同樣處在恐懼之中。這一刻，總理與媒體之間的對立關係暫時消失。阿爾登沒有說出詳細的死傷人數，只是不斷重複表示：「這是——也將會是——紐西蘭最黑暗的日子之一。」

記者會後，阿爾登搭上軍用飛機回到威靈頓。在飛行途中，用手機開啟記事本，為稍晚更長的演講做準備。

在下午五點五十二分，阿爾登在推特上向全世界發布這則消息。「在基督城發生的事情，是前所未聞的暴力行徑。這種事在紐西蘭沒有容身之地。許多受到影響的人，是來到我們國家的移民。紐西蘭是他們的家，他們就是我們。」她隨後又發另一則訊息，請基督城的民眾注意安全，並保證她很快就會提供最新消息。

除了在五月時因為澳洲前總理鮑勃．霍克（Bob Hawke）去世而發表哀悼的訊息之外，阿爾登一度相當活躍的推特帳號，現在陷入一片死寂。到二〇一九年底，她最新的一則貼文仍是三月十五日提醒民眾事情嚴重性的貼文。

當阿爾登飛往威靈頓時，來自情報局、衛生局、民防局和警察局的一群長官也在威靈頓開會，討論該如何共同應對這次的攻擊事件。

當阿爾登抵達蜂窩大廈時，門口罕見的有武裝警察在外看守。在基督城的清真寺外，也有數十名武裝警察駐紮。接下來的三個晚上，武裝警察都會在全國的清真寺外巡守。

晚上七點過後不久，阿爾登向全國發表正式演說。她沒有浪費時間解釋發生什麼事。「非常遺憾……據我們所知，已經有四十人在這次的暴力行為中喪命。這次的事件毫無疑問是一起恐怖攻擊。」

這是一則簡單的聲明。一位白人至上主義者鎖定兩個宗教場所，做出顯然是恐怖攻擊的行為。由於全世界越來越多支持白人至上主義的人，因此許多人都否認或低估這種思想的危險性。在美國，幾乎每一起大規模槍殺案的凶手都是白人男性。他們雖然會被政治人物視為殺人犯，卻從來不會被說是恐怖分子。恐怖分子通常是保留給非白人的標籤。遺憾的是，很少領導人能和阿爾登一樣，以簡單有力的方式，指出有白人進行恐怖攻擊。

在那之前，罹難者的人數尚未確定。雖然新聞報導「已有多人死亡」，但每個人還是希望死傷沒那麼慘重。當阿爾登說出「四十」這個數字時，大家都悲從中來。「這種人抱持相當極端的價值觀，紐西蘭絕不容許這種價值觀存在，在這世界上也不會有任何容身之地。」阿爾登繼續以沉穩而鎮定的聲音說下去，但她沒有再去讀事先準備好的講稿。

關於整件事的過程及原因，仍有許多未解之處。紐西蘭的情報機構為何沒有察覺這名男子的異狀？他是如何獲得槍枝的？這些問題必須盡快釐清，而且刻不容緩。但是在那天晚上，在紐西蘭發生歷史上最嚴重的暴力行為的六小時後，當阿爾登在面對驚慌失措的國民談話時，她強調愛的重要性，而非復仇的重要性。要彼此關懷，而不是言語刺激。

她幾乎不提恐怖分子的事，而是不斷向那些受到恐怖攻擊影響的人喊話。「我們會持續關心，並為所有在今天受到波及的民眾禱告。基督城是他們的家。對於許多人來說，這裡可能不是他們出生的地方。事實上，很多人是選擇前來紐西蘭居住的。他們做出決定，並歷經千辛萬苦來到這裡，這裡是他們撫養家庭的地方、這裡有他們所愛的社群，而且他們也被這些社群關愛。許多人因為安全考量，才決定來這裡。這裡是他們可以自由展現文化和信仰的地方。」

槍擊案引起全世界的關注，大家都聽到阿爾登所說的話。她接著對心碎且困惑的紐西蘭民眾表示：「今晚在家看電視的民眾，可能會懷疑這種事怎麼可能發生在紐西蘭。我們紐西蘭人之所以成為凶手的目標，不是因為我們是仇恨者的避風港。我們之所以遭到恐怖攻擊，不是因為我們縱容種族歧視，也不是因為我們是極端主義的培育地。我們之所以被選中，正是因為我們不是那樣的地方，因為我們象徵多元、仁慈和同理心。我們與價值觀相近的人共享這個家園。這裡是需要庇護之人的庇護所。這些價值觀不會、也不能被這次攻擊動搖。」

她的用字簡潔卻謹慎，並沒有暗示民眾要報復，也沒有呼籲法院判處重刑。凶手絕對不會有好下場，他現在已經被拘留，每個人都知道他將從此與自由絕緣。阿爾登知道，凶手希望自己的行為能引發仇恨，所以自己絕對不能再引起火苗。對於犯人，她只說這句話：「你可能選擇我們，但我們將譴責你。」

記者會結束後，警察局長麥克・布希（Mike Bush）向阿爾登報告最新進展。那名男子是在紐西蘭合法購買槍枝。雖然全國各地都可以輕易買到槍枝，但整件事還是讓人覺得難以聯想在一起，因為槍枝雖然在紐西蘭文化中（例如農耕、狩獵、體育競賽）占據很大一部分，但槍枝暴力的問題在紐西蘭幾乎不曾發生，尤其是這次還用到半自動步槍。如今眾人才驚覺，原來紐西蘭人這麼容易就能取得攻擊性武器。

阿爾登在各處明確表示，她希望改變這點。槍枝法律必須修改。當天深夜，當她回到總理官邸時，她帶上警方對於《武器法》的最新報告回去詳讀。

在三月十六日清晨，在大部分國民都還沒醒來之前，溫斯頓・彼得斯的參謀長打電話給他。參謀長在前一晚參加由阿爾登主持的會議。他告訴彼得斯：「阿爾登希望對槍枝法進行改革。」過去，彼得斯和紐西蘭優先黨都曾反對槍枝改革，但那是以前的事。現在，彼得斯全心全意支持改革。

阿爾登早上花一些時間，與世界各國的領導人交談，他們紛紛向阿爾登表示慰問和支持。這些人之中，也包括當時的美國總統川普。川普曾頒布一道行政命令，限制某些國家的人民進入美國，也就是所謂的「穆斯林禁令」，如今他卻問阿爾登，有什麼是他或美國人民能幫上忙的地方。對此，阿爾登回答：「對所有的穆斯林族群展現同理心和愛心。」有些人覺得這答案意有所指。

一夕之間，紐西蘭因為負面新聞，成為全球焦點。紐西蘭人經常在新聞中看到美國或歐洲發生大規模槍擊案。他們會在社群媒體上，聲援地球另一端的受害者，並在國際政治人物和名人再次表達悲痛之情時認真傾聽，但他們不習慣這種事情發生在一向和平的紐西蘭。

當阿爾登在早上九點再度對全國發言時，基督城的恐怖攻擊早已成為全球的頭條新聞。整晚不斷冒出的最新報導，讓事件規模不斷擴大。目前已確認死亡的人數為四十九人。

國內外許多人都在猜想，紐西蘭是否會步上美國的後塵，陷入「恐怖、悲痛、斷言必須做出改變、卻得接受一切都不會改變的事實」的惡性循環。

然而，阿爾登卻立刻直搗問題的核心。「我想要具體談論犯人在這次的恐怖攻擊中所使用的槍枝。據我所知，凶手主要使用五把槍，兩把是半自動步槍，兩把是霰彈槍。罪犯擁有槍枝許可證……雖然他取得許可證和擁有這些武器的過程仍有待釐清，但我現在可以保證，我們的槍枝法將會改變。」

看來，紐西蘭和美國畢竟是不同的國家。

當晚，華盛頓特區有一名記者問川普，基督城的攻擊事件是否與白人至上主義崛起有關。他回答，不。數小時後，在威靈頓，有一位當地記者問阿爾登是否同意川普的說法時，她以同樣堅定的口吻回答，不。

前往基督城，慰問受害者家屬

一小時後，阿爾登雖然身穿黑衣，但她還需要一條圍巾。總理官邸裡沒有任何圍巾。在伊斯蘭信仰中，許多穆斯林婦女會戴上頭巾，而阿爾登即將與這些處在傷痛中的婦女見面，因此她問一個朋友，是否可以借她一條圍巾。阿爾登稍後表示，她並沒有多想，只知道這是一種尊重他們文化的表現。

上午十一點，阿爾登、彼得斯、反對黨領袖布里奇斯和綠黨的肖搭上一架波音軍機前往基督城。

基督城一片寂靜，幾乎鴉雀無聲。那是一個風光明媚的星期六早晨，但市區的街道上卻空無一人。週末的運動取消了。有些咖啡廳選擇開門營業，卻門可羅雀，只有幾位剛下飛機的記者坐下來急忙撰寫新聞稿。

這座城市不是第一次遭遇災難。二〇一一年發生一連串地震時，城市的地面從底下裂開，造成建築物倒塌，並導致一百零八人死亡。當時，整座城市的居民團結起來，一起進行重建。但是，在二〇一九年三月十六日，基督城沒有需要重建的地方。沒有磚塊需要清理、沒有泥土需要挖掘，但也沒有任何方法可以讓這座城市恢復原本的模樣。整座城市除了瀰漫空虛感之外，還減少五十一條性命。

在地方法院的一次私人聽證會上，一名二十八歲的白人至上主義者站在法官面前，被宣判一條謀殺罪。當時，確認死亡的人數只有一名，因為只有一名受害者的身分已經確認。接下來還有更多罪名等著他。當他走進法庭時，他狠狠瞪著現場的媒體，並用戴著手銬的右手比著白人力量的手勢。為了防止民眾動私刑報復，法院入口處安排武裝警衛駐守，但他們顯然是白操心，因為停下腳步的人很少，而且他們只是好奇這裡為何會出現武裝警衛。紐西蘭民眾根本不想看見那個殺死他們至少四十位鄰居的人。

相反的，人群在一個街區外的地方慢慢聚集。海格利公園（Hagley Park）位於努爾清真寺對面，是一個人來人往的公共場所。這裡在前一天晚上被警察封鎖，但今天再次開放。雖然迪恩斯大道的兩端仍被武裝警察封鎖，但有一側已經恢復通行，於是有人在遠方的入口處擺放一束鮮花。到上午十點左右，又出現幾十束花排成一排。

接近凌晨時，第一束花上面疊著上百束花，整面牆都被花海覆蓋。一整天，基督城的居民陸續前來擺放鮮花，或將寫上文字的便條紙貼在牆上。一位女子帶粉筆、麥克筆和彩色的卡片前來，大人和小孩紛紛開始在卡片上寫字，然後放在人行道或花束間。

我們愛你。

我們與你一同哀悼。

這不是紐西蘭。

願你平安。

阿爾登在中午抵達基督城，會見了基督城坎特柏里難民安置以及資源中心的穆斯林領導人。雖然媒體被允許拍攝，但出於安全原因，他們沒有被告知總理接下來的目的地，因此他們只好默默同行。

阿爾登戴著頭巾，站在一群宗教領袖面前，向他們保證犯下這起事件的人，並不能代表紐西蘭人。許多倖存者在接受採訪時也表示，這種暴力行為不是他們認識的紐西蘭，也不是他們想要選擇搬到的紐西蘭。阿爾登試著強調這一點。

「這種恐怖行為從海上被沖到我們的岸邊，像大雨一樣打在我們身上。在過去的三十六個小時中，唯一符合紐西蘭精神的行為，就是出現在各位眼前的相互支持。」

她站在一個兩邊都放著沙發的小房間裡，向站在她對面的人說話，包括一位在伊斯蘭教有崇高地位的領袖。

她說：「身為總理，我必須扮演許多角色，但是此刻，我有三個最重要的工作。首先，我要和大家分享紐西蘭人民的愛心、支持和悲傷情緒。紐西蘭在歷史的傷痛中團結，我們也將在此刻的傷痛中團結。」她先向彼得斯、布里奇斯、肖，和其他同行的議員示意。

▲ 阿爾登對基督城的槍擊案展現同理心，獲得廣泛讚譽。

「第二個重要的工作，是要確保各位的人身安全、平安禮拜的自由，以及表現自己文化和宗教信仰的自由。第三個工作是，確保各位有哀悼的空間，並確實處理那些可能不會立刻出現，而是在未來幾天和幾週才會出現的問題。人民的生計會是一大問題，尤其是當他們失去的是負責養家餬口的人時，該如何滿足他們的日常所需。」

當罹難者的姓名和故事漸漸傳開，這個問題早已浮上臺面。在五十一位罹難者中，四位是婦女、三個青少年、一個男孩，其餘四十三位都是成年男子。許多人移居紐西蘭多年，在這裡工作、照顧家人，以及養育在這裡出生的孩子。許多罹難者是帶著家人來到基督城的移民，也是家裡的主要經濟支柱。除了原本就有的收入不穩定及簽證問題之外，這些家庭現在還得面對尚未取得公民資格者的居住和埋葬問題。阿爾登努力想讓所有人安心。

「我要和各位分享一個消息。紐西蘭的意外事故賠償公司（ＡＣＣ）可提供長達數週、數月甚至數年的補助，讓失去主要經濟支柱卻必須撫養小孩的家庭，可以獲得持續性的協助。我知道對許多人來說，金錢不是此刻最在意的問題，但我希望各位知道，我們有在思考如何解決這些問題。」政府很快就宣布，將會發放喪葬補助金給受害者家屬。若希望在出生的國家下葬，運送回國的費用也將由政府支付。

在花費一些時間回答問題並進行交談之後，阿爾登會見受害者及其家人。媒體沒有被告知這些會面的細節，也不允許拍攝，但是有些與阿爾登見面的民眾用手機捕捉一些畫面。

位在海格利公園另一側，也就是努爾清真寺對面的一個擠滿人的房間裡，阿爾登正在對罹難者的親友發表談話。

當她開始說話時，一隻手拿著麥克風，另一隻手放在心臟的位置：「願你平安，願和平賜予你，願和平賜予我們所有人。此刻，有一個兩難的問題。各位都希望親人儘早回來，我也知道各位在葬禮方面有宗教上的因素必須考慮。」阿爾登指的是伊斯蘭的喪葬習俗，也就是必須在過世的二十四小時內下葬。在她說這句話時，距離許多受害者的死亡時間已經過了二十個小時，但大部分的屍體仍躺在清真寺內。「我們在清真寺中遇到的一個問題是，我們必須確認已經調查完畢後，才能把清真寺中的遺體帶出來。」她保證，警方的作業已經加速進行，而且很快就會有進展。

當阿爾登在說話時，很多人舉起手機，螢幕上可以看到來自海外家人的臉孔，他們正在透過視訊觀看這場演說。她重申政府將提供支持的承諾，而且「不論罹難者的移民身分為何，也不論其家人和親屬的移民身分為何」。

她希望穆斯林民眾在接下來幾天與社會機構溝通時，可以保持耐心，並在遇到語言障礙的時候能互相幫忙。最後，她代表所有紐西蘭人發言，並以此結束這次的簡短談話：「各位擁有我們的愛與支持。接下來的幾天、幾週，我們的愛與支持都與各位同在。因為，這裡是各位的家。願各位平安。」她的聲音在前一天晚上宣布死亡人數時聽得出略為激動，但這次她明顯哽咽。

在只有三百公尺外的基督城醫院，醫生和護理師承受著龐大的壓力。槍傷相當罕見，而且幾乎都是出於意外，像是不小心射到手或腳。但是在那個週五下午，當護理人員即將輪班時，有兩名男子赤腳走進醫院，身上滿是被碎玻璃刮出的鮮血。他們跟急救人員說明槍擊案，並告知他們還會有更多傷患湧入。當天下午，大約有五十名患者因外傷而住院。整間醫院的醫護人員都被召回，以處理大批湧入的傷患。那些原本剛結束值班的護理師，一直待到隔天早上才能回家。平常最多只會有三間手術室同時在使用，現在增加到七間。

阿爾登在週六下午單獨去醫院拜訪倖存者，沒有任何媒體或其他政治人物同行。她擁抱還能擁抱的人，在面對無法擁抱的人時，她則是輕輕握住他們的手。

在馬路對面的海格利公園中，聚集許多媒體。當地和全國的新聞媒體在當天早上就已經抵達，而來自世界各地的記者和攝影團隊，則在下午陸續搭建臨時的攝影棚。當罹難者和患者的家屬前往醫院，媒體紛紛報導他們的故事。

在襲擊發生後的整個週末，以及接下來的數個月，紐西蘭和全世界的民眾，都陸續聽到這次事件中的罹難者以及他們生前的故事。薩爾威・穆斯塔法（Salway Mustafa）分享她十六歲的兒子哈姆扎（Hamza）的故事。哈姆扎在案發當時，曾從努爾清真寺中打電話給她。他們講了一小段話，但哈姆扎很快就沒有回音。穆斯塔法沒有把電話掛斷，而在她等待二十二分鐘後，才有人（不是哈姆扎）從另一端跟她說：「對不起，妳的兒子已經沒有呼吸。我想他已經死了。」

許多室內足球員聚集在迪恩斯大道上，紀念二十四歲的國家守門員阿塔・伊萊揚（Atta Elayyan）。一名男子說道，伊萊揚曾試圖追捕槍手，但最後遭到槍擊。他試著站起身，卻又被開了一槍。

年僅三歲的穆卡德・易卜拉欣（Mucad Ibrahim）是年紀最小的受害者。他的父親和哥哥當時也都在努爾清真寺。穆卡德成為這場悲劇中最令人難過的故事。無辜而純真的一條生命，就這樣被奪走。

迪恩斯大道的兩端的橘色角錐與封鎖線，成為送葬者獻花的場所。一天下來就出現上千束花，還有數百位當地人一整天靜靜聚在現場。紐西蘭最惡名昭彰的幫派「雜種團夥」（Mongrel Mob）在當地的分支表示，如果有信徒需要禮拜，他們願意在清真寺外擔任保全。住在迪恩斯大道封鎖線內的民眾，會為執勤員警煮咖啡和烤餅乾。當天晚上，阿爾登飛回威靈頓時，羅伯遜還在蜂窩大廈中，為改革槍枝法的提案進行準備。

到了晚上，當基督城再次安靜下來時，工作人員前來調整迪恩斯大道周圍的封鎖線和三角錐。由於預計隔天要將屍體移走，為了開出一條道路，必須把成千上萬的花束都清掉。

當天晚上輪班時，傑伊・瓦卡（Jay Waaka）拿起腳邊的一束鮮花，小心翼翼放到馬路另一側的牆邊，並把花束靠牆直立起來。他回去撿起另一束，然後沿著牆壁排好。在接下來的一個小時，他和同事小心翼翼的移動上千束鮮花、泰迪熊和其他祭品，把這些東西整齊排成一列，以免阻塞道路。所有的卡片都面向外面擺放，方便前來哀悼的人閱讀。

在那一週的每天晚上，工作人員都會重複這麼做。

到了星期日，也就是槍擊事件的四十八小時後，阿爾登、羅伯遜和蓋福德造訪一座位於威靈頓奇布爾尼（Kilbirnie）的清真寺。阿爾登和昨天一樣身穿黑衣，頭上戴著頭巾。臺階上擺滿鮮花，停車場也擠滿前來致敬的當地人。阿爾登在花堆放上一個花圈，並與在場許多悲傷的穆斯林婦女交談。有位女子一手摟著兒子，另一隻手緊緊抓住阿爾登，然後靠在她的肩膀上哭泣，而阿爾登也抱住她。背景傳來一群女學生用毛利語演唱李歐納．柯恩（Leonard Cohen）〈哈利路亞〉的歌聲。

親自擁抱穆斯林，展現同理心

那張擁抱的照片，是由美聯社的攝影師所拍攝，並在全球廣為流傳。接著，負責接待來賓的奈瑪．阿卜迪（Naima Abdi）陪他們走一段路。阿卜迪擁抱阿爾登，阿爾登則對她說：「我們會一起度過這一切。」攝影師哈根．霍普金斯（Hagen Hopkins）捕捉到這一瞬間，而這張照片也成為該年度最為人所知的照片之一。阿爾登閉上雙眼，雙臂緊緊抱住阿卜迪，而阿卜迪的手上仍拿著給哭泣的哀悼者用的一盒衛生紙。

自從二〇〇一年九月十一日的事件以來，伊斯蘭恐懼症在西方世界越來越嚴重。對於移民和難民（包括那些將紐西蘭視為家園的人）來說，反穆斯林情緒並不是什麼新鮮事。但是，只有少數人對三月十五日的事件，發表充滿種族主義的負面言論。大部分的紐西蘭人都決定跟隨阿爾登的腳步，擁抱穆斯林族群。阿爾登藉由親自擁抱穆斯林民眾，以這種簡易的方式，展現領導者的同理心如何影響整個群體。

那張照片似乎體現阿爾登在過去

▲ 紐西蘭發生歷史上最嚴重的恐攻後，阿爾登到當地擁抱哀悼者。

四十八小時內不斷呼籲的話。居住在國外且曾遭受過類似攻擊的人，分享奇布爾尼的照片和影片，並藉此譴責自己國家的領導人辦事不力。

一週後，這張照片被投影在杜拜的哈里發塔（Burj Khalifah）上方。八百二十九公尺高的哈里發塔被阿爾登和阿卜迪的照片點亮，照片上方還寫著阿拉伯文的「和平」。阿拉伯聯合大公國的總理兼副總統謝赫・穆罕默德（Sheikh Mohammed）在推特發布一張哈里發塔被點亮的照片，並表達謝意。「謝謝阿爾登總理和紐西蘭，感謝您真摯的同理心和支持，在撼動全球穆斯林族群的恐怖襲擊後，贏得十五億穆斯林的尊重。」

當支持言論從全球湧入時，澳洲的保守派參議員福瑞澤・安寧（Fraser Anning）也分享他對這次攻擊事件的看法，但他卻暗示那是穆斯林的錯。阿爾登在週五以來的第五場記者會上，被問到對安寧的言論有什麼看法，她拒絕談論此事，只表示「那些話相當可恥」。安寧受到澳洲參議院責難，也受到世界各地領導人的嚴正譴責。但是，有個人覺得安寧得到的教訓還不夠多。

幾天後，當安寧在墨爾本接受媒體採訪時，威爾・康諾利（Will Connolly）也到達現場。十七歲的康諾利站在安寧身後，冷靜的在安寧頭上敲碎一顆生雞蛋。他的臉先被安寧揮了一拳，接著被保全人員壓在地上。募款網站 GoFundMe 為「雞蛋男孩」募到約新臺幣三百萬元的律師費用，但康諾利後來將這些錢全部捐給基督城基金會和受害者支持基金。受害者支持基金是透過當地的群眾募資平臺 GiveALittle 所建立，當時湧入新臺幣近三億元的捐款。

週一，當紐西蘭人重返職場和校園時，有更多的屍體從清真寺中被移出。這些屍體仍需經過鑑定，而且有些家庭還是沒有放棄希望，認為一時失聯的家人還是有可能會平安歸來。當阿爾登在威靈頓的蜂窩大廈再次向媒體發表談話時，她宣布內閣已經為槍枝法的改革做出「原則上的決定」。雖然她早已說過槍枝法將進行改革，但大家還是很高興聽到，目前已經確實邁出第一步。

週二下午兩點，國會自清真寺攻擊事件以來首次開議。議長特雷弗．馬拉德通常會獨自走進議會，但這次他與所有主要教派的宗教領袖一同進場。在一起進入議事廳之前，他還握起伊斯蘭教領導人尼札姆．烏爾．哈克．坦威（Nizam ul haq Thanvi）的手。坦威唸了一段伊斯蘭教的禱告詞，接著用英語複述一次，最後以毛利語唸著議會開始前的禱告。

結束之後，阿爾登起身致辭。她談到社群媒體平臺具有不散播仇恨的責任。「社群媒體不只是存放消息的媒介，而是發行資訊的平臺。他們不能只想獲利，而不負任何責任。」她在談到國家願景時表示：「我們希望所有的成員都能有安全感。安全，代表免於受到暴力的恐懼，但安全也表示，必須擺脫對種族主義和仇恨情緒的恐懼，因為這種情緒會助長暴力。我們每一個人，都有改變這一切的力量。」

她說了很多事，唯獨恐怖分子的名字，她絕口不提。「在這次針對紐西蘭穆斯林族群的恐怖行為中，有一個關鍵人物。一名二十八歲的男子，一位澳洲公民，已經被指控謀殺罪名。其他罪名將陸續審判。紐西蘭法律的罰則不會寬待他。罹難者家屬將獲得正義的支持。「犯人企圖透過恐怖行為獲得許多事物，其中一項就是『惡名』。這就是為什麼，我永遠不會提起他的名字。他是恐怖分子，他是罪犯，他是極端主義者。但是，我不會說出他的名字。我也在此懇求各位，請提起那些罹難者的名字，而不是奪走他們性命的名字。他想要獲得惡名，但我們紐西蘭人不會給他任何東西，連名字都不會給。」

阿爾登花一整週的時間，為國家在過去四天的氛圍立下基調，並在當天的演講中，以清楚且感性的方式表達出來。

當天傍晚，距離開出第一槍後的四天又四小時後，第一批罹難者的屍體開放家人領回。阿爾登在週三早上回到基督城，參加這些人的葬禮。屍體已經按照伊斯蘭習俗進行清洗和包裹。埋葬時，每個人的頭都會朝向麥加的方向，這與他們在最後一次的週五禮拜時所面對的方向相同。

阿爾登前往喀什米爾高中與學生交談，他們剛失去兩位好友賽義德・米恩（Sayyad Milne）和哈姆扎・穆斯塔法（Hamza Mustafa）。自週五以來，阿爾登已經發表許多談話，雖然主要是面對媒體，但她也面對許多來自穆斯林族群以及與他們一同哀悼的民眾。然而，她沒什麼機會和學生說到話，這些青年也還只是孩子。

全校師生以哈卡舞歡迎她。全國各地的清真寺外很常會表演哈卡舞，就連國外的清真寺也一樣。在迪恩斯大道周圍的哈卡舞通常是即興表演，一開始會有幾個人開始跳舞，最後則會有數十人一起共舞，並發出團結一致的呼喊聲。其中，由年輕人發起的哈卡舞最有感染力。有一段由一小群學生在迪恩斯大道上表演哈卡舞的影片，在全世界的觀看次數已經突破百萬。喀什米爾高中的學生同時帶著驕傲和悲傷的心情，歡迎阿爾登到來。

當阿爾登開口說話，她直接進入重點。她對著擠滿在體育館內的師生說：「在這種情況下，有時候很難知道該如何表達自己的感受。我特別想要告訴年輕人的一件事就是，你可以感到悲傷。即使沒有直接受影響，你也可以尋求幫助。」她請大家繼續表達愛意並消除仇恨，藉此「讓紐西蘭成為一個永遠容不下種族歧視的地方」。

當她開放提問時，原本打算以容易理解的方式，向年輕人提供有關這次攻擊事件的資訊。她解釋目前那名男子只被宣判一個謀殺罪名的法律依據，並向他們保證接下來「會有更多罪名」。她簡單帶過關於恐怖分子的事，認真解釋槍枝法的最新進展。

她為所有可能會出現的問題已經事先做好準備，唯獨一個例外。

「您還好嗎？」

「我還好嗎？」阿爾登停頓一下，然後說：「謝謝關心。」毫不意外，到目前為止，媒體從來沒有問過她這個問題。有一次在蜂窩大廈裡進行問答時，某位資深記者對她的回答相當不滿，於是問她：「妳晚上回家時曾哭過嗎？」這簡直像是美國情境喜劇《副人之仁》（*Veep*）裡才會有的情節。阿爾登當時沒有回答他，說那是個人私事。但現在，她誠實回答這個問題：「我覺得很難過。」

當阿爾登和她的團隊起身準備離開，所有師生也跟著站起來。阿爾登發現，人群中有一位學生好像想要引起她的注意，於是她請團隊的人和她一起走向那位學生。一位十三歲的年輕女孩向前走出人群，向阿爾登打聲招呼。阿爾登擁抱她之後，才離開現場。

阿爾登向學生保證，槍枝法的改革將在本週結束前完成，而她前一天也在國會中說過一樣的話。但是她沒有拖這麼久。到了週四，也就是槍擊案發生的六天後，她對所有軍用半自動和突擊步槍發布全國禁令。出售這些武器將構成違法行為。擁有這類槍枝的民眾，可以在期間內合法提出放棄，但這項改革正在馬不停蹄進行中。

週五，基督城再次放晴，是個相當適合造訪海格利公園的一天。這天有上千人聚集在這裡，因為阿爾登宣布，國家廣播電臺將在今天下午一點三十分播出喚拜詞（經文），並在各大新聞網站上直播。這是槍擊事件以來的第一個週五禮拜，因此阿爾登呼籲紐西蘭全國人民一起參與，展現他們對穆斯林族群的支持。她的這項決定已經事前取得穆斯林族群的同意，而這個做法也與她整週的言行一致。對這個活動提出異議的人，基本上都被忽略。國際媒體則是對於紐西蘭人民居然樂意支持穆斯林的活動感到驚訝。

喚拜詞來自海格利公園，那裡聚集上百名穆斯林男子在排隊準備，婦女和兒童站在他們身後，而雜種團夥的幫派成員則站在每一排的盡頭，保持高度警戒。在穆斯林婦女和兒童後面，則是成千上萬的非穆斯林紐西蘭人，大家團結一心。有些女子用圍巾包住頭部，有些則沒有。當一位年輕男子在臨時搭建的舞臺上開始朗誦喚拜詞，整個國家的時間彷彿都慢下來。學校、辦公室，甚至連機場裡的人都停下腳步，關注基督城正在進行的活動。

禮拜結束後，努爾清真寺的領導人加馬爾·傅達（Gamal Fouda）發表談話。他代表基督城的穆斯林族群發表演說，內容充滿愛與寬恕。

他對現場成千上萬的民眾，以及全國各地的國民表示：「恐怖分子企圖用邪惡的意識形態分裂這個國家。然而，我們證明紐西蘭是堅不可摧的。我們的心雖然破碎了，但我們的意志力依舊沒有瓦解。我想對紐西蘭人民說，謝謝各位的哈卡舞、鮮花、愛與同理心。我想對我們的總理說，謝謝您。謝謝您的領導。您的做法值得世界的領導人仿效。謝謝您緊緊維繫我們的家庭，並用一條簡單的圍巾向我們的文化表達敬意。謝謝您充滿同理心的言論，也謝謝您成為我們的一分子。」

阿爾登和許多國會議員都在現場，坐在靠近舞臺的前排。阿爾登在那一整週的全國發言，比以往的任何時候都還多。她舉行大約十二場記者會，回答記者超過三百個問題。但這一次，她沒有開口說話。

三月二十二日週五，在紐西蘭經歷有史以來最嚴重的恐怖攻擊的一週後，阿爾登回到基督城及努爾清真寺對面的海格利公園。她和穆斯林民眾及來自全國各地的紐西蘭人站在一起，所有人都不發一語。

CHAPTER 14

政策難盡如人意，支持度卻居高不下

雖然紐西蘭是第一次發生恐怖攻擊，震驚全國，難以相信這種事居然會發生在這個國家，但穆斯林族群中有一些人卻一點都不驚訝。伊斯蘭婦女委員會的安朱・拉曼（Anjum Rahman）在一篇社論中表示，穆斯林的代表，多年來不斷呼籲民眾關心紐西蘭的仇恨言論和極右派觀點的興起。

拉曼相當不滿，為什麼花這麼多錢監視穆斯林社區，卻沒有偵測到這位公開發表種族歧視和極端主義言論的白人存在？她認為，如果槍手是極端主義的穆斯林，而受害者是非穆斯林的紐西蘭人，全國民眾對穆斯林的反應將截然不同。攻擊事件發生後，很快就出現「這不是紐西蘭」的論調，但拉曼和許多人卻表示，紐西蘭其實就是這樣的國家。

阿爾登要求調查為何那位恐怖分子能在社群媒體散布危險的言論，並且能在近期大量收購槍枝，卻沒出現在任何觀察名單上。這項調查將會相當漫長又深入，但她還有另外兩個問題要解決：槍枝和社群媒體。雖然槍枝法的改革迅速展開，但社群媒體是更棘手的問題。

恐怖分子剛開始是在臉書上直播，後來有人將影片上傳到 8chan。8chan 是一個線上討論區，對於貼文幾乎沒有任何限制，因此網站上充斥各種道德淪喪的內容。在一個專門發表種族歧視言論的討論版中，一群匿名的成員一邊觀看影片中的男子接連殺死無辜的信徒，一邊開心的留言討論。接著，他們四處廣傳這段影片。根據調查，這支大屠殺的影片已經在網路上分享超過三十萬次。在攻擊發生後的前二十四小時內，這支影片每秒鐘就被上傳到

YouTube一次。另一方面，臉書和推特等平臺的管理人員也沒辦法阻止，或是沒盡其所能去刪除所有的影片。

新聞媒體必須決定哪些內容適合播出，哪些不適合。有些媒體會強制規定，禁止出現槍擊案的任何畫面、引述槍手言論，或是提及該男子的姓名。然而，其他媒體則繼續放上凶手在車內直播的畫面，並引述他說過的話。有家媒體上傳一部分的影片，這段影片會在點擊新聞文章後自動播放。影片中的男子將車停在努爾清真寺旁的停車場，拿起槍枝並朝入口走去。影片結束之前，還播出他射殺納比的畫面。該影片公開後的幾秒內，就湧入大量的抗議聲浪，要求媒體將影片刪除，後來媒體才撤下影片。

阿爾登和警察局長布希很快就認定，觀看這次恐怖攻擊的影片屬於犯罪行為。無論是觀看或是試圖搜尋，都是違法行為。一位白人至上主義者在基督城被逮捕，並被宣判散布令人反感內容的罪名。他承認這項指控，被判處二十一個月的有期徒刑，而且不得上訴。

這次的攻擊事件也直接影響到臉書創辦人馬克·祖克柏（Mark Zuckerberg），因為他對於自己的網站所造成的傷害，表現出事不關己的態度。基督城的恐怖攻擊，是紐西蘭第一次出現如此大規模的犯罪，而且犯案過程還被全程直播。社群媒體曾被視為實現善舉的工具，現在卻成為散播仇恨及暴力的工具。

人民紛紛詢問阿爾登，政府打算怎麼處理這件事。於是，阿爾登在五月於巴黎舉辦基督城行動呼籲高峰會（Christchurch Call to Action Summit）。在法國總統艾曼紐・馬克宏的主持下，這場活動旨在「讓各個國家和科技公司團結合作，以終結利用社群媒體鼓吹恐怖主義與暴力極端主義的能力」。來自世界各地的領導人及科技公司的執行長齊聚一堂，共同制定一項行動計畫。然而，馬克・祖克柏並未出席。

只要簽署「基督城呼籲」，就表示願意採取行動（例如提高演算法的透明度，並檢查演算的過程），在自己的網站或國家防堵極端主義內容。美國以言論自由為由，並未簽署。「基督城呼籲」是由阿爾登親自發起，她也表示自己在執政期間將會持續推行這項協議。

到了八月，紐西蘭最大的電信公司之一Spark 封鎖 8chan 網站的訪問權限，因為該網站散布恐怖分子的影片和文章。審查負責人布萊恩・尚克斯（Brian Shanks）表示，他支持所有電信公司封鎖該網站。雖然有些人反對，並宣稱這是政治審查（但 Spark 分明是一間私人公司），大部分的紐西蘭人卻還是很高興可以不必再看見那個網站。

「基督城呼籲」在紐西蘭和世界各地獲得支持。雖然有些悲觀的人認為，這麼做在短期內也無法帶來多少改變，但大部分的民眾認為，這是在朝正確的方向邁進。布里奇斯批評「基督城呼籲」，說跟住房和教育問題比起來，「一般的紐西蘭人」才不在乎網路上的極端主義，但他的言論很快就引來紐西蘭民眾的強烈反擊。

布里奇斯的那番評論是在九月初發表，阿爾登則在九月底再次前往紐約參加聯合國大會。十二個月前，她以在任職期間懷孕生子的世界領導人身分參加會議，這次，她則以一個經歷過今年仇恨犯罪最嚴重的國家領導人身分參加會議。

她在那裡會見臉書的營運長雪柔・桑德伯格（Sheryl Sandberg），兩人一同討論「基督城呼籲」的內容。阿爾登也針對「基督城呼籲」主持一場相關會議，並宣布自從巴黎加入以來，又增加三十三個簽名（三十一個國家和兩個組織，其中一個組織是臉書）。其中一項重要的公告是「危機回應協定」，這是當恐怖攻擊的影片再次被發布到網路時，必須遵循的一套準則。阿爾登重申，她希望各國和各公司從基督城的恐怖攻擊事件中汲取教訓。雖然最初的直播影片被撤下來，但在接下來的幾週內，那支影片曾被試圖重新上傳到臉書超過一百五十萬次。

然而，這些事情政府都無法強制執行。領導人必須有心解決問題，並做出改變，這些協定才有用。臉書發表聲明，表示將會清理貼文，並打造更安全的網路空間，但可想而知，世人對於這則聲明抱持相當懷疑的態度。多年來，臉書把美國當局和立法機關耍得團團轉，讓民眾根本不相信臉書會因為阿爾登的要求，大幅改變他們的盈利模式。然而，他們確實有出席會議，並簽署約定，和以往傲慢無禮的態度明顯不同。

阿爾登讓將近七十個國家的領導人及龍頭科技公司的執行長齊聚一堂，並就共同目標達成共識，這是歷任總理無法比擬的外交成就。這種事只有像阿爾登這樣的人才能做到。一對一建立交情及人際連結，始終是阿爾登最擅長的事。照片顯示世界各地有影響力的領導人，因為「基督城呼籲」而聚在同一個屋簷下的畫面。從這個畫面可以預見阿爾登的未來。

阿爾登有些驚豔的表現，是在聯合國大會期間展現出來的，有不少人私下表示，根據阿爾登的領導風格，她將來注定成為聯合國的重要人才。阿爾登堅決否認這些傳言，說自己只計畫再領導工黨至少兩任，並沒有打算在國際組織效力。但是她目前才三十九歲，就算再兩任，也才四十六歲。來日方長。

將人民健康、福利，納入經濟參考指標

過去數十年來，紐西蘭經濟的健康狀況與其他國家一樣，是以國內生產總額衡量。換句話說，就是參考紐西蘭提供的商品數量與服務。從歷史上來看，紐西蘭的預算不斷試著透過提高國內生產總額來改善經濟狀況。然而，財政部長羅伯遜卻在二〇一九年指出，這種衡量經濟的指標無法反映紐西蘭人民的真實生活。

他在公布當年預算的不久前，在廣播節目《個人淺見》（*Two Cents Worth*）中表示：「除了財務和經濟指標之外，我們也將納入人民福祉。我們受過多少教育？身體有多健康？多有安全感？還有一些關於環境的指標，例如空氣品質、水質等。人民有多信任政府機構？

政府與人民之間又有多緊密？」

工黨打算推行名叫福利預算（Wellbeing Budget）的計畫。這是西方國家第一次把健康、福祉和社群，作為判斷一個國家經濟健康狀況的指標。

福利預算列出五個關鍵領域：認真看待心理健康、改善兒童福祉、支持毛利人和太平洋島民的職業發展、提升國家生產力，以及經濟轉型。

阿爾登在介紹這份預算時，強調背後的原因：「多年來，紐西蘭的經濟成長非常可觀，然而，我們的自殺率卻也同時逐年攀升、無家可歸的人數多得驚人，家暴和貧困兒童的比率也高得嚇人。」她說的是實話：在二〇一八年六月到二〇一九年六月之間，紐西蘭的自殺人數達到歷史新高。她表示：「光是經濟成長，並不能讓一個國家變偉大。因此，是時候該重視那些問題。」財政部長羅伯遜補充：「我們知道，這個福利預算絕對不完美，也不可能一次解決所有問題，但這是一系列改變的開始。」

其他國家也逐漸開始重視經濟成長以外的因素，例如不丹王國於二〇〇八年推出國民幸福指數的量表，英國也早在二〇一三年就開始衡量國民福祉。然而，沒有一個國家曾將這些量表納入政府的預算決策中。

紐西蘭第一個也是最受稱讚的領域，是對心理健康照護服務為期五年的投資計畫，一共約新臺幣五百五十億元。其中，約新臺幣一百四十億元將用於全國的第一線心理健康照護服務，包括全科醫院、毛利醫院、太平洋島民醫院、社區組織，大學和青年中心等，目標是致力為患有「輕度至中度」心理疾病的紐西蘭人，提供負擔得起的心理照護服務。

這項政策在公告後，得到國內民眾及海外媒體的大力支持。然而，此預算就和紐西蘭建設計畫一樣，在實施方面也引起一些疑慮。根據統計，二〇二四年將會有三十萬紐西蘭人尋求第一線的心理照護服務，因此心理部門必須快速成長，才能應付需求。

預算的細節仍不清楚，但阿爾登在九月宣布，全國有二十二間全科醫院將獲得約新臺幣一億七千萬元的補助金。這是實現福利預算目標的第一步。根據預估，由於對受過訓練的專業醫療人員的需求不斷增加，為了讓所有人得到需要的醫療照護，心理照護服務的規模將在數年內不斷擴大。

長期以來，心理健康一直是紐西蘭日益嚴重的問題。無論哪個政府執政，勢必都得投資預算處理這個問題，但工黨政府的承諾規模之大，讓這件事成為全球的頭條新聞。《紐約時報》（*The New York Times*）、《衛報》和《彭博》（*Bloomberg News*）都對福利預算表示讚賞，並建議其他國家仿效紐西蘭。

雖然阿爾登公布一項約新臺幣九十億元的一系列補助計畫，但她更大膽的舉動，是成立處理家暴和性暴力的合作單位。在確定所有影響福祉的因素之間彼此相關之後，財務部前營運長費歐娜．羅斯（Fiona Ross），被任命負責指導政府對於家暴和性暴力的整體應對措施。羅斯將與社會發展、教育、司法和警察等十個政府機關的負責人所組成的委員會合作。這項計畫是為了避免在面對受到暴力和心靈創傷的受害者時，各部門只能個別提供零碎協助的情況。暴力（尤其是針對兒童的暴力事件）會在所有部門之間產生漣漪效應。這個合作計畫旨在將各部門聚在一起，藉此預防暴力事件，並協助受害者。

這些機構將在共享責任的情況下共同合作並回報。這個做法證明社會問題不是獨立存在的問題，而且整合式的服務對所有人都有利。假如實施得當，這種做法將改變政府機構協助受虐待者的方式。政府將不再以十個獨立的機構，而是以一個具有共同目標的單位提供協助。整年下來如何運用這筆預算，可能還會引起一些質疑，但這項做法傳達一個明確的理念，這個理念受到民眾普遍的認同：國家應該永遠把人民放在第一順位。

這項預算為許多領域提供更多支持，卻也不是所有的領域都獲得充分的補助。最明顯的就是氣候問題。雖然很多人認為這筆預算應該用來照顧心理健康，但很多人對於政府沒有對氣候變遷採取實際改革的行動感到不滿。

阿爾登曾在競選活動中，將氣候變遷稱為「我們這個世代的反核運動」。後來，當她的聯合政府難以在《零碳排放法案》方面達成共識時，她的這句話經常被批評。在她的第一任期滿一年後的採訪中，記者請阿爾登回想那句話，並問她是否仍然相信那句話。她說自己不完全相信，因為紐西蘭雖然在反核立場上團結一致，對於氣候變遷卻不是如此。

然而，一如既往，她依舊充滿希望。「至少我很肯定，我們已經從十年前關於氣候變遷是否真實存在的辯論中進步許多。現在，我們討論的是我們需要做多少，以及要以多快的速度進行。十年前，在一次公開演講中，我曾因為談論氣候變遷，被聽眾透過噓聲抗議。當我第一次進入國會，出現一個專責委員會，負責研究與氣候變遷相關的科學。因此，我到現在還是很樂觀，希望我們的《零碳排放法案》能獲得國會的支持。這會是一個很大的轉變，讓我們樂見其成吧！」

自從競選開跑以來，阿爾登對於氣候變遷的立場始終很堅定。當她在二〇一八年的聯合國大會上發表演說，她強調紐西蘭在太平洋上的鄰國，就處在這個問題的第一線。然而，紐西蘭最大的太平洋鄰國澳洲，顯然不同意這套說詞。

一年後，阿爾登在太平洋島嶼論壇上，針對氣候變遷議題進行激烈討論之後，建議澳洲必須「對太平洋做出回應」，暗示她對澳洲總理莫里森在論壇中的表現相當失望。澳洲身為最大的溫室氣體排放國之一，理應帶頭減少太平洋地區的碳排放。然而，根據他們在緊急氣候行動協議中猶豫不決的態度來看，他們顯然不打算那麼做。

當阿爾登在二〇一八年前往紐約，她仍然希望大家可以攜手合作。她告訴齊聚一堂的世界領導人說：「在我們辯論及討論的所有挑戰中，海平面上升是我們地區面臨的最大威脅。對於生活在南太平洋的人來說，氣候變遷的影響不是學術問題，而是攸關生存的難題。這就是為什麼對於全球社區（global community）來說，自從聯合國成立以來，沒有任何事物比氣候變遷更能證明集體行動和多邊主義的重要性。我們應該要團結起來面對這個問題。」

阿爾登接下來並未深入說明這個概念，而是轉向其他主題。但是在隔年的同一個大會上，她在聯合國祕書長氣候行動高峰會的民間部門論壇中，提出一個更務實的做法。「紐西蘭相當擅長水力發電、地熱發電和風力發電，以及生產低碳排放食物。其他國家則擅長製造電動車和大眾運輸系統。不如彼此交易吧。長期以來，我們的貿易協議與我們想要達成的環保目標背道而馳。首先，就讓我們把氣候變遷放在貿易關係的核心位置吧。」

當時，美國總統川普面臨彈劾威脅，以及英國首相強森因為自己的提議被最高法院裁定違憲，而不得不緊急飛回英國的同一週，阿爾登會見冰島、挪威、哥斯大黎加與斐濟這四個國家的領導人，並針對《氣候變遷、貿易與永續協定》（ＡＣＣＴＳ）進行協商。雖然這幾個國家算不上是國際強權，但這份協議可以帶來許多可能性。這份協議的主要目標是取消對環保商品的關稅，例如ＬＥＤ燈和太陽能零件。

以這些國家的規模而言，這個做法對地球的直接影響很小，但阿爾登認為只要他們能帶頭為這類協議制定一套清楚的條款，就會有更多國家願意加入。她的野心很大。紐西蘭只是一個小國，而且從未被視為國際貿易協定中的強國，但這個地位將來或許會改變。

新總理一上任，翻轉紐西蘭是丑角的形象

直到阿爾登成為總理之前，紐西蘭政治在美國電視節目中，總被當成微不足道的嘲諷對象。由於紐西蘭鮮少登上國際舞臺，所以每當國際媒體提到紐西蘭時，紐西蘭人的內心都會感到很驕傲。然而，紐西蘭的地方政治新聞通常會登上國際，原因通常是被世人當作笑話。

當饒舌歌手阿姆（Eminem）的歌曲〈迷失自己〉（*Lose Yourself*）的製作公司，因為國家黨在二〇一四年的競選影片，把這首歌改編成毛骨悚然的曲調，因而將國家黨告上法院時，這個混亂的場面成為約翰．奧利佛的靈感來源。他在自己的《上週今夜秀》（*Last Week Tonight with John Oliver*）節目帶著見獵心喜的心情，剖析紐西蘭政治的荒謬之處。

二〇一六年，當時的經濟發展部長史蒂芬．喬伊斯在汽車旅館門口接受媒體採訪時，一名年輕女子走上前，然後在迅雷不及掩耳之際，朝喬伊斯扔了一個假陽具。該物砸到喬伊斯的臉部，然後掉在停車場的水泥地。那名女子後來被警察帶走，但沒有被起訴任何罪名。後來才發現，那根假陽具原來是陰莖形狀的狗玩具。

對於約翰．奧利佛來說，這次的事件又是一個再完美不過的題材。就連喬伊斯也接受這個事實，當天晚上就在推特上寫道：「快來人把這張動圖傳給約翰．奧利佛，讓我早死早超生。」奧利佛沒有辜負大家的期待。他在隔週的節目中，以該事件為當集節目畫下華麗的

句點。這場表演除了有合唱團唱著關於假陽具的歌曲、有兩位穿著假陽具服裝的人跳舞，彼得・傑克森還揮舞著一面印有喬伊斯和假陽具圖案的紐西蘭國旗。

紐西蘭政治已經一次又一次成為奧利佛的笑柄。

當總理約翰・凱伊於二〇一〇年登上《大衛深夜秀》（*The Late Show with David Letterman*）時，那是紐西蘭總理第一次被邀請到美國的深夜電視節目。凱伊在「造訪紐西蘭的十大原因」的單元中登場，他講了一些臺詞、一些老掉牙的笑話，接著是傳統的爵士鼓音效。在這之前，凱伊、現場民眾，以及每個在家收看的觀眾都先經歷一段折磨，也就是聽主持人萊特曼和凱伊，談論一段紐西蘭和洛杉磯之間飛行時數的無聊話題。

這次登臺的效果不差，也讓上百萬名觀眾想起紐西蘭這個國家的存在，但凱伊沒有說任何笑話，因為他就是笑話的一部分。

話雖如此，凱伊這次受訪的待遇還是比之後好多了。在二〇一五年至二〇一七年間，他曾多次出現在《上週今夜秀》中，但他每一次都是擔任被嘲笑的對象，奧利佛則是會開心的對凱伊每一次失態的新聞落井下石。早在奧利佛開始嘲笑假陽具門（dildogate）事件之前，凱伊就已獲得紐西蘭「荒唐總理」的稱號。

與凱伊和英格利希不同，阿爾登從未給約翰・奧利佛一個嘲笑紐西蘭的理由。自二〇一七年五月以來，他就不曾在節目中拿紐西蘭開過玩笑。

當阿爾登勝選時，她不只是接替英格利希，成為一個偶爾成為話題的國家領導人。不，正好相反。紐西蘭成為一個領導者本身就是話題的國家。國際媒體紛紛想要訪問的對象不是紐西蘭總理，而是傑辛達・阿爾登。

阿爾登並不是紐西蘭政壇的新人。畢竟，她是人人聞之喪膽的職業政治家。但是對世界其他國家來說，她是一個生面孔。這個世界上的人，總是在尋找任何能寄託希望的事物。然而在同樣的世界裡，一個吹噓自己曾對其他人性騷擾的人，卻被選為一國的總統。

以報導演員和模特兒為主的媒體，也希望以阿爾登為封面人物。阿爾登在《時尚》（*Vogue*）雜誌中的文章和照片，讓她看起來像是即將出演一部北歐迷你犯罪影集的演員，飾演一位在沿海小鎮中工作過度的偵探。一位年輕又充滿魅力的女性在政壇上成功，真是稀奇！這篇文章在二〇一八年的情人節於網路上公開，標題為〈紐西蘭總理傑辛達・阿爾登是一位年輕、有遠見且無懼的自由主義者——是一位與川普完全相反的人〉。

全世界都想要擁有其他選擇，因此迫切希望阿爾登本人可以像在那些亮麗的雜誌裡一樣討人喜歡。選舉後不久，當她首次以總理身分出國，前往在越南舉辦的亞太經濟合作會議及東亞峰會（East Asia Summit）時，發生一件充滿希望的小插曲。她在回國後向媒體表示，當她和川普在晚宴上等著被介紹時，兩人之間有一小段對話。

川普曾指向阿爾登，並對他身邊的人說：「這位女士在她的國家掀起很大的風潮。」他指的是阿爾登意外勝選成為總理一事。阿爾登很快回應：「還好啦，也許只有四〇％吧。」當他開始重複這個玩笑時，阿爾登也調侃：「當我勝選時，沒人為我舉辦遊行。」

客觀來說，這句回應相當精彩，因為這不是純粹挖苦而已。阿爾登早就清楚表達自己對於川普勝選的感受。她在一月時參加奧克蘭舉行的婦女遊行。在川普就職典禮的隔天，全世界舉辦數百場抗議遊行，這是其中一場。她在活動中向大約一千名遊行者發表談話，並表示：「我們知道群體的力量。」

兩個月前的美國的大選之夜，阿爾登曾在推特上表示：「我從來不曾假裝自己能理解其他國人的怪癖，有時候連我也會對自己的怪癖感到驚訝。但是，我以為我很了解人類。」

雖然從那則貼文到與川普會面之間只隔一年，但是在阿爾登發文和參與遊行時，她還只是一位反對黨的議員，而且看似沒機會成為總理。但是，在短短幾個月後，她就再也無法對美國總統發表如此直白的意見。對於一個相對微不足道的國家新領導人而言，「當我勝選時，沒人為我舉辦遊行」是一個最能委婉表達不滿的方式，這句話也立即在網路上爆紅。這句話被世界各地的網友分享，證明紐西蘭的新總理不只帶給人民希望，也很有幽默感。

很多政治人物都希望能營造出「可以一起喝啤酒的人」的形象。他們會試著與一般選民拉近關係，卻又不想疏遠富裕的選民，於是就出現各種讓人看了直搖頭的尷尬照片。

阿爾登不是一個「可以一起喝啤酒的人」。她甚至不喝啤酒。但是她能開出辛辣卻又不失風度的玩笑，這在社群媒體的時代可說是相當重要的能力。

就在阿爾登迅速竄升的新鮮感逐漸消失時，傳出她懷孕的消息。於是，全球媒體對紐西蘭及其領導人的關注又持續至少七個月。現在，每個雜誌、廣播電臺和網站，都有一個新的理由想要訪談阿爾登：懷孕的領導人。

來自大型國際媒體的報導持續出現，感覺就像事先安排好的。當國際媒體最初開始過分愛戴這位新任總理時，紐西蘭讀者只是莞爾一笑，久而久之，那些報導內容漸漸開始重複。事實上，我本人曾寫過一篇文章嘲笑國際媒體，因為他們在報導阿爾登時，都圍繞在差不多的特色上打轉，寫出來的內容千篇一律。

當阿爾登在二〇一八年六月分娩時，全球近八百家媒體針對此事報導。比起涉及整個國家的新聞，這些感覺更像是在報導個人私事。然而，如果認為阿爾登的正面新聞對紐西蘭沒任何好處，那就太天真了，畢竟投票贊成阿爾登執政，並對她在擔任總理期間懷孕一事感到泰然自若的，正是（一部分的）紐西蘭人。任何關於阿爾登的正面新聞，對紐西蘭來說都是好事。紐西蘭人民最喜歡的，就是偶爾因為一些好事而登上國際媒體版面。

然而，這就像在別人的父母面前稱讚他們的孩子有多乖一樣，他們只會覺得很好笑，並小聲告訴你孩子在家有多壞，照顧起來簡直累死人。有些在推特上看到熱門文章的網友，只會看到阿爾登最美好的一面：演講內容、訪談摘要、充滿同理心等。然而，國內的評論家卻質疑她的作為與她如此美好的國際形象是否相稱。

雖然阿爾登永遠無法企及國際媒體強加在她身上的標籤，這段時間也屢次出現失望的表現，但光鮮亮麗的報導卻不曾少過。

到了十一月，阿爾登已經成為全球家喻戶曉的名人。過去當紐西蘭人在海外度假時，總會被問到關於《魔戒》的事，但現在大家都只想打聽關於「那位叫阿爾登的人」的故事。因此，當阿爾登帶著蓋福德和妮薇，前往紐約參加聯合國大會時，她是世界領導人之中最受歡迎的人物。

由於受到國際媒體的關注，阿爾登在來到美國之前，就收到許多媒體的邀請。她一整週的行程都相當緊湊。

週一是《今日秀》，她將與歐達・柯特柏（Hoda Kotb）談論關於成為世界領導人和新手母親的心情。

週二是與美國有線電視新聞網（CNN）的克莉絲汀・艾曼普（Christiane Amanpour）進行訪談，並應邀與聯合國婦女親善大使安・海瑟薇（Anne Hathaway）進行公開會面。

週三，她將在《荷伯報到》（*The Late Show with Stephen Colbert*）的節目中接受史蒂芬・荷伯（Stephen Colbert）的採訪。這是紐西蘭總理第一次在深夜電視節目中接受採訪。阿爾登在每一場活動的表現都很精彩。雖然這些是軟性媒體，但也是有可能搞砸。她與艾曼普交談時的感覺相當自然，與荷伯開的玩笑也很到位。無論是再資深或訓練有素的政治人物，都很少有人可以在結束高規格的訪談後，給人比起政客，更像是一位朋友的感覺。阿爾登和歐巴馬夫婦一樣，可以隨口說出有水準的玩笑話。這不是多數人可以做到的事。

當阿爾登回到家鄉後，雖然紐西蘭人為自己的新領導人沒有在國外出糗感到很驕傲，但他們同時也不確定紐西蘭受到關注是不是一件正常的事。美國媒體並不是從未對紐西蘭總理感興趣，但這是美國媒體首次發自內心想了解紐西蘭總理。換個角度來看，阿爾登這次的美國之行可說是一次公關假期，花費許多時間進行愉快的採訪。

這是典型的紐西蘭精神，一邊深怕有人在代表紐西蘭登上世界舞臺時丟臉，卻又同時厭惡有人表現亮眼。由於過去每一位總理都是無聊又丟臉的人，因此當新總理突然成為全球的風雲人物時，紐西蘭人不知道該做何感想。這件事對紐西蘭而言，顯然是很好的曝光。

總理的職責之一，就是為自己的國家打造正面形象，並與他國建立連結。然而，在這些正面的曝光之中，有多少是屬於紐西蘭，又有多少是屬於阿爾登個人？這個問題問的對象不同，答案有可能會相去甚遠。

在總辯論的第一天，也就是二十五日星期二時，當時的美國總統川普發表長達三十四分鐘的談話。當他說他的政府已經快要「比美國過去任何一任的政府完成更多事情」時，現場哄堂大笑。史蒂芬・荷伯隔天晚上在採訪阿爾登時，問她當時現場官員為何會大笑，她給出一個圓滑又帶點諷刺的回應。軟性媒體真的是她的專長。

在二〇一八年九月，投票結束的一年後，阿爾登尚未遇到任何重大阻礙。當然，她的一些部長已經降級，因此必須重新整頓一番。此外，彼得斯和紐西蘭優先黨偶爾會為了刷存在感，對一些小政策挑三揀四。除此之外，阿爾登政府在蜜月期沒有出現太大的失誤。一切都還只是第一次，下一次才是關鍵。

然而，在恐怖分子襲擊基督城後，所有「正常」的政治都被拋到一邊。即使是最忠貞愛黨的評論家，也很難在阿爾登和她的團隊處理三月十五日事件的方式中，挑出任何毛病。

紐西蘭從來沒有任何一位總理遇過如此嚴重的暴力事件，但在事發幾天後，人民都很欣慰第一個（也希望是最後一個）扛下此重責大任的人是阿爾登。因此，毫不意外的，阿爾登受到全世界的讚揚，而且激賞到連她本人都開始感到不自在。

政治資本再雄厚，仍敵不過稅改

在攻擊發生後的首次民調中，阿爾登的支持度創下歷史新高。全國各地的評論家都表示，紐西蘭從來沒有任何一位總理擁有如此雄厚的政治資本。

但是，政壇上的任何事物都無法長久。二〇一九年四月，阿爾登排除資本增值稅。資本增值稅曾被稱作是能舒緩紐西蘭住房危機的具體措施，然而阿爾登卻宣布無限期排除這項政策。這個消息震驚許多人，也讓她的許多年輕支持者想像幻滅。

多年以來，甚至在房地產市場出問題之前，阿爾登就一直是資本增值稅的死忠支持者。稅改小組在二月提出的結論是：「對於來自投資住宅不動產租賃的收益，應該要徵收額外的稅款。」這對工黨來說，應該算是一場勝利。他們曾想推動資本增值稅，而現在他們得到稅務專家的正式支持。然而，他們的夥伴紐西蘭優先黨，卻從未支持資本增值稅。他們迎合的是較高齡的選民，而這類選民擁有很多房地產。彼得斯永遠不會在這個議題上退讓，而工黨可能到下屆選舉之前，都無法成功推行資本增值稅。

然而，這項政策不只是從阿爾登的第一個任期中去除而已，而是永遠被排除在外。當她在二〇一九年四月發表這項決定時，整整一個世代的人民，注定再也不可能享受到資本增值稅可能帶來的好處。「雖然我仍相信資本增值稅可以帶來改變，但工黨已經為這項政見打了三場選戰。我們試圖取得民眾的支持，但成效始終不彰。因此，我今天宣布，在我的領導下，我們將不再推行或實施資本增值稅。」

當時是四月，距離基督城的恐怖攻擊以及她凝聚全國只過了一個月。此時的阿爾登坐擁有史以來最雄厚的政治資本，但就算她想要動用這個資本，也絕對不會用在資本增值稅上。

為什麼？答案是：溫斯頓．彼得斯。紐西蘭優先黨、工黨和綠黨之間的聯合政府，雖然表面上看似和平，私底下卻令人相當擔憂。可想而知，彼得斯讓所有人都必須戰戰兢兢。雖然彼得斯沒有像過去那樣公開與自己的盟友開戰，但他對於各項政策（尤其是他反對的政策）總是會有一、兩句怨言，就算這些政策已經公布也一樣。

彼得斯就像是經商成功的叔叔，偶爾會來一起吃晚餐、說些有趣的話題成為全場焦點，但你一直都坐立難安，因為他可能隨時會說出一些種族歧視的話。二〇一二年，阿爾登在一次訪談中，被問到工黨為何始終「把彼得斯當作一個易怒但討喜的伯伯對待」時，她以婉轉的方式回答：「我們可以用對待叔叔一樣的方式對待某人，但這並不代表家庭聚會必須讓他主導，對吧？」問題是，現在的家庭聚會，主要是由彼得斯主導。雖然他已經選擇工黨而不是國家黨，但他在這個聯合政府中，仍處於一個保持權力平衡的關鍵位置。假如他不希望某件事發生，他就有辦法讓那件事胎死腹中。

當阿爾登宣布排除資本增值稅後，有人在推特上問綠黨的共同領導人詹姆斯．肖的看法。在當年年初，肖曾在議事廳中對資本增值稅表達強烈支持。「我們最不該考慮的問題，就是『如果這麼做，我們還能再次當選嗎？』我們應該問自己的問題是『如果不這麼做，我們有資格再次當選嗎？』」肖對那個問題的回應沒有包含任何文字，只有一張由演員凱文．索柏（Kevin Sorbo）飾演的海克力斯（Hercules）大喊「真失望！」的動圖。

與此同時，紐西蘭優先黨開始歡祝。彼得斯在推特上發自己的照片，並用文字蓋過自己的頭，上面寫著：「我們聆聽民意，並做出回應：資本增值稅再見。」國會議員沙恩・瓊斯在五月的一場商務餐會上，開玩笑的責罵眾人說：「我們紐西蘭優先黨把資本增值稅解決掉了，你們卻沒人出來感謝我。」他的話引起商場老闆的熱烈掌聲。

當阿爾登發誓絕不推行或實施她全心全意支持的稅收政策時，她就開始在規畫未來了——一個沒有紐西蘭優先黨的未來。取消資本增值稅，等於是奪走國家黨和紐西蘭優先黨的選舉武器。

工黨希望將來在沒有紐西蘭優先黨的情況下執政。因此，藉由剔除掉紐西蘭優先黨反對的一項政策，工黨或許有機會在下次選舉中，挖走一些紐西蘭優先黨的選民。再次強調，阿爾登是一位務實的理想主義者。這招很聰明，但很多評論家認為這是多此一舉，因為阿爾登當時的支持度仍然居高不下。

然而，阿爾登的年輕支持者對她很失望。住房問題是繼氣候變遷之後，千禧世代最關注的問題，而工黨早已承諾要對這兩個問題採取行動。當資本增值稅在短期內看似再也不可能實現時，紐西蘭的年輕選民終於見識到政治醜陋的一面。大部分千禧世代的年輕人依然會買不起房子，但是他們還有一個最後的希望。紐西蘭建設計畫也許會是他們的最後一線生機。但是，四個月後，紐西蘭建設計畫也瓦解了。

紐西蘭建設計畫照理說應該要解決住房危機。在二〇一二年十一月，工黨前一次執政時，大衛．希勒宣布一個重要的政策：紐西蘭建設計畫 Kiwibuild（這名字遵守工黨一貫的命名方式，例如 KiwiSaver、KiwiRail 和 Kiwibank）。這項計畫預計在十年內完成十萬間房屋，而且概念相當簡單：假如工黨執政，將以低於約新臺幣八百萬元的價格建造合宜住宅，然後只以略高於成本的價格賣給房屋的首購族。

第一批的銷售利潤，將用於建造下一批的房屋，以此類推。當時，這項政策受到大家默許，因為概念雖然聽起來很簡單，卻沒人執行過，讓眾人很懷疑。在二〇一一年不甚理想的選舉結果後，紐西蘭建設計畫成為工黨的旗艦政策，並成為二〇一四年競選的基礎。這計畫聽起來不錯。

然而，總理約翰．凱伊並不買單。二〇一三年一月，凱伊在一場商業活動中發表時，大肆批評紐西蘭建設計畫。他說：「這計畫如果不是慘敗，就是會交出沒有人想住的房子，不然就是會動用到大量的稅金進行補貼。」民眾似乎不同意他的說法。雖然大衛．康利夫正忙於推翻希勒的組織，但民眾還是以壓倒性多數贊成工黨的這項房屋政策。

希勒在二〇一四年大選前下臺，並由康利夫接手，但紐西蘭建設計畫仍舊存在。然而，該計畫內容已經從一間三個寢室的房屋要價新臺幣八百萬元，變成一間兩個寢室的房屋要價新臺幣一千萬元。到了二〇一七年大選時，康利夫辭職，換利特爾上臺。接著，利特爾下臺，換阿爾登登場，但紐西蘭建設計畫始終存在。

在那之後，一間三個寢室的房屋，又進一步漲為一千六百萬元，變化完美反映紐西蘭正在發生的住房危機。住房事務發言人菲爾．泰福當年還在反對黨時，由於國家黨政府無力對付日益惡化的住房危機，因此他的表現相當亮眼。假如換成工黨執政，紐西蘭建設計畫將會成為他們的責任，而後來確實又輪到工黨執政。在連續五年下來不斷攻擊國家黨辦事不力，並大力讚揚紐西蘭建設計畫的優點後，最後卻輪到泰福必須負責在十年內交出十萬間房屋。

阿爾登在競選期間曾承諾，工黨將在執政的前一百天內進行紐西蘭建設計畫，並進一步限制海外買家購房。泰福被任命為住房事務部長，但他提出的目標非常低：第一年約完成一千間房屋。他表示：「這些房屋不會在第一週完成。但我們會加快腳步，在三年內達到每年一萬間的目標。」

對於紐西蘭建設計畫最早出現的批評聲，是說這個計畫高估紐西蘭建築業的規模和範圍。建築人手根本就不夠。工黨雖然預計藉由提供免費的第三期教育來解決這個問題，但是整個計畫的範圍還是太廣。這個做法沒有顧及相關行業，而且職業學校無法在一夕之間出現，但建造房屋的事卻迫在眉睫。

直到二〇一九年七月一日的前兩個星期，也就是距離選舉結束即將滿兩週年時，泰福只完成一百二十二間。雖然進度嚴重落後，但工黨仍堅持他們十萬房屋的目標，並堅稱可以在未來幾年趕上過去的進度。到了九月，阿爾登終於投降，修改原本的目標數量。儘管如此，她還是堅持將以其他形式完成紐西蘭建設計畫。這並不意外。泰福已經不再是部長，而是由黨內排名僅次於阿爾登的女性議員梅根·伍茲接手。

工黨政府在六個月內接連取消資本增值稅和下修紐西蘭建設計畫，看似已經對住房危機認輸了。一切都不會改變，至少不會出現像當初承諾的那種大改革。年輕人只能繼續租房子，直到他們有錢為止。

阿爾登曾說過，氣候變遷是最緊迫的問題，但國家黨的議員卻否認氣候危機的存在。雖然政府的《零碳排放法案》從最初雄心勃勃的目標往下調整不少，但還是在二〇一九年底獲得跨黨派的支持，並將按照法律規定的排放目標執行。這是朝正確方向邁出的一步。

阿爾登的福利預算普遍受到好評，因為這個制度反映政府將人民的福祉置於經濟發展的核心位置。雖然有一些當地的心理醫師和社會發展部門中的人員，質疑實踐方式和投資選擇，但這仍是朝正確方向前進。

費歐娜·羅斯在二〇一九年四月開始，負責監督政府為了打擊家暴而成立的合作計畫，並透過跨部門合作（意外事故賠償公司、衛生、教育、司法、警察及矯正單位），為家庭和受害者提供更好的服務。這又是朝正確方向跨出一大步，而且是將口頭承諾化為行動的重要一步（雖然成果難以量化）。可以肯定的是，這項計畫將為下一屆領導人奠定繼續實施改革的基礎。

這些都是好的作為。雖然紐西蘭人民理所當然會提出更多要求，但海外人士早就欣羨不已。阿爾登在展現出人性和善意時，無意間凸顯其他國家的領導人缺乏這些精神的事實。雖然俗話說「沒有比較就沒有傷害」，但那些對自己國家領導人的行為感冒的人，卻在小小的紐西蘭找到另一種希望。在紐西蘭迅速改革槍枝法之後，歐普拉（Oprah）、朱莉安・摩爾（Julianne Moore）和伯尼・桑德斯（Bernie Sanders）等美國名人和政客，都對阿爾登讚譽有加。

紐、澳發生祝融之災，總理應對各不同

在一年內發生兩次全國性悲劇後，阿爾登展現柔性領導力及人道回應的重要性。二〇一九年十二月，當紐西蘭在處理白島（Whakaari）火山爆發的致命危機時，澳洲也陷入新南威爾斯州火災的緊急狀況中。然而，兩個國家的總理所採取的行動和回應卻天差地遠。當州內上百間房屋陷入火海，天空被黑煙籠罩時，莫里森居然選擇帶全家出國度假。

當這件事引發強烈抗議，他才逼不得已縮短假期。就算之後已經回國，他也沒有做多少事。從許多影片可以看見，當莫里森匆匆巡視遭受祝融之災的民眾時，大家都拒絕與他握手。世人越來越明白，為什麼在基督城的攻擊事件後，阿爾登的反應與行動會受到好評。事

實證明，許多領導人就是無法在民眾受苦時展現人性。有一位澳洲的消防員曾在前往工作的路上，在媒體鏡頭前大喊「叫總理去吃屎」，但無論是政治觀點再怎麼偏激的紐西蘭人，都不會這麼說。

在紐西蘭，即使是一年到頭都會找到各種理由抱怨政府的人，也常不禁會想「感謝老天，我們的總理不是那樣的人」。

在阿爾登宣布排除資本增值稅的隔天，雖然紐西蘭各地的媒體都對此表示失望，但《財星》雜誌卻將阿爾登列為世界第二優秀的領導人，僅次於比爾．蓋茲夫婦。

國內及海外對阿爾登的看法差距最大的一次，就發生在最近。二〇一九年九月，雖然不只一位專欄作家猜測，阿爾登可能會因為工黨內部的性侵申訴處理不當的事件而辭職，但在地球的另一側，頒發諾貝爾和平獎給阿爾登的呼聲卻越來越高。也許在當時最不希望傑辛達．阿爾登得到諾貝爾和平獎的人，就是她自己。

阿爾登本人駁斥所有說她迎合其他國家，或是只專注軟性媒體的指控。當她在二〇一九年初被問到她對海外媒體的高度關注有何看法時，她的回答很務實：「我知道對於紐西蘭觀眾和選民來說，那些東西都不重要。對我來說，我關注的重點始終是我們在國內所做的事情。因為到最後，我被選民評判的標準，是我在國內的表現如何，而不是其他國家的評價。另一個評判的標準，則是我代表全紐西蘭人的表現。」

她在同年九月再次發表類似的言論，並對那些批評她占滿國際媒體版面的人，做出更強烈的回應。她向《紐西蘭先驅報》表示：「當我聽到相關的暗示性言論時，我會覺得很不舒服。我感到不舒服是因為，我是為了這份工作和職位而出現在國際新聞。我依舊對紐西蘭負責，任何可能與身為紐西蘭代表無關的事，我都敬而遠之。」

根據她在全球的知名度，更能反映出她與國內媒體之間的強烈對立關係。過去沒有任何一位總理像阿爾登那樣，每天必須對數十家國際媒體做回應。在關注及解決國內問題的同時，又必須在國際媒體上維持耀眼的好形象，難免會分身乏術。

國內選民對阿爾登的支持度，永遠無法與海外仰慕者的支持度相提並論。阿爾登對自己寄予相當高的期望，選民也期望她能帶來顛覆性的變化和繁榮的經濟，最後卻出現許多無法盡如人意之處。當阿爾登在上任初期自豪的說自己將領導一個「帶來改變」的政府時，她為自己立下一個相當高的標準，而紐西蘭人也以這個高標準檢視她的表現。

她在住房和氣候變遷方面，沒有率領政府做出重大且即時的改革，因此阿爾登可說是未達標準。她在國內的支持度，永遠比不上她在國際的支持度。然而，以紐西蘭在國際舞臺上的代表而言，舉國上下沒有比阿爾登更好的人選。

CHAPTER 15

新世代的柔性領導力

傑辛達·阿爾登從未想過要擔任紐西蘭總理。在機會來臨時，她只剩七週可以決定要不要成為總理。大部分的政治評論家認為，如果有紐西蘭國會議員說自己不想成為總理，這個人鐵定在說謊。然而，阿爾登不斷強調，她不想坐上總理大位，大家就相信她了。

此外，她除了不想擔任總理之外，也不太想升遷。阿爾登總是被拱上高位，而且都是被詢問好幾次之後才點頭答應。她在成為國際社會主義青年聯盟主席的時候是如此、成為工黨副黨魁候選人時是如此、成為工黨黨魁也是如此，顯然每次都是旁人希望她出面領導，她才開始考慮擔任領導人。大家很容易認定，阿爾登是勉為其難坐上領導位置，不過她總是很快就能進入狀況，彷彿天生就是擔任領導人的料。可見，她也不是那麼不情願，只是在等待適當的時機罷了。

許多工黨政治人物做不到的事，阿爾登都做到了。她讓自己成為一面鏡子，用行動展現同理心，映照出人民的擔憂與苦惱，再給予理解和支持。

如果問一般選民，阿爾登在成為工黨國會議員以前做過什麼事，或是她年輕時曾遇過什麼挑戰，很少選民能答得出來，這是因為阿爾登不曾讓她的個人經驗左右她的政治決策。

當阿爾登還是青少女時，就會將自身利益置於腦後，一心幫助別人。她連續兩年競選學生代表，這顯然不是為了自身影響力而做出的決定。身為摩門教徒的她，並不會想穿短褲去學校，但是她的同學想穿短褲，於是她就挺身幫助同學。同理，當她看見威靈頓的ＬＧＢＴ

等少數族群在爭取平權時，即使她自己不屬於這個族群，她也伸出援手。阿爾登的慷慨相助獲得LGBT族群的認可，被視為重視性別平權的政治人物。

阿爾登是相當重視兒童的政治人物，她曾想擔任兒童部部長，而她在成為總理之後，也致力於讓紐西蘭成為「世界上最適合小孩成長的國家」。這不是什麼嶄新的點子，許多政治人物都曾以此為目標，想讓國家變得更適合孩童成長，但阿爾登可不是在貧困家庭中長大，她的家庭背景並不貧困。她改革的動力，是來自穆魯帕拉小鎮中生活困苦的鄰居。

阿爾登推動延長有薪育嬰假，藉此支持職業婦女的生活，當時她自己還沒有小孩。而她生下小孩後，自己卻只休息短短六週的時間。

政治人物本應如此：為他人利益而行動，置自身利益於度外，只可惜現實並非如此。然而，阿爾登卻做到了，她的領導風格極富同理心，在全球獨樹一幟。這是對她的讚譽，但也讓人意識到其他政治人物的問題。

阿爾登的強項是為弱勢發聲，但這個強項也為她帶來限制，使得她不容易表達自己的想法。有一段時期，政治人物如果承認自己過去曾吸食大麻，在政治上是會加分的。阿爾登被問及相同問題時，她卻沒有跟風表態，反而回答：「我在摩門教家庭長大，後來我脫離摩門教，這代表什麼呢？由你們來決定吧。」這個答案很聰明、很幽默，也反映出阿爾登回答問題的方式。

她從不透露太多個人想法，再瑣碎的事情都不透露。若是她透露個人意見，也必然是精心的安排。支持大麻合法化的人，會將她的回覆解讀成她體驗過大麻，並能理解他們的訴求。反對的人，則會認為阿爾登是拐彎抹角，承認自己曾吸食過一次，但之後再也不曾碰過大麻。她什麼都說了，但也什麼都沒說。

馬克・理查德森曾針對職業婦女生育孩子一事，提出惡劣的質問，當時阿爾登的回應，完美呈現她的政治作風。她表示：「聽完你說的話，我個人並不生氣，但我為其他人感到生氣。」就算她當時還不是職業母親，她也跟她們站在一起。

致力實現他人的訴求，自身也成為焦點

在基督城清真寺恐攻事件之後，阿爾登的直覺反應勝過任何人。在紐西蘭悲痛哀悼之際，阿爾登的領導及應對態度堪稱模範。她也廣獲國際讚譽，說她體現「同理心領導」的精神。雖然事實確實如此，但紐西蘭人並不意外，因為一直以來，阿爾登都善於走進各個社群。即便不是她所屬的社群，她也會用心傾聽。

阿爾登推動槍枝法改革，並獲得廣泛支持，沒什麼爭議。事實上，最大的聲浪，就是要求擴大槍枝管理的限制（部分限制在六個月後實現）。阿爾登為紐西蘭人的訴求心動，而紐

西蘭也感激阿爾登的付出。

從許多面向來看，阿爾登都是完美的政治人物。最理想的政治人物，不就是要擱置個人意見，並滿足人民的需求嗎？光譜另一端的政治人物（例如川普及強生）治理國家的出發點是個人利益。話雖如此，選民的渴望時常是矛盾的。領導者在決策時，到底該受選民意見影響多少？如何為這些選民做決定，並不是一件容易的事。紐西蘭人（以及全球數百萬人）相信阿爾登可以做出正確決定。阿爾登與其他領導者不同，她內心有明確的方向，而她的決策總是往這個方向邁進。

阿爾登讓紐西蘭團結面對悲痛，但沒過幾週，阿爾登卻做出令選民意外的決定：她竟然沒有運用其政治影響力，推動實施資本增值稅。資本增值稅廣受支持，而且她個人也曾支持資本增值稅，她卻只是給支持者一些理由，便暫停推動資本增值稅。選民十分震驚與失望，因為他們那麼信任阿爾登。這讓選民不禁猜想：「妳到底想要什麼？還是妳在乎的其實不是紐西蘭人，而是妳自己？」

這問題很難找到答案，因為即使是在坦率而私人的對話中，阿爾登還是能轉移焦點，這點十分不可思議。不知為何，當你想跟國內最知名的人對話時，對話主題卻會完全跟這位知名人物無關。如果你想要她說出具體而明確的個人意見，你會很氣餒，因為她會跟你說，總理一職服務的不是她個人，而是紐西蘭。

阿爾登一直將焦點放在他人的故事、致力實現他人的訴求，結果，自己反而成為世界矚目的焦點，這個強烈對比十分有趣。

近年來有許多政治評論家認為，外交或許是最適合阿爾登的領域，在公部門及慈善部門工作也很適合她。許多人還預測，阿爾登若離開紐西蘭政壇，將會進入聯合國工作。這些部門能讓她好好發揮自己的能力，而且不必遭外界高度檢視，而且在這些部門中，她不用領導政府（而且是個聯合政府），肩上的負擔也不會那麼沉重。

她自己也曾說過，她寧可當一位部長，而不是總理，因為相較之下，部長承受的注目及壓力小得多，也減少許多關係與斡旋需要的煩惱。要領導這麼不穩定的聯合政府不是件容易的事。就算把阿爾登目前的成敗考慮進去，也很難想像有政治人物能企及她一半的表現。

說不定，她並不是不適任，只是太早就任。

一九七二年，工黨的諾曼・柯克成為紐西蘭第二十九屆總理。柯克是個天生的演說家，他在演講中大談社會議題及外交政策時，總能熱情澎湃、滔滔不絕。柯克曾在一九七三年拒絕南非橄欖球隊巡迴紐西蘭，還下令撤軍越南，為人所稱道，但黨內年輕成員覺得他的思想太保守，紛紛向他反應，希望能給少數族群、女性以及毛利人更多自由，但柯克並未實現這些訴求。事實上，柯克政府還曾針對太平洋島國來的移民家庭，發起黎明突襲（Dawn Raids），在凌晨派警察突襲搜查，糾出簽證過期的移民並遣返出境。

然而，柯克也有帶來貢獻。他的演講以及個人舉動，都為這些社會改變蓄積動能。他在首次懷唐伊日紀念活動演講，提醒紐西蘭需要意識到，這是一個擁有雙重文化的國家，而且報紙頭版上還出現柯克與毛利小男孩牽手並行的照片。這張照片的象徵意義及傳達的訊息相當重大，但柯克政府實際採取的行動很小。柯克辭世十年後，在一九八〇年代中期，柯克政府的年輕成員掌權，這時才真正推動重大改革。

阿爾登常說柯克是他的楷模之一。確實，他們兩人有相同的治理風格。阿爾登政府常被批評說得比做得還好聽。比爾．英格利希就曾在兩人的選舉辯論中說阿爾登「華而不實」。她也被批評總是刻意展現高尚道德情操。如果一九七三年時就有推特，柯克大概也會常常被批評刻意展現道德情操。

阿爾登政府為紐西蘭帶來進步，這是不可否認的事實。延長有薪育嬰假；推動冬季能源補助計畫，幫助領取養老金及社會福利補助的人民；提供落後地區學童免費的營養午餐；終止發放海上石油和天然氣探勘許可；全國禁止使用一次性塑膠袋；新生兒父母每週獲得小額補貼；禁止海外投機客；紐西蘭歷史列為學校必修；恢復受刑人（刑期短於三年者）投票權。這些都是好的政策，代表政府願意追求社會進步，但是這些政策稱不上是改革。當初支持阿爾登的選民，曾獲得阿爾登要改革紐西蘭的承諾。然而，就連福利預算政策也只能算是進步，而不是改革。雖然是往對的方向前進，但她並沒有抓住大家的手勇敢向前躍進。

阿爾登在擔任反對黨國會議員時，她的形象是進步而開明的領導者，但她的治理風格卻總是相當保守。她說出來的話時常充滿希望、明朗樂觀、鼓舞人心，但是政治決策卻偏保守。此外，在成為領導人後，她也發現一件事：一旦成為執政者，便很難維持過去的角色。要繼續擔任改革派的精神領袖並不容易。很多左派政治領袖也有同樣的心得。

話雖如此，阿爾登擔任總理的頭兩年，也不是只會說空話，很多事都在這段期間開始實現或規畫。工黨推出的福利預算是世界首創，而且紐西蘭或世界上其他國家一定會繼續改良這項政策。紐西蘭也通過《零碳排放法案》，在法律明定氣候變遷應變政策，也立法禁止危險的攻擊性武器。

反對黨中有不少人懷疑氣候變遷是假議題。如果阿爾登連任，就等於淘汰掉前面這類懷疑論者。這些部長的年紀現在大約在五十五到六十歲之間，他們先前曾以為等到約翰・凱伊下臺之後，他們就有機會坐上大位。沒想到，輪到的不是他們，而是一位三十多歲的女性掌權。在阿爾登的治理下，紐西蘭可能會加速蛻變，從戰後嬰兒潮時代往千禧時代邁進。紐西蘭綠黨認為，現在的政府怠惰無行動。不過再過七年，現在年輕的部會首長也不會再那麼年輕，例如上述綠黨的克蘿伊・史瓦布里克（Chlöe Swarbrick）。

另外，不少人是受到阿爾登的言語激勵而進入政壇，這些政治人物在七年後也會累積豐富的經歷。這些受到阿爾登激勵的人之中，女性占大多數，而二〇一九年獲選進入地方委員會及議會中的女性，也比前一年多（雖然尚嫌不足）。這些人將來也能進入政府，到時他們就已經準備好，把自己在二〇一九年初聽過的改革（或是已經啟動的改革）付諸實現。

阿爾登激勵上述這些人。他們不需要被說服，就能了解氣候變遷是全世界面臨的最大威脅。或許此刻來看，政府面對氣候變遷議題大多是在喊口號，然而光是讓大家明白我們必須為氣候變遷採取行動，也是相當關鍵的第一步。世界上許多國家，都忽視這重要的一步。

阿爾登在二〇〇八年時，首次成為國會議員，當時她就表示自己要推廣民主及平等，並且鼓勵年輕人站出來，為自己的福利做決定。其實，她成功了。她成功讓年輕人站出來，但這些年輕人同時也密切檢視她的行動，要求這位鼓舞人心的領袖帶來更多進步與改革。

最能展現阿爾登精神的，是她的個人行為，而且通常是出自直覺反應的行為。近年來有許多世界強權，皆由衝動難測的男性所主導，這也導致全球對於人類社會的信心每況愈下，就像一輛失速的汽車，隨時準備墜落山谷。然而，阿爾登出現了，並為這輛車拉起手煞車。

掌權者再小的善意之舉，也能帶來龐大影響力

紐西蘭常走在時代最前端，並以此為傲，尤其女性參政的表現領先全球。在紐西蘭，總理在任職期間生育小孩不是什麼大事，大部分的人都能接受。但世界上其他國家，有許多女

性還在苦苦爭取基本人權。對她們而言，看到一位女性可以在領導國家的同時生育子女，是多麼了不起的一件事。現在，紐西蘭的議事廳常會有小嬰兒一同出席，而阿爾登與蓋福德和妮薇一起出席聯合國大會的畫面，更是一個轉捩點，改變全球面對女性掌權者的態度。

在紐西蘭清真寺恐攻事件後，阿爾登在基督城戴上穆斯林的頭巾。這一個小小的舉動，讓紐西蘭及世界上的人團結在一起，也向世界各地的領袖傳達一個訊息：當權者再小的善意之舉，都能帶來很大的影響。這個簡單的舉動雖然不是什麼大政策，但其影響力相當深遠。

二〇一九年八月，在恐怖攻擊的六個月後，當阿爾登到伊斯蘭女性委員會演講，在場的人視她為家人一般接待她。大家沒有忘記阿爾登當時曾親自來到現場，也沒忘記她說過的話和擁抱。

紐西蘭民眾始終認為恐怖主義不會在紐西蘭萌芽，但恐怖攻擊還是發生了。在這個國家重心失衡的數天內，阿爾登穩住民心。就在同一年，紐西蘭北島東邊的白島火山爆發，造成二十一人死亡，但阿爾登又再次穩住這個國家。姑且不論其他面向，阿爾登處理這兩起事件的方式，早已讓她在歷史上留名。她在全球高度衝突、針鋒相對的時代，以她獨有的方式面對一切，讓世人留下深刻印象。

無論如何，紐西蘭都還有進步的空間。大家難免會想像，若政府只由阿爾登及工黨領導，少了彼得斯及紐西蘭優先黨的角力，紐西蘭是不是早就更進步？批評工黨的人認為，才不是這樣。紐西蘭優先黨只是被當作藉口，遮掩工黨保守的政策，支持工黨的人則表示，如果沒有紐西蘭優先黨，國家的確會更進步，而在聯合政府的限制下，阿爾登已經盡力而為。

二〇一九年，澳洲及英國的選舉讓世人意識到一件事：投票結果難以預測。當時，紐西蘭國內推測結果有幾種可能性：阿爾登及工黨可以壓倒性獲勝並單獨組閣，或是只跟綠黨組閣；或許看似無人能敵的彼得斯，會再次進入內閣成為制衡的勢力；又或許，紐西蘭會像澳洲及英國那樣，右派勢力再度掌權，讓國家黨獨掌大權。二〇二〇年下半年，阿爾登連任紐西蘭總理。現在的政策正讓紐西蘭往對的方向前進，而政府可能會踩在這個基石上往前邁進，但也可能會拆毀這個基石。會怎麼發展，就看紐西蘭人民了。

這個世界上有很多種類型的領袖。在歷史上，有些領袖會被歸類為邪惡勢力，有的領袖會因為一、兩件功績被記住，大部分的領袖則是被遺忘。

無論將來如何發展，阿爾登會永遠被記住，因為她是全世界第二位在領導國家的同時生兒育女的領袖、是第一位放育嬰假的領袖、是第一位帶著孩子在聯合國大會上發言的領袖。還有，她在紐西蘭清真寺恐攻事件後展現的人性光輝與同理心，都會被世人記住。

不過，阿爾登希望她留給世人的影響，不僅證明在職總理也可以生兒育女、或是只以一位「善良」的領袖為世人所記住。她希望能帶來更多影響。

可以確定的是，無論她接下來採取什麼行動，全世界都會密切關注。

演講一

紐西蘭總理
聯合國大會演講
（2018 年 9 月 28 日）

E ngā mana nui o ngā whenua o te ao
Tēnā koutou katoa
Nei rā te reo mihi maioha o Aotearoa
Tēnā tātau i ngā kaupapa kōrero
Ka arahina e tātau
Me te ngakau pono
Me te kotahitanga o te tangata

聯合國大會主席、聯合國祕書長、來自世界各地的朋友，大家好。

我在演講一開始說的是毛利語，也就是奧特亞羅瓦紐西蘭（Aotearoa New Zealand）的原住民語言。我依照傳統，先向在場貴賓致意、再闡述眾人齊聚一堂的原因、並稱頌眾人合力奉獻的成果。

這樣的開場方式，感覺蠻合適的。在多數人眼裡，我就是一位政治領袖，參與生涯第一場聯合國大會，這個擁有強大權力與潛力的大會。然而，在紐西蘭，我們是對這股力量，始終保持謹慎的態度。

紐西蘭是個遙遠的國度，位處南太平洋最南邊。要飛到最近的鄰國，至少也要花三個小時。對紐西蘭人來說，十二個小時內能飛到的地方，就算近了。不過我堅信，是這樣的距離，成就紐西蘭人的價值觀。

我們不自負、不迷戀地位。在紐西蘭人眼裡，在運動社團擔任志工的在地人，就跟成功的企業家一樣，都值得喝采。我們極富同理心、又有強烈正義感，而且，我們相當務實。畢竟，組成紐西蘭的兩座島，一個叫做北島，另一座就稱為南島。上述地理隔閡，卻沒有讓我們的思想變得狹隘，事實上，我們對世界的互動與參與，形塑我們的模樣。

我在一九八〇年代出生。歷史上，那個年代的紐西蘭，可不是看著國際事件發生還袖手旁觀的國家。我們當時積極挑戰南非的種族隔離、太平洋核子試爆等國際事件。在我長大的過程中，我經常看見紐西蘭對國際事件做出的反應及舉動。我看見紐西蘭這個國家的樣貌，認識到紐西蘭人的精神。我們視自己為國際社會的一員。無論是要走上街頭、修改法律，還是對國際社會發聲，都是我們的責任。

我是紐西蘭人，我深深以此為榮，但這份驕傲，很大一部分正是因為，紐西蘭人積極參與國際社會。而這個國際社會的核心，就在這裡。

我們從慘烈的大戰中走出來，透過公約、憲章以及規定，一同確立全球的規範及人權保障。這證實世界各國政府並不是疏離的個體，各國政府有義務要照顧人民，也要與他國政府彼此合作。我們的行動，是會影響到全球的。

一九四五年，時任紐西蘭總理的彼得．弗雷澤（Peter Fraser）曾說過，聯合國憲章或許是最後一次團結合作的機會，讓人類齊心合作，實現我們心中的夢想，也實現長長久久、真實存在的和平，讓人們活得有尊嚴。

當初創立聯合國時，那樣的原則與精神，不該僅存與歷史之中。事實上，我們今日面對的挑戰，其本質及影響，都攸關全球各地，更需要我們多邊合作、共同行動來面對挑戰。雖說如此，現在國際社會的辯論及對話，並沒有將重點放在這些國際組織上，忽視其相關性及重要性。取而代之的是，我們還必須出聲捍衛國際組織的存續。

這讓我們不禁自問：我們是怎麼走到這一步的？又該如何走出這個困境？

此刻，齊聚在此的我們，有一點在政治上是相同的：全球化對我們的國家以及人民有強大的影響力。雖然對許多人而言，是正面的影響，但對有些人來說則非如此。經濟的轉變時常給人帶來很大的衝擊以及殘酷的後果。全球經濟以破紀錄的速度成長，然而，人際疏離、慌亂無助、缺乏安全感、以及希望逐漸遭到侵蝕，這些狀況也同時發生。

身為政治人物及政府的一分子，我們有權選擇如何應對這些挑戰。我們可以選擇利用當下的環境氛圍，把錯都怪在「別人」身上，那些不知名、面目模糊的別人，藉此加深大家的不安全感，讓眾人高舉分離主義、建立隔閡。或是，我們也可以選擇面對問題，設法解決。

在紐西蘭，沒人會選擇單打獨鬥。除了歷史因素之外，我們還是一個貿易國家，並以此為傲。就算除去這些建國原則、國家認同不談，政治人物肩上，還有下個世代的請求。

全球出現一個趨勢：年輕人不滿政治體系的現況，要求我們改變做事的方法。面對這個趨勢，我們不該覺得意外。年輕人被迫要適應快速變化的世界，當然會有這些聲音與反應。

短短幾十年內，出現一個高度連結的世代，前所未見。他們現在受的訓練，二十年後是否還是職場所需，都由數位轉型決定。不管是在學校或職場，他們的競爭對手，不是鄰座的同學或同事，而是鄰國的同儕。這是個無國界的世代，至少從虛擬世界來看是如此。他們視自身為世界公民。他們的世界已經改變，他們也期望我們一起改變，期望我們能看見集體的影響力，並改變我們運用權力的方式。

如果我們想了解下個世代希望我們做出什麼改變，想找到一個例子的話，遠在天邊、近在眼前：氣候變遷。

兩週前，太平洋島國領袖齊聚在小小島國諾魯，參與太平洋島國論壇。在這場論壇中，我們正式宣布，氣候變遷是太平洋地區面臨的最大威脅。我懇請各位花一點時間思考這件事：論壇中，我們針對諸多挑戰共同討論，而其中對太平洋地區最大的威脅，就是海平面上升的現象。

對南太平洋的居民而言，氣候變遷的影響不是什麼學術問題，也沒什麼爭辯的餘地，海平面就在眼前不斷上升、極端氣候越來越頻繁、也影響到水資源及食用作物。大家可以繼續討論科學、分析其含義、討論要把溫度上升控制在什麼範圍才能生存。然而，太平洋島國人民訴說的是，海平面上升使整個村子有可能被海水淹沒。這樣的聲音，才是殘酷的現實。

面對這些全球共同的挑戰，我們可以選擇採取什麼樣的行動，但是如果毫無作為，其產生的影響，我們承受不起。全球氣候變遷，吐瓦魯（Tuvalu）、馬紹爾群島（the Marshall Islands）或吉里巴斯（Kiribati）等小國要負的責任最少，卻因全球暖化承受最大打擊。

面對氣候變遷的影響，我們太平洋的鄰國沒有選擇、只能接受，那麼為什麼在場的我們還可以選擇無所作為、不採取行動呢？任何多邊合作關係生變，或是任何氣候相關的目標及協議受損，都不是地緣政治上有趣的事件，而是事關重大的災難。

紐西蘭有決心，要扮演好自己的角色。我們不會批准任何新的離岸石油及天然氣探勘計畫；我們計畫在二〇三五年，達成完全使用可再生能源的目標；我們建立環保基礎建設基金來鼓勵創新；我們推出種樹計畫，要在接下來十年內種下十億棵樹。

這些計畫相當大膽又瘋狂，在氣候變遷威脅之下，也只能如此。不過，紐西蘭的碳排放，只占全球總排放的〇．二％。這正是為什麼，世界各國應該集體行動，並採取多邊合作。從聯合國創始以來，氣候變遷是最有力的例子。

目前的情勢絕不容許遲疑，但是許多人猶豫不決，計算著個人得失。然而，國家利益擺第一、國際及集體合作擺旁邊，甚至是拒絕合作的狀況，也不是第一次出現。

不過，如果批評說，躲回自己的國家、只重視自身利益，是背離完美的國際合作體系，那也是言過其實。這些我們致力支持的國際組織，並不完美，不過我們可以改善這些組織。因此，我今天要發起這個挑戰：讓我們同心協力，重建多邊主義、投入多邊合作。國際社會必須合作，必須再次相信國際間緊密相連的好處，而非只看到壞處。我們必須證明，國際通力合作不但有效，更是對每個人而言最有益的做法。我們必須讓下個世代感受到，我們願意傾聽他們的聲音，絕不是左耳進、右耳出。

然而，如果我們真的要改革，就需要承認過去的錯，是什麼錯帶我們來到現在這個岔路口，例如，國際貿易曾讓世界上好幾百萬人脫離貧困，但許多人已覺得生活水準下滑。像是紐西蘭人民就對貿易協定的效益感到懷疑。

面對這些狀況，正確的回應不該是重複過去的錯誤，不該被保護主義的虛假承諾誘惑。我們必須做的是，確保貿易產生的利益，能讓社會整體共享利益。這點我們不能仰賴國際組織來達成，就像我們不該在國際組織無法帶來這些利益時，就予以責備。我們在位者有責任建立一個具生產力、眾人共好的經濟，並讓人民看見，只要用正確的方式，國際經濟整合可以讓所有人都過得更好。

如果想要眾人共好，當然應該先確保弱勢者的生活可以改善。

紐西蘭為自己設定一個遠大的目標：我們想成為世界上最適合孩子居住的地方。這樣的目標很難具體衡量，畢竟玩樂、安全感、幸福要怎麼衡量呢？但我們可以衡量的是物質剝奪（material deprivation）與貧窮，所以我們會從這些著手。除了著手處理，我們還會立法規定，每年除了報告我們的預算之外，也要回報物質剝奪、貧窮等相關數據。

政府必須為孩子負起責任、政府是最應該擔起這個責任的，難道還會有更好的做法，更該承擔這重責大任的團體嗎？不過，如果我們重視的是養育下一代，我們必須以同等的心力關注，我們留給下一代的條件，包括我們的環境。毛利語中有一個字叫做 Kaitiakitanga，這個字顯現我們的角色有多重要。

Kaitiakitanga 的意思是守護，它的概念是，環境被交付在我們手中，我們有責任守護這個環境。對我們而言，這代表的是採取行動以阻止環境退化，例如設立標準，讓河川的水變乾淨，人們可以戲水游泳；減少廢棄物；逐步廢除一次性塑膠袋；根除外來掠食者物種，保護生態多樣性。

如果要賠上環境，那麼這場經濟及財富競賽，會讓每個人更貧窮。在紐西蘭的我們，下定決心證明，事情未必會這樣發展，但這些行動跟計畫，都是我們在國內就可以做到，可以降低對國際組織的責難與壓力。

但這並不代表國際組織不需要改變。

聯合國是多邊關係系統的核心，必須領導方向。我們強力支持聯合國祕書長的改革計畫，致力讓聯合國的行動更快、更有效，也變得更現代化，來應對今日的挑戰。我們鼓勵祕書長設定更宏大的目標，我們也會與他一同追求這個遠大目標。不過，到頭來，還是需要我們這些會員國，才能驅動聯合國改變。

這場改革包括改革聯合國安理會。如果我們希望安理會發揮作用，維持國際和平和安全，安理會的執行方式應該更新，不再受否決權限制。我們也需要新的思考方式，才能達成聯合國永續發展目標的願景。

在紐西蘭的我們，追求將聯合國永續發展目標的精神，融入一個新的生活原則，當我們制定政策、管理資源時，都會依循這個原則。而且我們也透過官方發展協助計畫（Official Development Assistance，簡稱ODA）的預算，持續協助友國推動永續發展的目標。

然而，只調整國際組織的運作方式，是無法讓整個國際體系再次依循規則運作的，我們需要再次推崇信仰的價值。聯合國憲章提醒我們，聯合國創立的目的，是讓世世代代無須再承受戰爭之苦。兩次世界大戰讓人類承受無法言語的悲痛。如果我們忘記創立聯合國的歷史及精神，人類注定會重蹈覆轍。

這個世界的不確定性越來越多，我們更應該記得當初創立聯合國的核心價值：人人皆平等。每個人都應該享有尊嚴及人權。我們必須努力推動社會進步、更好的生活水準、更多的自由。我們必須持續要求自己，再次追求上述的目標。

除此之外，也要記得我們有責任延續目前的進步，尤其是人權平等的進步。在追求平等這條路上，我們已經有許多收穫，每個成就都值得慶祝。在紐西蘭，我們剛慶祝女性投票權通過第一百二十五週年。我們是世界上第一個賦予女性投票權的國家。從小到大，身為女性的我從來不覺得，性別會阻礙我追求人生目標。

畢竟，紐西蘭的女性總理，我可是第三人，並不是第一人。

儘管如此，我們還是有性別工資差異、低薪資職業女性比例過高、以及家暴等問題，而且，其他國家也有這些問題。在這個進步的世代，我們還需要再次致力追求性別平等，聽起來令人意外，但我們確實需要關注這個議題。若其他國家的女性缺乏基本的機會及尊嚴，那麼對我而言，就算紐西蘭女性獲得平等待遇，我也無法慶祝。

全球的反性侵、反性騷運動成為「#MeToo」運動，這個運動必須變成「#WeToo」，我們必須一起面對。

我知道我們需要回應的要求，是長長的一串清單。無論是國內還是國外，我們都得面對艱鉅的世代。這些棘手問題複雜難解、盤根錯節。或許是時候從混亂中退一步，問問我們要的是什麼。退一步，我們才能看見簡單與純粹。

上述的核心，就是紐西蘭追求的一個概念，非常簡單，就是善良。

面對孤立主義、保護主義、種族主義，若要解決問題，有個簡單的概念，是很好的出發點。這個概念就是看見自身以外的事物、善良以及集體主義。所以，就從這些國際組織開始。一直以來，這些國際組織解決我們面對的問題，將來也會如此。

同時，我向各位保證，紐西蘭會繼續維持國際和平及安全；依據普世價值，推廣並守護國際秩序，讓國際秩序依照規則運作；致力成為務實、具同理心、強大且善良的力量。

畢竟，下個世代也該享有，一樣的美好。

Tena koutou, tena koutou, tena tatou katoa.

演講二

基督城恐怖攻擊後演講

（2019 年 3 月 19 日）

願你平安，願我們都平安。

三月十五日這天，將永遠烙印在我們集體記憶中。在一個平靜的星期五下午，一名男子衝進和平禱告的場所，奪走五十一條人命。

那個平靜的星期五午後，變成我們最黑暗的一天。

對於受害者家屬來說，不只如此。那天，單純的禱告、單純的穆斯林信仰及宗教活動，讓他們失去摯愛的家人。兄弟、女兒、父親、孩子，這些摯愛的家人。

他們是紐西蘭人，他們，就是我們。因為他們是我們的一分子，所以，紐西蘭舉國一同為受害者哀悼。我們有強烈的責任感，想照顧他們，有很多我們覺得需要說、需要做的。

我從未料到、也從不希望承擔這般角色：為國家的悲痛發聲。此時，最重要的是確保受害者及家屬獲得照料、確保每個人安全無虞，接著就是為悲痛發聲。

承擔這般角色的我，想直接對受害者家屬說：我們無法真的感受到你們的傷痛，但我們可以陪伴你走過接下來的每一步。我們可以用愛與關懷圍繞你們，我們一定會站在一起。我們心情沉重，但是不屈不撓。

警方接獲電話通報六分鐘後，就抵達努爾清真寺的槍擊現場。

逮捕的過程十分驚險，兩名警察得衝向犯人的車，打開車門，將犯人拉出車外。當時犯人還在開槍，而且車內都是危險的爆裂物。

我知道大家都想好好稱讚警察勇敢的舉動，他們重視紐西蘭人的安全，不顧自身危險，但當天還有其他英雄，展現超凡的勇氣。

巴基斯坦裔罹難者拉希德是其中一位。他衝向那名恐怖分子，想搶走對方手上的槍枝。他為了拯救身邊一同禱告的信徒，喪失性命。

阿富汗裔阿濟茲隨手抓著手邊最近的物品——一臺手持刷卡機，丟向這位持有武器的恐怖分子。他冒著生命危險、勇敢無私的行為，拯救許多人。

還有無數的故事，有些故事我們可能永遠沒機會聽到，但我們現在，於此地，感謝每一個勇敢無私的你。

許多人是在看到數臺救護車運送受害者到基督城醫院時，開始意識到這場恐怖攻擊的嚴重程度。急救醫療人員、救護車人員、以及醫療專業人員，你們細心照護傷者，請容我表達我們由衷的感謝。你們面對艱鉅挑戰時，給患者的照護和專業表現，我都看見了，我們以你們為榮，且深深感謝。

我們立即採取一些措施，這些措施仍持續執行中，目的是確保穆斯林同胞的安全，也保護所有人的安全。

紐西蘭舉國上下正保持高度警戒。雖然此刻並沒有具體的威脅存在，但我們會保持警戒心。因為，不幸的是，世界上有其他國家的恐怖主義更猖獗，而我們從其案例可以發現，恐怖攻擊發生後幾週內，緊張與衝突狀況會升溫，所以我們需要確保紐西蘭維持警戒狀態。

現在，基督城增加更多警力的部署，正如警方表示，全國的清真寺大門敞開時，將有警察駐守，而關閉時，附近也會有警力待命。

受害者家屬應獲得需要的照顧，各界高度關注此點，這確實是第一要務。在基督城的醫院旁，我們建立一個社區救濟中心，確保大家知道如何求助。

受害者海外親屬的簽證，我們將優先處理發放，讓親屬得以出席葬禮。葬禮的費用將由我們負責，此外，我們也正加緊腳步安排，若有家屬希望讓家人安葬於家鄉，從紐西蘭送至家鄉的費用，也由我們負責。

同時，我們致力規畫提供心理健康及社會資源等支持。我們的一七三七專線，昨天收到大約六百則簡訊和電話，通話平均持續四十分鐘。我也鼓勵任何需要的人撥打這支專線，因為這支專線，就是為你們而設立的。

我們的語言服務有五千名通譯協助，不論是意外事故賠償公司或社會福利部的人員，都能順利以人民熟悉的語言，提供需要的協助。為這些服務貢獻的所有人員，我們感謝你。

我們的維安及情報服務正收到更多的資訊，而我們會秉持一直以來的精神，積極採納這些資訊，追蹤後續狀況。

我知道，有些人會問，怎麼會有這樣的事發生，這不是個以開放、和平、多元為榮的國家嗎？這問題很合理。

還有許多問題有待回應，我向你保證，這些問題都會獲得回覆。昨天內閣同意開啟調查，進一步了解引發攻擊的相關事件。我們會檢視已知狀況、可預知的狀況、或是早該掌握的情況。這種悲劇，絕不能再發生。

接下來，要確保紐西蘭人的安全，我們必須好好檢討槍枝管制法，這是必要的一環。如同我先前提及，我們將改革紐西蘭槍枝管制法，內閣昨天也開會，在攻擊事件發生後的七十二小時內討論出改革的方向。

在我們下週一再次會面之前，我們會宣布上述決定。

這場恐攻是針對紐西蘭穆斯林而來，由一位二十八歲的澳洲公民所為。他目前已經被控告一項謀殺罪，接下來只會更多。他將受紐西蘭法律全力制裁，還受害者家屬一個公道。他發動這場恐怖攻擊的目的很多，其中一個，是想出名。所以，你們不會從我口中聽到他的姓名。他是個恐怖分子、重大罪犯、極端分子。但在我口中，他永遠是無名無姓的人。同時，我想懇求大家，去談論那些逝世者、說出他們的名字，而不是這個恐怖分子的名字。他或許是想透過暴行獲得注意，但是紐西蘭人不會讓他得逞。連他的名字，我們都不會說出口。

我們也會調查社群媒體在整件事中扮演的角色，並決定採取可行的措施，也會與國際上的夥伴合作。是的，想法與語言之間的隔閡及仇恨，早就存在好幾十年，但散布的形式、組織的工具，卻是新的。

我們不能雙手往天空一揮，說這些網路平臺就只是在那提供服務，不用為平臺上的內容負責。這些平臺是內容發布者，不是郵差啊。好處拿盡，責任卻推乾淨？沒有這種事。當然，這並不代表我們不用負責。紐西蘭也必須負責，這個國家要對抗種族歧視、暴力攻擊以及極端主義。此刻，我並沒有所有的解答，但我們必須一起找到答案。我們必須採取行動。

我們收到來自世界各地的關心、支持及團結的聲音，我由衷感謝你們。而且我們感謝全球穆斯林給予的支持，我們也支持他們。

我們和基督城站在一起，基督城還在從這場重大的打擊中復原，我感謝在座的每位國會議員，你們與所服務的穆斯林站在一起，尤其是承受雙重悲痛的坎特柏里區。

我們的談話將進入尾聲，我想說，在三月十五日之後，我們會聽到許多令人動容的故事。在這些故事中，我想分享納比的故事。

他是一位七十一歲的老人，當時他打開努爾清真寺的門，並說：「你好，兄弟。歡迎你。」這是他死前最後一句話。

他開門時，不知道門後的人帶有那樣的仇恨，但是他那溫暖的接待，透露出他是一位歡迎所有同樣信仰的教徒，展現出關懷。

我說過不只一次，這是一個擁有兩百個族裔、一百六十種語言的國家。我們敞開雙臂歡迎所有人。在星期五的事件過後，我們唯一必須做出的調整，就是不再歡迎散播仇恨與恐懼的人前來此地。

沒錯，犯下這項惡行的人，並不是來自這個國家。他不是在這裡成長。他的意識形態不是在這裡養成。然而，國內確實也存在與他有相同價值觀的人。

我知道，舉國上下都希望在這最黑暗的時刻，為我們的穆斯林同胞提供各種照護。我們也確實做到了。國內的清真寺門口，都出現花海及歌聲。這些是我們展現愛與關懷的方式，但我們希望可以為你們做得更多。

希望每個社群中的成員，都可以感到安全。安全，代表免於受到暴力的威脅。但這也表示，我們必須除去種族歧視與仇恨的情緒，因為這些情緒創造的環境，將滋長暴力。我們每一個人，都有能力改變這一點。

這星期五將是攻擊事件後的第一個星期五。穆斯林民眾將會聚集起來進行禮拜。讓我們與他們一同承受傷痛。

當他們再次聚集起來進行禮拜時，一起支持他們吧。我們是一體的，他們，就是我們。所有人，不分你我。

願你平安，願阿拉賜福於你。

謝辭

感謝索菲·威廉斯（Sophy Williams）、柯斯提·因斯威爾（Kirstie Innes-Will）、以及所有尼羅出版社（Nero）的成員。感謝你們協助完成這本書。

感謝數十位接受我訪談的政治人物、記者，以及阿爾登的下屬及朋友。謝謝你們為本書提供重要的基礎。

還有其他人，熱情與我分享許多傳聞。雖然沒有正式訪談，而且是無根據的消息，但都十分有趣，謝謝你們。

如果你是記者，一拿到書，在資料來源的清單中才看見自己的名字。我想對你說聲感謝和抱歉。

感謝波利·波普（Polly Pope）、菲爾·皮那（Phil Pinner）、線上雜誌《The Spinoff》以及西蒙·切斯達曼（Simon Chesterman）給我空間寫作，而且從未干涉我的工作及作息。

感謝克里斯達·查普曼（Christel Chapman）以及雷歐妮·海登（Leonie Hayden）閱讀頭幾個章節，並給我寶貴的意見。

感謝托比·曼海爾（Toby Manhire）閱讀頭幾個章節，也感謝你過去四年來，為我解釋基本政治概念。

感謝鄧肯・葛利夫（Duncan Greive）為我打開許多的機會，包括我寫作生涯的第一個機會。

感謝安博・伊斯畢（Amber Easby）在我無法冷靜思考時拉我一把。

謝謝艾許莉・波各（Ashleigh Bogle）、艾力克斯・凱西（Alex Casey）、緹娜・提勒（Tina Tiller），你們總是知道何時該對我的痛苦一笑置之，何時又該給我安慰。我的親人支持我，形成一個龐大的加油團，這是每個作家的夢想，謝謝你們。

感謝我的兄弟姊妹，總是鼓勵我挑戰恐懼的事物。

最後，一如往常，所有的一切，都要感謝我的父母。

參考資料

前言

Tracy Watkins, '"I don't want to be prime minister" – Jacinda Ardern', *Stuff*, 28 November 2015.

第 1 章

'Debating team talks its way to North Island win', *Waikato Times*, 1 October 1996.

'Jacinda Ardern on her role model mum', *Now to Love*, 20 October 2017.

'Jacinda Ardern, the pregnant prime minister of New Zealand, on her work/life balance and meeting Barack Obama', *The Sunday Times*, 8 April 2018.

Jacinda Ardern, Maiden statement, *Hansard*, vol. 651, 2008, p. 753.

Jacinda Ardern, 'Wellbeing a cure for inequality', Speech, 25 September 2019.

Kelly Bertrand, 'Jacinda Ardern's country childhood', *New Zealand Woman's Weekly*, 30 June 2014.

Michelle Duff, *Jacinda Ardern: The Story Behind an Extraordinary Leader*, Allen & Unwin, Crows Nest, 2019.

Gregor Fountain, 'An extraordinary job', PPTA website, 1 April 2019.

Dr Jarrod Gilbert, 'Life, kids and being Jacinda', *The New Zealand Herald*, 19 January 2018.

Dale Husband, 'Jacinda: Lofty goals and small-town values', *E-Tangata*, 26 August 2017.

David Lange, Oxford University debate on nuclear weapons, 1 March 1985.

Mark Sainsbury, 'Jacinda Ardern: Running on instinct', *Noted*, 16 September 2017.

Katrina Tanirau, 'Labour leader Jacinda Ardern hits hometown in campaign trail', *Stuff*, 10 August 2017.

第 2 章

'Ask me anything with Jacinda Ardern!', Reddit, 23 March 2008.

Dr Jarrod Gilbert, 'Life, kids and being Jacinda', *The New Zealand Herald*, 19 January 2018.

Amanda Hooton, '48 hours with Jacinda: Warm, earnest, accessible – is our PM too good to be true?', *Stuff*, 31 March 2018.

Kim Knight, 'The politics of life: The truth about Jacinda Ardern', *The New Zealand Herald*, 29 January 2017.

Nadia Kohmani, 'David Cameron, a pig's head and a secret society at Oxford University – explained', *The Guardian*, 21 September 2015.

Kate McCann, 'Theresa May admits "running through fields of wheat" is the naughtiest thing she ever did', *The Telegraph* (UK), 5 June 2017.

Alex McKinnon, 'Australia's prime minister has a pants-shitting problem', *The Outline*, 22 May 2019.

Tad Walch, 'President Nelson meets New Zealand prime minister Jacinda Ardern, says church will donate to mosque', Deseret News, 19 May 2019.

第 3 章

'The back bench baby MPs', *The New Zealand Herald*, 8 November 2008.

Natalie Akoorie, 'Youngest MP keen to get down to work', *Stuff*, 11 November 2008.

Jacinda Ardern, Maiden statement, *Hansard*, Vol. 651, 2008.

Don Brasch, 'Nationhood', Speech, Orewa Rotary Club, 27 January 2004.

Tim Donoghue, 'Labour woos families commissioner as MP', *The Dominion Post*, 2 April 2008.

Adam Dudding, 'Jacinda Ardern: I didn't want to work for Tony Blair', *Stuff*, 27 August 2017.

Brian Edwards, *Helen Clark: Portrait of a Prime Minister*, Politico's Publishing, London, 2002.

James Ihaka, 'Eyes on tussle in bellwether seat', *The New Zealand Herald*, 13 October 2008.

Colin James, 'A change of political generations', colinjames.co.nz, 7 October 2008.

Anne Mellbye, 'A brief history of the third way', *The Guardian*, 10 February 2003.

Paula Oliver, 'Parties chasing votes of expat Kiwis', *The New Zealand Herald*, 7 June 2008.

John Rougham, 'A word with Kate Sutton', *The New Zealand Herald*, 22 October 2008.

參考資料

第 4 章

'As it happened: New Zealand election 2014', *The New Zealand Herald*, 20 September 2014.

'Meeting Nikki Kaye: Young but a "tough cookie" ', *The New Zealand Herald*, 16 February 2013.

'Pitch perfect: Winning strategies for women candidates', Barbara Lee Family Foundation, 8 November 2012, www.barbaraleefoundation.org/wp-content/uploads/BLFF-Lake-Pitch-Perfect-Wining-Strategies-for-Women-Candidates-11.08.12.pdf.

'Who knew tax reform was such a turn-on?' *The Sunday Star-Times*, 14 February 2010.

Jacinda Ardern, 'Stardust & substance', Auckland Writers Festival, 19 May 2019, https://vimeo.com/337427477.

Guyon Espiner, 'Jacinda Ardern: One to watch', *Noted*, 20 July 2012.

Patrick Gower, 'Young gun targets city seat', *The New Zealand Herald*, 23 November 2009.

Jonathan Milne, 'High noon for old blood', *The New Zealand Herald*, 1 November 2008.

Jane Phare, 'Battle looming in Auckland Central', *The New Zealand Herald*, 4 May 2008.

TVNZ, 'Political young guns on Breakfast', Clips, *Breakfast*, 2009–2012.

Simon Wilson, 'My dinner with Nikki & Jacinda', Metro (NZ), Issue 358, November 2011.

Audrey Young, 'Blue-green ambitions', *The New Zealand Herald*, 26 March 2010.

第 5 章

'Bruiser Bennett and the beneficiaries', *Stuff*, 27 August 2009.

'Clarke Gayford reveals his first date with Prime Minister Jacinda Ardern', *New Zealand Woman's Weekly*, 25 September 2018.

'David Shearer's dead snapper stunt', *Stuff*, 20 August 2013.

'Is romance blossoming for MP?' *The New Zealand Herald*, 15 September 2014.

'Labour leader David Shearer steps down', *The New Zealand Herald*, 22 August 2013.

'The Michelle Hewitson interview: Jacinda Ardern', *The New Zealand Herald*, 26 April 2014.

'Wintec Press Club: Jacinda Ardern edition', *Quote Unquote* (blog), 26 May 2017.

Jacinda Ardern, 'Stardust & substance', Auckland Writers Festival, 19 May 2019, https://vimeo.com/337427477

Emma Clifton, 'Labour's Jacinda Ardern reveals why she doesn't want to be prime minister',

Next, 15 June 2017.

Jane Clifton, 'Annette King – and Jacinda Ardern – deserved better than this', *Noted*, 1 March 2017.

Simon Collins, 'David Cunliffe: I'm sorry for being a man', *The New Zealand Herald*, 4 July 2014.

Simon Day, 'Out with the old, in with the new: Robertson', *Waikato Times*, 20 October 2014.

John Key, Resignation speech, 5 December 2016.

Andrew Little, Facebook post, 1 March 2017.

Jo Moir, 'Ardern climbs Labour ladder', *Stuff*, 8 October 2012.

Fran O'Sullivan, 'Jacinda Ardern needs to put in the hard yards', *The New Zealand Herald*, 4 March 2017.

Vernon Small, 'Annette King's move from defiance to acceptance boosts Labour's chances in September', *Stuff*, 1 March 2017.

Julia Llewellyn Smith, 'Meet New Zealand's "First Bloke"; When the country's PM, Jacinda Ardern, gives birth next month, her partner Clarke will be taking on stay-at-home-dad duties', *The Daily Telegraph* (UK), 1 May 2018.

Claire Trevett, 'Ardern romps home in boring by-election', *The New Zealand Herald*, 25 February 2017.

Claire Trevett, 'Labour MP Jacinda Ardern wants to stand in David Shearer's Mt Albert electorate', *The New Zealand Herald*, 14 December 2016.

Tracy Watkins, '"I don't want to be prime minister" – Jacinda Ardern', *Stuff*, 28 November 2015.

第 6 章

'Andrew Little's full statement on resignation', *The New Zealand Herald*, 1 August 2017.

AAP, 'Jacinda Ardern rejected Labour leadership "seven times"', *The New Zealand Herald*, 27 September 2017.

Eugene Bingham and Paula Penfold, 'A *Stuff* circuit interview: The demise and rise of Andrew Little', *Stuff*, December 2017.

Mei Heron (@meiheron), Twitter post, 1 August 2017.

Toby Manhire, 'Poll rewards Turei's welfare bombshell but Labour dives deeper into the abyss', *The Spinoff*, 30 July 2017.

Claire Trevett, 'Leaders unplugged: Labour Party Jacinda Ardern', *The New Zealand Herald*, 12 August 2017.

第 7 章

'Greens co-leader Metiria Turei's benefit history investigated', *RNZ*, 26 July 2017.

'Paddy Gower receives gift from Gerry Brownlee', *The New Zealand Herald*, 7 August 2017.

'Should Metiria Turei stand down as co-leader of the Greens?', *The AM Show*, MediaWork New Zealand, Auckland, 3 August 2017.

'Timeline: Green Party co-leader Metiria Turei's downfall', *RNZ*, 9 August 2017.

Henry Cooke, 'Recap: Labour unveils election campaign slogan, as it says Turei would never have made it with them', *Stuff*, 4 August 2017.

Henry Cooke, 'When Jacinda Ardern knifed Metiria Turei she changed the election for good', *Stuff*, 21 September 2017.

Mei Heron, 'Greens' Turei reveals struggles at family policy launch', *RNZ*, 16 July 2017.

Bernard Hickey, 'Labour and Green parties sign first ever Memorandum of Understanding to work together to change government', interest.co.nz, 31 May 2016.

Stacey Kirk, 'Metiria Turei's electoral admission "not good" – Labour', *Stuff*, 4 August 2017.

Jenna Lynch, 'More questions raised about Metiria Turei's living situation', *Newshub*, 3 August 2017.

Toby Manhire, 'Poll rewards Turei's welfare bombshell but Labour dives deeper into the abyss', *The Spinoff*, 30 July 2017.

Tracy Watkins, 'Jacinda Ardern has been Labour leader for 24 hours – so what's changed?' *Stuff*, 2 August 2017.

Tracy Watkins, 'Jacinda Ardern shows her steel in week one', *Stuff*, 5 August 2017.

第 8 章

'Ardern attends grandmother's funeral', *Otago Daily Times*, 22 September 2017.

'Barnaby Joyce to face by-election after High Court ruling; Roberts, Nash also booted out of parliament', *ABC News*, 30 September 2017.

'Broadsides: Should NZ have a capital gains tax?', *The New Zealand Herald*, 20 July 2011.

'Watch the full *Newshub* Leaders Debate', *Newshub*, 4 September 2017.

Jacinda Ardern, Announcement at Hillmorton High, Christchurch, 8 September 2017.

Jacinda Ardern, Facebook Live Q&A, 3 August 2017.

Jacinda Ardern, Facebook Live Q&A, 9 August 2017.

Jacinda Ardern, 'Stardust & substance', Auckland Writers Festival, 19 May 2019, https://vimeo.com/337427477

Jacinda Ardern (@jacindaardern), Twitter post, 15 August 2017.

Julie Bishop, Press conference, Parliament House, Canberra, 16 August 2017.

Steve Braunias, 'On the campaign trail with Jacinda Ardern', *The New Zealand Herald*, 9 September 2017.

Lloyd Burr, '*Newshub*-Reid Research poll: NZ First overtakes Greens as third biggest party', *Newshub*, 21 January 2020.

Michael Daly, 'Steven Joyce sticks to $11.7 billion hole in government budget', *Stuff*, 23 November 2017.

Stephen Levine (ed.), *Stardust and Substance: The New Zealand General Election of 2017*, Victoria University Press, Wellington, 2018.

Toby Manhire, 'The final poll, and one that befits a pulsating campaign', *The Spinoff*, 21 September 2017.

Toby Manhire, 'Labour soaks up the Town Hall rapture as Ardern goes nuclear on climate', *The Spinoff*, 20 August 2017.

Toby Manhire, 'Of tax U-turns, captain's calls and clusterfucks', *The Spinoff*, 14 September 2017.

Eleanor Ainge Roy, 'New Zealand election: Jacinda Ardern vows to decriminalise abortion', *The Guardian*, 5 September 2017.

Andrew Taylor, 'Jacinda Ardern as prime minister makes things awkward for Australian foreign minister', *Stuff*, 20 September 2017.

Tracy Watkins, 'King gives parting blessing for Ardern', *The Press*, 11 August 2017.

第 9 章

'Watch: "Next question!" – belligerent Winston Peters has press pack in stitches after shutting down Aussie reporter', *1 News*, 27 September.

'"We could and should be doing far better" – NZ First chooses Labour', *RNZ*, YouTube video, 19 October 2017.

'Who's who in parliament?', New Zealand Parliament/P remata Aotearoa, 8 February 2018.

Anna Bracewell-Worrall, 'Jacinda Ardern full speech: Let's keep doing this', *Newshub*, 23 September 2017.

Madeleine Chapman, 'Winston Peters is the hot girl on campus: A sexy guide to MMP relationships', *The Spinoff*, 7 October 2017.

Henry Cooke, 'A brief history of Winston Raymond Peters', *Stuff*, 21 June 2018.

Brad Flahive, 'Jacinda thanks the voters before tucking into a sausage', *Stuff*, 23 September 2017.

John Harvey and Brent Edwards, *Annette King: The Authorised Biography*, Upstart Press, Auckland, 2019.

Katie Kenny, 'Live: The day after the election' *Stuff*, 24 September 2017.

Toby Manhire, '7.17pm: *The Spinoff*'s rash call of the election result based on 5% of vote counted', *The Spinoff*, 23 September 2017.

Toby Manhire, '11.00pm: Bill English wins. Winston Peter loses. And Winston Peters wins', *The Spinoff*, 23 September 2017.

第 10 章

'Conversations: Pania Newton', *E-Tangata*, 5 May 2019.

'Jacinda Ardern meets with Malcolm Turnbull, rebuffs Manus Island offer', *The New Zealand Herald*, 5 November 2017.

'"This will be a government of change" Jacinda Ardern tells caucus', *The New Zealand Herald*, 20 October 2017.

'Trump thought Jacinda Ardern was Justin Trudeau's wife – Tom Sainsbury', *Newshub*, 19 November 2017.

'"A wonderful new neighbourhood": Fletcher Residential buys "sacred" M ori land at Ihumatao in south Auckland', *Stuff*, 28 December 2016.

Jacinda Ardern, 'Prime Minister's Waitangi powhiri speech', Beehive.govt.nz, 5 February 2018.

Maria Bargh and Andrew Geddes, 'What now for the M ori seats?' *The Spinoff*, 15 August 2018.

Ryan Bridge, 'Jacinda Ardern's 5 day visit to Waitangi', *Your Sunday*, RadioLIVE, 28 January 2018, www.magic.co.nz/home/archivedtalk/audio/2018/01/your-sunday--in-case-you-missed-it.html.

Mikaela Collins, 'Cabinet ministers to cook food for public at Prime Minister's Waitangi Day Breakfast', *The New Zealand Herald*, 24 January 2018.

Peter de Graaf, 'Prime Minister Jacinda Ardern breaks new ground at Waitangi', *The New Zealand Herald*, 3 February 2018.

Wena Harawira, 'Sacrifices but no reward', *E-Tangata*, 3 October 2015.

Leonie Hayden, 'Let's not forget that M ori women had the vote long before Europeans arrived', *The Spinoff*, 29 September 2018.

Leonie Hayden (@sharkpatu), Twitter post, 6 February 2018.

Veranoa Hetet, 'They're not all korowai: A master weaver on how to identify M ori garments', *The Spinoff*, 26 April 2018.

Annabelle Lee, 'Why Jacinda Ardern's decision to spend five days at Waitangi is a really big deal', *The Spinoff*, 24 January 2018.

Peter Meihana, 'Teaching NZ history could be the most important nation-building project of a generation', *Stuff*, 20 September 2019.

Ministry for Culture and Heritage, 'Waitangi Day', New Zealand History (website), last modified 5 August 2014, https://nzhistory.govt.nz/politics/treaty/waitangi-day/waitangi-day-1990s.

Jo Moir, 'The prime minister's five days at Waitangi has gone off with a barely a protest', *Stuff*, 6 February 2018.

New Zealand Labour Party, 'Taihoa at Ihumaao says Labour', *Scoop*, 27 August 2015.

Parliamentary Library, 'The origins of the M　ori seats', Parliamentary Library Research Paper, 9 November 2003.

Richard Prebble, 'Jacinda Ardern will regret this coalition of losers', *The New Zealand Herald*, 20 October 2017.

Eleanor Ainge Roy, 'Jacinda Ardern to meet Donald Trump for first formal meeting', *The Guardian*, 17 September 2019.

Eleanor Ainge Roy, 'Jacinda Ardern wears M　ori cloak to Buckingham Palace', *The Guardian*, 20 April 2018.

Shane Te Pou, 'M　ori don't need Chris Hipkins to tell us what's best for our mokopuna', *The Spinoff*, 27 August 2018.

第 11 章

'Flowers for Prime Minister Jacinda Ardern from Saudi Arabia "too big" for hospital room', *The New Zealand Herald*, 23 June 2018.

'Here comes the baby: Prime Minister Jacinda Ardern in labour, at Auckland Hospital with partner Clarke Gayford', *The New Zealand Herald*, 21 June 2018.

'Jacinda Ardern's reaction to seeing Neve at the UN and why it's significant she's there', *Stuff*, 26 September 2018.

'Jacinda's baby: Kiwi midwife explains how long we'll have to wait', *The New Zealand Herald*, 21 June 2018.

'Live blog: Jacinda Ardern and Clarke Gayford create entirely new human', *The Spinoff*, 24 June 2018.

'Prime Minister Jacinda Ardern gives birth to baby girl, with Clarke Gayford alongside, at Auckland Hospital', *The New Zealand Herald*, 22 June 2018.

'Special delivery: The route Prime Minister Jacinda Ardern took to hospital', *The New Zealand Herald*, 21 June 2018.

Charles Anderson, 'Jacinda Ardern #babywatch sends New Zealand media gaga', *The Guardian*, 21 June 2018.

Charles Anderson, 'New Zealand PM Jacinda Ardern goes into hospital to give birth' *The*

Guardian, 21 June 2108.

Charles Anderson, 'New Zealand's Jacinda Ardern welcomes baby girl "to our village"', *The Guardian*, 21 June 2018.

Jacinda Ardern, 'Welcome to our village wee one', Instagram post, 21 June 2018, www.instagram.com/p/BkRrm87F8Cb.

Madeleine Chapman, 'Waiting for Neve Te Aroha: Inside the media room at Auckland Hospital', *The Spinoff*, 25 June 2018.

Emma Clifton, 'Jacinda Ardern: Our new life with Neve', *Now to Love*, 30 January 2019.

Helena de Bertodano, 'The Magazine Interview: Jacinda Ardern, the pregnant prime minister of New Zealand, on her work/life balance and meeting Barack Obama', *The Times* (UK), 8 April 2018.

Clark Gayford (@NZClarke), 'Because everyone on twitter's been asking', Twitter post, 25 September 2018, https://twitter.com/NZClarke/status/1044252770268672000.

Leith Huffadine, 'Google plays tribute to PM Jacinda Ardern's baby', *Stuff*, 22 June 2018.

Emma Hurley, 'Timelines: How Prime Minister Jacinda Ardern's pregnancy unfolded', *Newshub*, 21 June 2018.

M. Ilyas Khan, 'Ardern and Bhutto: Two different pregnancies in power', *BBC News*, 21 June 2018.

Kim Knight, 'Exclusive: Labour's Jacinda Ardern and partner Clarke Gayford', *The New Zealand Herald*, 19 August 2017.

Amy Maas, 'Confession: "I killed Prime Minister Jacinda Ardern's cat, Paddles"', *Stuff*, 10 July 2019.

Sarah McMullan, 'The perfect playlist to welcome Jacinda Ardern's baby', *Stuff*, 21 June 2018.

Eleanor Ainge Roy, 'Babies in the Beehive: The man behind New Zealand's child-friendly parliament', *The Guardian*, 31 August 2019.

第 12 章

'Abortion law reform just leapt its first hurdle. Here's what the MPs said,' *The Spinoff*, 9 August 2019.

參考資料

'Labour president Nigel Haworth resigns as Jacinda Ardern issues apology', *The Spinoff*, 11 September 2019.

'NZ Politics daily: Jacinda Ardern and the "pretty little thing" debate', *NBR*, 3 September 2015.

'Storm erupts over Gareth Morgan's "lipstick on a pig" tweet', *The New Zealand Herald*, 21 August 2017.

'Winston Peters calls Labour turmoil a "disgraceful orgy of speculation"', *Newstalk ZB*, 16 September 2019.

Jacinda Ardern, 'Breaking silence', *Metro* (NZ), Issue 398, November 2015.

Hilary Barry (@Hilary_Barry), 'Panelist describes @jacindaardern's skill in politics', Twitter post, 26 August 2015, https://twitter.com/Hilary_Barry/status/636273505554665472.

Anna Bracewell-Worrall, 'Jacinda Ardern: It is "totally unacceptable" to ask women about baby plans', *Newshub*, 2 July 2017.

Alex Casey, 'A Labour volunteer alleged a violent sexual assault by a Labour staffer. This is her story', *The Spinoff*, 9 September 2019.

Brian Edwards, *Helen Clark: Portrait of a Prime Minister*, Politico's Publishing, London, 2002.

Matthew Hooton, 'Pretty bloody stupid', *Metro* (NZ), issue 397, October 2015.

Alison Mau, 'Alison Mau: Labour sex assault group's masterful moves – and what they want', *Stuff*, 15 September 2019.

Gareth Morgan (@garethmorgannz), 'Sure but it's pathetic isn't it?', Twitter post, 20 August 2017, https://twitter.com/garethmorgannz/status/899178564989329409.

New Zealand Labour Party, '#LIVE Post-Cabinet press conference 16 September', Facebook post, 15 September 2019, www.facebook.com/NZLabourParty/videos/2459299004328695.

Tova O'Brien, 'Complainant "shocked" at new Labour representative after Nigel Hawthorn's resignation', *Newshub*, 12 September 2019.

Jane Patterson, 'Sexual assault allegations against ex-Labour staffer "not established"', *RNZ*, 18 December 2019.

Zane Small, 'PM Jacinda Ardern gives "timeline" of events around Labour sexual assault claims', *Newshub*, 12 September 2019.

Andrea Vance, 'Staffer at centre of Labour abuse claims has resigned', *Stuff*, 12 September 2019.

第 13 章

'Christchurch mosque shootings: Police reveal how they caught the alleged gunman', *The New Zealand Herald*, 18 March 2019.

'Christchurch shootings: Stories of heroism emerge from attacks', *BBC News*, 17 March 2019.

'Christchurch shootings: Vigils around NZ – live updates', *Stuff*, 18 March 2019.

'The end of our innocence', *Stuff*, 15 March 2019.

'"I don't know how many people died" – witnesses of Christchurch mosque shooting', *1 News*, 15 March 2019.

Natalie Akoorie, 'Live: Christchurch mosque shootings: Friday's national day of reflection – the call to prayer, mosques open doors', *The New Zealand Herald*, 22 March 2019.

Jacinda Ardern, '#LIVE update on Christchurch', Facebook post, 14 March 2019, www.facebook.com/jacindaardern/videos/311920353011570.

Jacinda Ardern, '#LIVE press conference', Facebook post, 15 March 2019, www.facebook.com/jacindaardern/videos/853025415038912.

Jacinda Ardern, 'Nationwide reflection for victims of Christchurch terror attack announced', Beehive.govt.nz, 21 March 2019.

Jacinda Ardern, Statement on Christchurch mass shooting, 3.30pm, 16 March 2019.

Jacinda Ardern and Stuart Nash, 'New Zealand bans military style semi-automatics and assault rifles', Beehive.govt.nz, 21 March 2019.

Kurt Bayer, 'Firearms register announced as part of Government's second tranche of gun law reforms', *The New Zealand Herald*, 14 March 2019.

Mohammed bin Rashid Al Maktoum (@HHShkMohd), 'New Zealand today fell silent in honor of the mosque attack's martyrs', Twitter post, https://twitter.com/HHShkMohd/status/1109124817888915461.

John Campbell (@JohnJCampbell), 'Jay Waaka, one of the road crew', Twitter post, 18 March 2019, https://twitter.com/JohnJCampbell/status/1107348003025637377.

Madeleine Chapman, 'Jacinda Ardern, after Christchurch', *The Spinoff*, 22 March 2019.

參考資料

Gamal Fouda, '"Hate will be undone, and love will redeem us": Imam Fouda, a week on', *The Spinoff*, 22 March 2019.

The Guardian, 'Thousands gather in Christchurch to mark one week on from deadly Mosque shootings – watch live', YouTube video, 21 March 2019, www.youtube.com/watch?v=MrOPS8XIt0Y.

Shaiq Hussain and Pamela Constable, 'Pakistan vows to honour "martyr" who tried to stop Christchurch mosque gunman', *Stuff*, 18 March 2019.

Nikki Macdonald, 'Alleged shooter approached Linwood mosque from wrong side, giving those inside time to hide, survivor says', *Stuff*, 18 March 2019.

Toby Manhire, 'Jacinda Ardern: "Very little of what I have done has been deliberate. It's intuitive"', *The Guardian*, 6 April 2019.

Thomas Mead, '"I don't hate him, I love him": Widower forgives Christchurch gunman who killed his wife', *Newshub*, 17 March 2019.

Newshub, 'New Zealand Prime Minister's meeting with Christchurch Muslim community', YouTube video, 21 March 2019, www.youtube.com/watch?v=L9OdUnyHCdg.

Kate Newton, 'New Zealand's darkest day: A timelines of the Christchurch terror attacks', *RNZ*, 21 March 2019.

The New Zealand Herald, 'Jacinda Ardern visits Cashmere High School in Christchurch', Facebook post, 19 March 2019, www.facebook.com/nzherald.co.nz/videos/638626069914560.

Mick O'Reilly and Logan Fish, 'Abdul Aziz Wahabzadah, a hero from Christchurch attacks recounts the day', *Gulf News*, 13 June 2019.

Adele Redmond, Dominic Harris, Oliver Lewis and Harrison Christian, 'Heroic worshippers tried to stop terror attacks at Christchurch mosques', *Stuff*, 16 March 2019.

Matthew Theunissen, 'Abdul Aziz: Saved lives by running at gunman in Mosque', *RNZ*, 17 March 2019.

Lynley Ward, '"I'm so grateful I was part of this kind gesture": Naima Abdi on the hug with Jacinda Ardern that made history', *Now to Love*, 9 April 2019.

第 14 章

'$320m package to tackle family and sexual violence "a good foundation"', *RNZ*, 20 May 2019.

'The Christchurch Call: Full text' *The Spinoff*, 16 May 2019.

'Editorial: Kiwi build solid base for future at last', *The New Zealand Herald*, 21 November 2012.

'Election 2014: Labour promises 100,000 more affordable homes', *The New Zealand Herald*, 27 August 2014.

'Fiona Ross appointed Director, Family Violence and Sexual Violence Joint Venture', New Zealand Family Violence Clearinghouse, 3 April 2019, https://nzfvc.org.nz/news/fiona-ross-appointed-director-family-violence-and-sexual-violence-joint-venture.

'Median price – REINZ', Interest.co.nz, no date, www.interest.co.nz/charts/real-estate/median-price-reinz.

'New Zealand to head five-country climate trade agreement talks – Jacinda Ardern', *RNZ*, 26 September 2019.

'PM: Labour's KiwiBuild housing policy "dishonest"', *The New Zealand Herald*, 25 January 2013.

'Two vents on the Wellbeing Budget', *RNZ*, 31 May 2019.

'What exactly is a wellbeing budget?', *RNZ*, 3 May 2019.

'World's greatest leaders', *Fortune*, 19 April 2019.

Jacinda Ardern, 'New Zealand and France seek to end use of social media for acts of terrorism', press release, 24 April 2019.

Jacinda Ardern, New Zealand National Statement to United Nations General Assembly, 28 September 2018.

John Anthony, 'NZ First put an end to capital gains tax, Shane Jones claims in post-Budget speech', *Stuff*, 31 May 2019.

Kurt Bayer, 'Christchurch teen arrested for objectionable material after mosque attacks', *The New Zealand Herald*, 29 March 2019.

Madeleine Chapman, 'A special episode of The Block NZ: Kiwibuild edition', *The Spinoff*, 2 September 2018.

參考資料

Henry Cooke, 'Capital gains tax: Jacinda Ardern took a lifeboat off a ship she could have saved', *Stuff*, 21 April 2019.

Henry Cooke, 'Government must be bold enough to bring in capital gains tax, Green leader James Shaw says', *Stuff*, 12 February 2019.

Henry Cooke, 'How KiwiBuild fell down, and whether anything can be saved from the wreckage', *Stuff*, 21 June 2019.

Henry Cooke, 'Refugee quota lifting to 1500 by 2020', *Stuff*, 19 September 2018.

Michael Daly, 'Winston Peters casts doubt on rise in refugee quota', *Stuff*, 4 September 2018.

Guyon Espiner, 'Jacinda Ardern: One to watch', Noted, 20 July 2012.

Anne Gibson, 'Phil Twyford reveals $2b KiwiBuild housing scheme', *The New Zealand Herald*, 25 October 2017.

Charlotte Graham-McLay, 'New Zealand's Next Liberal Milestone: A Budget Guided by "Well-Being"', *The New York Times*, 22 May 2019.

Calum Henderson, 'History in pictures – the 2016 Waitangi Dildo Incident', *The Spinoff*, 5 February 2016.

Helena Horton, '"No one marched when I was elected": New Zealand Prime Minister's biting response to Donald Trump', *The Telegraph* (UK), 16 November 2017.

Nicholas Jones, 'Housing constrained by lack of builders, lending: Treasury', *The New Zealand Herald*, 14 December 2017.

The Late Show with Stephen Colbert, CBS, 27 September 2018.

Amelia Lester, 'New Zealand's prime minister, Jacinda Ardern, is young, forward-looking, and unabashedly liberal – call her the anti-Trump', *Vogue* (USA), 14 February 2018. Madeleine Chapman, 'A step-by-step guide to writing a Jacinda Ardern profile', *The Spinoff*, 15 February 2018.

Jan Logie, 'New steps in improving our response to family violence', Beehive .govt.nz, 25 March 2019.

Tony Manhire, 'John Oliver's weird fixation on New Zealand: The complete works (so far)', *The Spinoff*, 19 February 2019.

Craig McCulloch, 'Christchurch Call: Tech companies overhaul organisation to stop terrorists online', *RNZ*, 24 September 2019.

Ministry of Foreign Affairs and Trade, The Christchurch Call (website), no date, www.christchurchcall.com.

Laine Moger, 'Mental health services gets $6M funding boost, prime minister announces', *Stuff*, 8 September 2019.

Jo Moir, 'Help for first home buyers as war for votes heats up', *Stuff*, 10 September 2017.

Winston Peters (@winstonpeters), 'No capital gains tax', Twitter post,

17 April 2019, https://twitter.com/winstonpeters/status/1118343994038050816.

Anjum Rahman, 'We warned you, we begged, we pleaded and now we demand accountability', *The Spinoff*, 17 March 2019.

Eleanor Ainge Roy, 'New Zealand's world-first "wellbeing" budget to focus on poverty and mental health', *The Guardian*, 14 May 2019.

Brian Rudman, 'Labour needs to build on its housing policy', *The New Zealand Herald*, 30 January 2013.

Sam Sachdeva, 'Ardern on Trump, and adjusting to life at the top', *Newsroom*, 16 November 2017.

James Shaw (@jamespeshaw), 'Disappointed!!!', Twitter post, 17 April 2019, https://twitter.com/jamespeshaw/status/1118358549996998657.

Vernon Small, 'The government's handling of housing crisis giving Labour something to celebrate', *Stuff*, 7 July 2016.

Cass R. Sunstein, 'New Zealand's "well-being" budget is worth copying', *Bloomberg*, 7 June 2019.

Tax Working Group, *Future of Tax: Final Report Volume 1 – Recommendations*, Tax Working Group, Wellington, 2019.

Tax Working Group, 'What is the Tax Working Group?', Tax Working Group (website), no date, https://taxworkinggroup.govt.nz/what-is-the-tax-working-group.

Rino Tirikatene, 'What does a Wellbeing Budget in action look like?', *Stuff*, 13 June 2019.

Laura Walters and Jo Moir, 'Government's three strikes repeal killed by NZ First', *Stuff*, 11 June 2018.

Lally Weymouth, 'Jacinda Ardern on how to respond to gun violence', *Stuff*, 13 September 2019.

Olivia Wills, 'The Wellbeing Budget and what it means for mental health', *The Spinoff*, 31 May 2019.

Kim Willsher, 'Leaders and tech firms pledge to tackle extremist violence online', *The Guardian*, 16 May 2019.

Audrey Young, 'Jacinda Ardern on her international profile . . . it's not about me, it's about New Zealand', *The New Zealand Herald*, 14 September 2019.

第 15 章

'Fiona Ross appointed Director, Family Violence and Sexual Violence Joint Venture', New Zealand Family Violence Clearinghouse, 3 April 2019, https://nzfvc.org.nz/news/fiona-ross-appointed-director-family-violence-and-sexual-violence-joint-venture.

'Labour's Jacinda Ardern reveals why politics feels so personal', Now to Love, 31 July 2017.

Anna Bracewell-Worrall, 'Revealed: The MPs who have smoked marijuana', *Newshub*, 7 May 2019.

Helena de Bertodano, 'The Magazine Interview: Jacinda Ardern, the pregnant prime minister of New Zealand, on her work/life balance and meeting Barack Obama', *The Times* (UK), 8 April 2018.

Michael Field, 'More than neighbours', *Stuff*, 8 August 2010.

Colin James, 'The last Labour prime minister: The first New Zealand Prime Minister', colinjames.co.nz, 3 November 2012.

Ministry for Culture and Heritage, 'Labour government cancels Springbok rugby tour', New Zealand History (website), last modified 9 December 2016, https://nzhistory.govt.nz/page/labour-government-postpones- springbok-tour.

James Mitchell, 'Immigration and national identity in 1970s New Zealand', PhD thesis, University of Otago, 2003.

Style 043

我可以當母親，同時當國家總理

紐西蘭總理傑辛達・阿爾登的故事。如何成為備受愛戴的領導者，同時保有快刀斬亂麻的柔性果敢。

作　　者／瑪德琳・查普曼（Madeleine Chapman）
譯　　者／廖崇佑、楊文斌
責任編輯／郭亮均
校對編輯／黃凱琪
美術編輯／張皓婷
副 主 編／馬祥芬
副總編輯／顏惠君
總 編 輯／吳依瑋
發 行 人／徐仲秋
會　　計／許鳳雪、陳嬅娟
版權經理／郝麗珍
行銷企劃／徐千晴、周以婷
業務助理／王德渝
業務專員／馬絮盈、留婉茹
業務經理／林裕安
總 經 理／陳絜吾

國家圖書館出版品預行編目(CIP)資料

我可以當母親，同時當國家總理：紐西蘭總理傑辛達・阿爾登的故事。如何成爲備受愛戴的領導者，同時保有快刀斬亂麻的柔性果敢。／瑪德琳・查普曼（Madeleine Chapman）著；廖崇佑、楊文斌譯. -- 初版. -- 臺北市：大是文化，2021.02
336 面；17×23 公分. --（Style；43）
譯自：Jacinda Ardern: A New Kind of Leader
ISBN 978-986-5548-23-0（平裝）

1. 阿爾登（Ardern, Jacinda, 1980-）　2. 元首
3. 女性傳記　4. 紐西蘭

787.28　　　　109016462

出 版 者／大是文化有限公司
臺北市 100 衡陽路 7 號 8 樓
編輯部電話：（02）23757911
購書相關資訊請洽：（02）23757911 分機122
24小時讀者服務傳真：（02）23756999
讀者服務E-mail：haom@ms28.hinet.net
郵政劃撥帳號／19983366　戶名／大是文化有限公司

法律顧問／永然聯合法律事務所
香港發行／豐達出版發行有限公司 Rich Publishing & Distribution Ltd
香港柴灣永泰道 70 號柴灣工業城第 2 期 1805 室
Unit 1805, Ph.2, Chai Wan Ind City, 70 Wing Tai Rd, Chai Wan, Hong Kong
Tel：2172-6513　Fax：2172-4355
E-mail：cary@subseasy.com.hk

封面設計／尚宜設計有限公司
內頁排版／顏麟驊
印　　刷／緯峰印刷股份有限公司

出版日期／2021 年 2 月初版
定　　價／新臺幣 380 元
I S B N　978-986-5548-23-0（缺頁或裝訂錯誤的書，請寄回更換）